對本書的讚譽

目前 Python 無疑是金融產業排名首位的程式語言。在此同時，機器學習也成為此產業的關鍵技術。由 Abdullah Karasan 所著的這本書成功展現了在金融風險管理——這是對任何金融機構都攸關重要的功能——領域中使用 Python 之機器學習的能力。

— *Yves J. Hilpisch* 博士, *The Python Quants* 與
The AI Machine 之創辦人及總裁

本書全面且實用的介紹了金融風險分析的各種方法——這些方法來自於統計和機器學習的傳統。如果您需要一本將這些方法應用於資料上的入門指南，本書會是一個很好的起點。

— *Graham L. Giller*，
Adventures in Financial Data Science 的作者

Abdullah Karasan 透過運用現代且先進的機器學習應用程式來讓金融風險管理這個主題變得令人興奮。這本書是任何金融計量經濟學家、對沖基金經理人或量化風險管理部門的必備書籍。

— *McKlayne Marshall*，*Analytics Engagement* 負責人

U0086903

金融風險管理的
機器學習應用

使用 Python

Machine Learning for Financial
Risk Management with Python

Algorithms for Modeling Risk

Abdullah Karasan 著

楊新章 譯

目錄

第三部分　其他金融風險來源之建模

前言

AI 和 ML 反映了技術的自然發展，因為計算能力的提高使得電腦能夠對大型資料集進行分類並處理數字以識別樣式和異常值。

— 貝萊德投信（2019）

金融建模（financial modeling）歷史悠久，也成功完成了許多任務，但同時也因為模型缺乏靈活性（flexibility）和非包容性（non-inclusiveness）而飽受批評。2007 到 2008 年的金融危機助長了此辯論，並為金融建模領域的創新和不同作法鋪平了道路。

當然，金融危機並不是在金融領域中推動人工智慧應用的唯一因素。另外兩個驅動因素，也就是資料可用性和計算能力的提升，刺激了金融領域來採用人工智慧，並從 1990 年代開始加強了此方向的研究。

金融穩定委員會（Financial Stability Board）（2017）強調了這一事實的有效性：

目前已經存在著許多人工智慧和機器學習的應用程式或使用「案例」。驅動著這些使用案例的因素同時包含了供應因素——例如技術的進步和金融部門的資料和基礎設施的可用性，以及需求因素——例如盈利需求、與其他公司的競爭以及金融監管的需求。

作為金融建模的一個分支，金融風險管理（financial risk management）隨著人工智慧的採用而不斷的發展，同時人工智慧在金融決策過程中的作用也越來越重要。Bostrom（2014）在他著名的著作中指出，人類歷史上有兩次重要的革命：農業革命和工業革命。由於這兩次革命產生了如此深遠的影響，因此任何類似規模的第三次革命，都將在兩星期內使世界經濟規模翻倍。更引人注目的是，如果第三次革命是由人工智慧來完成的話，影響將會更加深遠。

因此，坊間對於能夠透過利用巨量資料以及瞭解風險程序的複雜結構，並以前所未有的規模來形塑金融風險管理的人工智慧應用的期望很高。

透過這項研究，我的目標是填補基於機器學習之應用在金融領域中的空白，從而提高金融模型的預測和量測效能。參數模型存在著低變異和高偏差的問題；而具有靈活性的機器學習模型可以解決這個問題。此外，金融領域的一個常見問題是，資料分佈的變化總是會對模型結果的可靠性構成威脅，但機器學習模型可以用更擬合模型這種方式，來使自己適應不斷變化的樣式。因此，金融領域對適用的機器學習模型有著巨大的需求，而本書和其他書籍最主要區別，在於本書包含了用於金融風險管理領域基於機器學習的全新建模方法。

簡而言之，本書的目標在於改變目前主要基於參數模型的金融風險管理局面。這種轉變的主要動機，來自於最近的一些基於機器學習模型的高準確度金融模型的開發成果。因此，本書是為了那些對於金融和機器學習有一些初步瞭解的人而準備的，所以我只會對這些主題進行簡要的解釋。

本書的目標讀者包括但不限於金融風險分析師、金融工程師、風險副理、風險建模師、模型驗證師、量化風險分析師、投資組合分析，以及對金融和資料科學感興趣的人。

考量到目標讀者的背景，具有入門級的金融和資料科學知識會使您從本書受益良多。然而，這並不意味著來自不同背景的人無法關注本書的主題。相反地，來自不同背景的讀者，只要花足夠的時間並參考其他一些金融和資料科學書籍，就可以掌握這些概念。

本書由 10 章組成：

第 1 章，風險管理基礎

本章會介紹風險管理的主要概念。在定義什麼是風險之後，將討論風險的類型（例如市場、信用、營運和流動性）。本章會解釋什麼是風險管理，包括為什麼它很重要，以及如何使用它來減輕損失。還討論了可以解決市場失靈的不對稱資訊，聚焦於資訊不對稱（information asymmetry）和逆向選擇（adverse selection）。

第 2 章，時間序列建模簡介

本章展示了使用傳統模型——也就是移動平均（moving average）模型、自我迴歸模型（autoregressive model）和整合移動平均自我迴歸模型（autoregressive integrated moving average model）——的時間序列應用。我們會學習如何使用 API 來存取財務資料以及如何使用它。本章主要目標在於對傳統的時間序列方法和時間序列建模的最新發展——這是下一章的主要重點——間進行比較來提供一個基準。

第 3 章，應用深度學習於時間序列建模

本章將介紹用於時間序列建模的深度學習工具。循環神經網路和長短期記憶是我們能夠用時間維度對資料進行建模的兩種方法。本章還介紹了深度學習模型在時間序列建模中的適用性。

第 4 章，基於機器學習的波動率預測

金融市場整合程度的提高導致了金融市場長期存在著不確定性，而這反過來又強調了波動率的重要性。波動率用於衡量風險的程度，這是金融領域的主要業務之一。本章將討論基於支撐向量迴歸、神經網路、深度學習和貝氏方法的新型波動率建模方法。為了進行效能比較，本章還會採用傳統的 ARCH 型和 GARCH 型模型。

第 5 章，市場風險建模

在本章中，基於機器學習的模型將被用來提高傳統市場風險模型的估計效能，也就是風險值（value at risk, VaR）和預期損失（expected shortfall, ES）。VaR 是一種定量方法，用於評估由於市場波動而導致的公平價值的潛在損失，此損失在定義的時段內不會被超越並且具有定義的信心水準。另一方面，ES 關注

分佈的尾部，指的是巨大的意外損失。VaR 模型是使用去雜訊共變異數矩陣（denoised covariance matrix）來開發的，而 ES 則是透過結合資料的流動性維度來開發的。

第 6 章，信用風險估計

本章介紹了一種基於機器學習的綜合方法來估計信用風險。我們將根據過去的信用資訊以及其他資料來應用機器學習模型。此方法從巴塞爾協議（Basel Accord）所建議的風險分桶（risk bucketing）開始，並接續著使用不同的模型：貝氏估計、馬可夫鏈（Markov chain）模型、支撐向量分類（support vector classification）、隨機森林（random forest）、神經網路和深度學習。在本章的最後部分將比較這些模型的效能。

第 7 章，流動性建模

在本章中將使用高斯混合模型來對流動性進行建模，流動性被認為是風險管理中被忽略的維度。該模型允許我們整合流動性代理的不同層面，以便我們能夠以更強固的方式來捕捉流動性對金融風險的影響。

第 8 章，營運風險建模

本章涵蓋了可能會導致失敗的營運風險，而其主要原因來自於公司的內部缺陷。營運風險的來源有許多種，但欺詐風險是最耗時和最不利於公司營運的風險之一。在本章中，詐欺將會是我們的主要的焦點，也將以基於機器學習的模型來開發新的方法，以提供效能更好的詐欺應用程式。

第 9 章，公司治理風險度量：股價崩盤

本章介紹了一種全新的公司治理風險建模方法：股價崩盤。許多研究發現股價崩盤與公司治理之間存在實證連結。本章使用最小共變異數行列式模型，試圖揭示公司治理風險的成份與股價崩盤之間的關係。

第 10 章，合成資料產生與金融中的隱藏馬可夫模型

在本章中，我們將使用合成資料來預估不同的金融風險。本章的目的是強調合成資料的浮現，這有助於我們最小化有限的歷史資料的影響。合成資料讓我們可以擁有數量充足的高品質資料，從而提高了模型的品質。

本書編排慣例

本書使用以下印刷慣例：

斜體（*italic*）

　　表示新的術語、URL、電子郵件地址、檔名和延伸檔名。中文採用楷體字。

定寬（Constant width）

　　用於程式列表，以及在段落中參照的程式元素，例如變數或函數名稱、資料庫、資料型別、環境變數、　述和關鍵字。

定寬粗體（**Constant width**）

　　顯示命令或其他應由使用者輸入的文字。

定寬斜體（*Constant width*）

　　顯示應該被使用者提供的值或根據語境（context）決定的值所取代的文字。

　這個元素用來提出一個一般性注意事項。

　這個元素指出一個警告或警示事項。

使用範例程式碼

您可以在 *https://github.com/abdullahkarasan/mlfrm* 中下載補充資料（程式碼範例、習題等）。

如果你在使用程式碼範例時，遇到技術上的問題或困難，請發送 email 至 *bookquestions@oreilly.com*。

本書是用來幫您完成工作的。一般而言，您可以在程式及說明文件中使用本書所提供的程式碼。您不用聯絡我們來獲得許可，除非您重製大部分的程式碼。例如說，在您的程式中使用書中的數段程式碼並不需要獲得我們的許可。但是販售或散佈歐萊禮的範例光碟則必須獲得授權。引用本書或書中範例來回答問題不需要獲得許可，但在您的產品文件中使用大量的本書範例則應獲得許可。

我們感謝你標示引用資料來源，但這並不是必要的。一般出處說明包含了書名、作者、出版商、與 ISBN。例如：*Machine Learning for Financial Risk Management with Python* by Abdullah Karasan（O'Reilly）. Copyright 2022 Abdullah Karasan, 978-1-492-08525-6.。

若您覺得對範例程式碼的使用已超過合理使用或上述許可範圍，請透過 *permissions@oreilly.com* 與我們聯繫。

致謝

會決定寫這本書的想法並非突發奇想。我覺得市面上缺乏涵蓋了主要金融風險管理模型和機器學習模型的來源素材。本書旨在將機器學習模型應用於金融風險管理問題。我得出的結論是，這本書在不同角度上都應與眾不同，例如提供了模型的理論和經驗方法以及能夠複製它們的所有程式碼。當我與 O'Reilly 的 Michelle Smith 分享這個想法時，我得到了認可和不斷的鼓勵。Michelle 對這個專案充滿了信心並且一路支持我，我對此非常的感激。

這本書的新章節一出現時，和我的編輯 Michele Cronin 每星期富含資訊又有趣的會議讓我能持續走在正軌上，並能幫助我得知編輯的觀點。隨著我的進展，她對每一章都提出了新的挑戰，無情的要我日以繼夜的處理。好吧，我花的時間越多，就越難發現錯誤、錯別字和其他類型的錯誤。這正是技術審閱者提供寶貴回饋的時機所在。感謝 Mehmet Benturk、Hariom Tatsat、Isaac Rhea、Dimitri Bianco、McKlayne Marshall 和 Michael Shearer 為本書所做的努力。

此外，我要感謝 Danny Elfanbaum 和 Randy Balaban 對內文一致性的快速而有益的評論。經過像雲霄飛車的漫長一年後，我來到了我生命中這個乏味但卻有啟發性的里程碑的盡頭，我滿懷希望這本書能為那些想在金融領域學習機器學習的人開啟一盞明燈。

我想向那些為本書做出貢獻的人表達我最深切的謝意。

第一部分

風險管理基礎

第一章

風險管理基礎

在 2007 年時，沒有人會想到風險功能會發生像過去八年那樣大的變化。期望下一個十年會包含更少的變化是一種自然的誘惑。然而，我們認為情況可能正好相反。

—Harle、Havas 和 Samandari（2016 年）

風險管理是一個不斷發展的過程。不斷的演變是不可避免的，因為長久以來的風險管理實務無法跟上最新發展的步伐，也無法成為危機蔓延的前兆。因此，監控並採用在風險管理過程中結構性斷裂（structural break）所帶來的變化非常重要。採用這些變化意味著要重新定義風險管理的組件和工具，這就是本書的全部內容。

傳統上，金融領域的實證研究非常注重統計推論。計量經濟學（econometrics）建立在統計推論的基本原理之上。這些類型的模型專注於所使用資料的結構、產生過程、以及變數之間的關係。然而，機器學習（machine learning, ML）模型並未被假設成用來定義底層的資料產生過程，而是被視為達到預測目的的一種手段（Lommers、El Harzli 和 Kim 2021）。因此，ML 模型往往更加以資料為中心，並且以預測準確性為導向。

此外，資料稀少（data scarcity）和不可用性（unavailability）一直是金融領域的一個問題，不難猜測的到，計量經濟學模型在這些情況下表現不佳。由於 ML 模型透過了合成資料產生為資料不可用性提供了解決方案，這類模型一直是金融領域的首要任務，金融風險管理當然也不例外。

在詳細討論這些工具之前，我們有必要先介紹一下風險管理的主要概念，而我將會在整本書中提及這些概念。這些概念包括風險、風險類型、風險管理、報酬以及與風險管理相關的一些概念。

風險

風險（risk）總是存在的，但由於它的抽象本質，要理解和評估它會比認識它更困難一點。風險被認為是危險的，它可能是在預期之中的，也可能是無法預期的。可預期的風險的代價是可以估計的，但無法預期的風險幾乎無法解釋其原因，因此它可能會是毀滅性的。

我們可以想像的到，風險的定義並沒有普遍的共識。但是，從財務角度看來，風險是指公司可能面臨的潛在損失或不確定性的程度。McNeil、Alexander 和 Paul（2015）對風險有不同的定義如下：

> 任何可能對組織實現其目標和執行其戰略的能力產生不利影響的事件或行動，或者另一種說法是，對於損失或低於預期的報酬的可量化可能性。

這些定義側重於風險的負面影響，暗示著成本與風險密切相關，但我們也應該要注意，它們之間不一定存在著一對一的關係。例如，如果預期有風險時，則所產生的成本相對於無法預期風險的成本較低（甚至可以忽略）。

報酬

所有的金融投資都是為了獲得利潤，也叫報酬（*return*）。更正式的說法是，報酬是在給定時間區段內投資所獲得的收益。因此，報酬是風險的有利面向。在本書中，風險和報酬將分指不利風險和有利風險。

我們可以想像的到，風險和報酬之間存在著取捨：假設的風險越高，實現的報酬就越大。由於要提出這個問題的最佳解決方案是一項艱鉅的任務，因此這種取捨是金融界最具爭議性的問題之一。然而，Markowitz（1952）為這個長久存在的問題提出了一個直觀並且具有吸引力的解決方案。他定義風險的方式 —— 在此之前是模稜兩可的 —— 又好又乾淨，並導致了金融研究領域的轉變。Markowitz 使用標準差（standard deviation）σ_{R_i} 來量化風險。這個直觀的定義允許研究人員在金融領域中使用數學和統計學。標準差可以在數學上定義為（Hull 2012）：

$$\sigma = \sqrt{\mathbb{E}\left(R^2\right) - \left[\mathbb{E}(R)\right]^2}$$

其中 R 和 $\mathbb{E}$ 分別指年報酬和期望值。本書多次使用符號 $\mathbb{E}$，因為預期報酬代表了我們有興趣的報酬。這是因為我們在定義風險時所談論的是機率。當談到投資組合變異數（variance）時，就會使用到共變異數（covariance），它的公式是：

$$\sigma_p^2 = w_a^2 \sigma_a^2 + w_b^2 \sigma_b^2 + 2w_a w_b \mathrm{Cov}\left(r_a, r_b\right)$$

其中 w 代表權重，σ^2 是變異數，Cov 是共變異數矩陣。

將之前所獲得的變異數取平方根，我們會得到投資組合標準差：

$$\sigma_p = \sqrt{\sigma_p^2}$$

換句話說，投資組合的預期報酬是個別報酬的加權平均值，可以表達為：

$$\mathbb{E}(R) = \Sigma_i^n w_i R_i = w_1 R_1 + w_2 R_2 \cdots + w_n R_n$$

讓我們透過視覺化來探索風險和報酬間的關係。為了如此，我們在此建構了一個假設的投資組合以使用 Python 來計算必要的統計結果：

```
In [1]: import statsmodels.api as sm
        import numpy as np
        import plotly.graph_objs as go
        import matplotlib.pyplot as plt
        import plotly
        import warnings
        warnings.filterwarnings('ignore')

In [2]: n_assets = 5 ❶
        n_simulation = 500 ❷

In [3]: returns = np.random.randn(n_assets, n_simulation) ❸

In [4]: rand = np.random.rand(n_assets) ❹
        weights = rand/sum(rand) ❺

        def port_return(returns):
            rets = np.mean(returns, axis=1)
            cov = np.cov(rets.T, aweights=weights, ddof=1)
            portfolio_returns = np.dot(weights, rets.T)
```

```
                portfolio_std_dev = np.sqrt(np.dot(weights, np.dot(cov, weights)))
                return portfolio_returns, portfolio_std_dev ❻

In [5]: portfolio_returns, portfolio_std_dev = port_return(returns) ❼

In [6]: print(portfolio_returns)
        print(portfolio_std_dev) ❽

        0.012968706503879782
        0.023769932556585847

In [7]: portfolio = np.array([port_return(np.random.randn(n_assets, i))
                              for i in range(1, 101)]) ❾

In [8]: best_fit = sm.OLS(portfolio[:, 1], sm.add_constant(portfolio[:, 0]))\
                  .fit().fittedvalues ❿

In [9]: fig = go.Figure()
        fig.add_trace(go.Scatter(name='Risk-Return Relationship',
                                 x=portfolio[:, 0],
                                 y=portfolio[:, 1], mode='markers'))
        fig.add_trace(go.Scatter(name='Best Fit Line',
                                 x=portfolio[:, 0],
                                 y=best_fit, mode='lines'))
        fig.update_layout(xaxis_title = 'Return',
                          yaxis_title = 'Standard Deviation',
                          width=900, height=470)
        fig.show() ⓫
```

❶ 考慮的資產數量

❷ 進行的模擬數量

❸ 以常態分佈產生隨機樣本來當作報酬

❹ 產生亂數以計算權重

❺ 計算權重

❻ 用來計算預期投資組合報酬和投資組合標準差的公式

❼ 呼叫函數的結果

❽ 印出預期投資組合報酬和投資組合標準差

❾ 重新執行函數 100 次

⑩ 執行線性迴歸以畫出最適配直線

⑪ 為了視覺化目的畫出交談式繪圖

以前面的 Python 程式碼產生的圖 1-1 證實了風險和報酬是同步的，但這種相關性的幅度取決於個股和金融市場狀況。

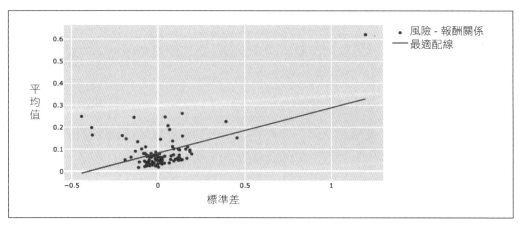

圖 1-1　風險－報酬關係

風險管理

金融風險管理是處理金融市場所帶來的不確定性的過程。它涉及評估組織所面臨的財務風險，並制定與內部的優先事項以及政策一致的管理策略（Horcher 2011）。

根據這個定義，由於每個組織都面臨不同類型的風險，因此公司處理風險的方式也會是完全不同的。每家公司都應該正確評估風險並採取必要的措施來處理風險。然而，這並不一定意味著一旦確定了風險之後，就需要盡可能的降低風險。

因此，風險管理並不是不惜一切代價來降低風險。降低風險可能需要犧牲報酬，而且風險在一定程度上是可以容忍的，因為公司想要尋求更高的報酬和想要尋求更低的風險的程度是一樣大的。因此，在降低風險的同時，最大化利潤應該是一項微妙而明確的任務。

管理風險是有代價的，儘管需要特定的公司政策來處理它，但還是有一個用於可能風險策略的通用框架：

忽視（*ignore*）

在這個策略中，公司會接受所有風險及其後果，寧願什麼也不做。

轉移（*transfer*）

此策略涉及透過對沖（hedging）或其他方式將風險轉移給第三方。

緩解（*mitigate*）

公司會制定用來緩解風險的策略的部分原因，是因為風險所造成的傷害可能大到無法承受和／或超過它所帶來的好處。

接受（*accept*）

如果公司採用接受風險的策略，他們就會正確的識別風險並承認風險的好處。換句話說，當假設某些活動所產生的某些風險會為股東帶來價值時，可以選擇這種策略。

主要金融風險

金融公司在其經營過程中面臨著各種風險。這些風險可以劃分為不同的類別，以便更容易的識別和評估它們。這些主要的金融風險類型包括市場風險（market risk）、信用風險（credit risk）、流動性風險（liquidity risk）和營運風險（operational risk），不過一如往常，這並不是一個完整的清單。但是，在整本書中我們將注意力集中在這些主要金融風險類型上。讓我們來看看這些風險類別。

市場風險

這種風險是由於金融市場因素的變化而產生的。例如，利率（*interest rate*）的上升可能會對持有空頭部位的公司產生嚴重影響。

第二個例子是關於市場風險的另一個來源：匯率（*exchange rate*）。一家從事國際貿易的公司，若其商品以美元計價，很容易受到美元變動的影響。

可以想像，商品價格（*commodity price*）的任何變化都可能對公司的財務永續性（sustainability）構成威脅。有許多基本面對商品價格有直接影響，包括市場的參與者、運輸成本等。

信用風險

信用風險是最普遍的風險之一。當交易對手未能履行債務時，就會出現這種情況。例如，如果借款人無法付款，那麼信用風險就會出現。信用品質惡化也是一個風險來源，因為組織所擁有的證券的市場價值會下降（Horcher 2011）。

流動性風險

在 2007-2008 年金融危機重創了金融市場之前流動性風險一直被人們所忽視。從那時起，流動性風險的研究變多了。流動性（*liquidity*）是指投資者執行交易的速度和容易的程度。這也稱為交易流動性風險（*trading liquidity risk*）。流動性風險的另一個維度是籌資流動性風險（*funding liquidity risk*），它可以被定義為籌募現金或可用信貸以作為公司營運資金的能力。

如果企業不能在短時間內將資產變現，則屬於流動性風險範疇，對企業的財務管理和聲譽是非常不利的。

營運風險

管理營運風險不是一項明確且可預見的任務，由於風險的複雜性和內部本質，它會佔用公司的大量資源。此處面臨的問題包括：

- 金融公司如何做好風險管理？
- 它們是否為這項任務配置了必要的資源？
- 風險對公司永續發展的重要性是否得到適當衡量？

顧名思義，當公司或行業的外部事件或固有的營運方式對該公司的日常營運、獲利能力或永續性構成威脅時，就會出現營運風險。營運風險包括詐欺活動、未能遵守法規或內部程序、因缺乏訓練而造成的損失等。

那麼，如果一家公司面臨一種或多種這些風險並且沒有做好準備時，會發生什麼事呢？儘管這種情況並不經常發生，但歷史事件告訴了我們答案：公司可能會違約並陷入嚴重的財務崩潰。

金融大崩潰

風險管理有多重要？這個問題可以用一本數百頁的書來回答，不過事實上，金融機構中風險管理的興起就回答了這個問題。例如，2007-2008 年的全球金融危機被描述為「風險管理的巨大失敗」（Buchholtz 和 Wiggins 2019），儘管那其實只是冰山的一角。風險管理中的許多失敗為金融體系的崩潰鋪好了道路。要瞭解這種崩潰，我們需要深入研究過去的金融風險管理的失敗。一家名為長期資本管理（Long-Term Capital Management, LTCM）的對沖基金是金融崩潰活生生的例子。

LTCM 籌組了一支由頂尖學者和實務者所組成的團隊。這導致資金流入公司，並以 10 億美元開始了交易。到 1998 年，LTCM 管理了超過 1,000 億美元的資金，並在包括俄羅斯在內的一些新興市場進行了大量投資。俄羅斯債務違約所造成的**安全性轉移**（*flight to quality*）[1] 嚴重的影響了 LTCM 的投資組合，使得它遭受了嚴重打擊，並導致其破產（Bloomfield 2003）。

Metallgesellschaft（MG）是另一家因財務風險管理不善而消失的公司。MG 主要經營天然氣和石油市場。由於其高曝險，MG 在天然氣和石油價格大跌後需要資金。平倉導致它損失約 15 億美元。

Amaranth Advisors（AA）是另一家因大量投資單一市場並錯誤判斷這些投資所產生的風險而破產的對沖基金。到 2006 年為止，AA 管理了大約 90 億美元的資產，但由於天然氣期貨和選擇權的下跌，它的資產損失了近一半。AA 的違約歸因於低天然氣價格和錯誤的風險模型（Chincarini 2008）。

Stulz 的論文「風險管理失敗：它們是什麼以及它們何時會發生？（*Risk Management Failures: What Are They and When Do They Happen?*）」（2008） 總結了可能導致違約的主要風險管理失敗：

- 對已知風險的錯估
- 未考慮風險
- 未能與最高管理層溝通風險
- 未能監控風險

---

1 **安全性轉移**是指投資者遠離股票等風險資產，轉而買入政府發行債券等安全資產的群體行為。

- 未能管理風險

- 未能使用適當的風險度量

因此，全球金融危機並不是導致監管機構和組織去重新設計其金融風險管理的唯一事件。相反地，它只是壓垮駱駝的最後一根稻草，在危機過後，監管機構和組織都吸取了教訓並改進了他們的流程。最終，這一系列事件導致金融風險管理的興起。

金融風險管理中的資訊不對稱

儘管在理論上很直覺，但存在著完全理性的決策者（現代金融理論的主要積木）的這個假設，太過於完美而無法實現。因此，行為經濟學家攻擊了這一觀點，聲稱心理學在決策過程中起著關鍵作用：

> 做決定就像說無聊的話一樣──人們總是在有意或無意間這麼做。因此，從數學和統計學開始，經過經濟學和政治學，直至社會學和心理學，許多學科都共享了決策這個主題也就不足為奇了。
>
> ── Kahneman 和 Tversky（1984）

由於資訊不對稱對融資成本和公司估值的影響很大，因此資訊不對稱和金融風險管理是相輔相成的。也就是說，公司資產估值的不確定性可能會提高借貸成本，從而對公司的永續性構成威脅（參見 DeMarzo 和 Duffie 1995 以及 Froot、Scharfstein 和 Stein 1993）。

因此，前述的失敗的根源變得埋的更深，以至於存在著理性決策者的這個完美假設世界並無法解釋它們。在這一點上，人類的本能和一個不完美的世界開始發揮作用，而學門的混合則提供了更合理的理由。逆向選擇和道德風險是導致市場失靈的兩個顯著類別。

逆向選擇

逆向選擇（*adverse selection*）是一種不對稱資訊，其中的一方會試圖利用其資訊上的優勢。當賣家比買家更瞭解情況時，就會出現這種情況。這種現象被 Akerlof（1978）完美的創造成「檸檬市場（the Markets for Lemons）」一詞。在這個框架內，「檸檬」指的是劣質商品。

假設有一個具有檸檬車和優質車的市場，買家知道他們可能會買到檸檬車，這會降低平衡價格。然而，賣家會更清楚這輛車究竟是檸檬車還是優質車。因此，在這種情況下，從交換中所獲得的收益可能會消失，並且不會發生交易。

由於其複雜性和不透明性，危機前的那個時代的抵押貸款市場是逆向選擇的一個很好的例子。比起貸款人，借款人更瞭解他們的支付意願和能力。金融風險是透過貸款證券化（即不動產抵押貸款證券（mortgage-backed security））產生的。從那時起，抵押貸款的發起人比起那些以不動產抵押貸款證券的形式將其出售給投資者的人更瞭解風險。

讓我們嘗試使用 Python 對逆向選擇進行建模。它在保險業很容易觀察的到，因此我想專注於該產業來模擬逆向選擇。

假設消費者效用函數（consumer utility function）為：

$$U(x) = e^{yx}$$

其中 x 是收入，γ 則是參數，其值介於 0 和 1 之間。

效用函數是一種用來表達消費者對商品和服務偏好的工具，它對於規避風險的個人是凹形的。

這個例子的最終目的是根據消費者效用來決定是否購買保險。

為了練習，我假設收入為 2 美元，意外的成本為 1.5 美元。

現在是計算損失機率 π 的時候了，它是外生（exogenously）給定的並且是均勻分佈的。

作為最後一步，為了找到平衡，我必須定義保險範圍的供給和需求。以下程式碼區塊指出我們是如何對逆向選擇進行建模的：

```
In [10]: import matplotlib.pyplot as plt
         import numpy as np
         plt.style.use('seaborn')

In [11]: def utility(x):
             return(np.exp(x ** gamma)) ❶
```

```
In [12]: pi = np.random.uniform(0,1,20)
         pi = np.sort(pi)  ❷

In [13]: print('The highest three probability of losses are {}'
                .format(pi[-3:]))  ❸
         The highest three probability of losses are [0.834261   0.93542452
          0.97721866]

In [14]: y = 2
         c = 1.5
         Q = 5
         D = 0.01
         gamma = 0.4

In [15]: def supply(Q):
             return(np.mean(pi[-Q:]) * c)  ❹

In [16]: def demand(D):
             return(np.sum(utility(y - D) > pi * utility(y - c) + (1 - pi)
                           * utility(y)))  ❺

In [17]: plt.figure()
         plt.plot([demand(i) for i in np.arange(0, 1.9, 0.02)],
                  np.arange(0, 1.9, 0.02),
                  'r', label='insurance demand')
         plt.plot(range(1,21), [supply(j) for j in range(1,21)],
                  'g', label='insurance supply')
         plt.ylabel("Average Cost")
         plt.xlabel("Number of People")
         plt.legend()
         plt.show()
```

❶ 為風險規避效用函數編寫函數

❷ 從均勻分佈中產生隨機樣本

❸ 挑選最後三個項目

❹ 編寫保險合約供給的函數

❺ 編寫保險合約需求的函數

圖 1-2 顯示了保險的供給與需求曲線。令人驚訝的是,兩條曲線都是向下傾斜的,這意味著隨著越來越多的人需要合約並且有更多的人加入合約,風險會降低,從而影響合約的價格。

直線表示保險供給以及合約的平均成本，另一條線呈逐步下降的斜率，表示保險合約的需求。當我們開始對有風險的客戶進行分析時，隨著您將越來越多的人添加到合約中，風險水平會隨著平均成本而一起降低。

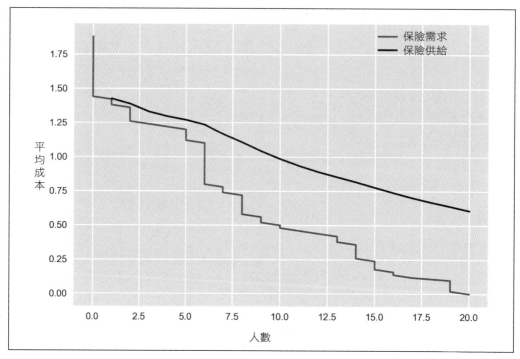

圖1-2　逆向選擇

道德風險

市場失靈也源自於資訊不對稱。在道德風險的情況下，合約的一方比另一方承擔更多的風險。正式的說法是，道德風險（*moral hazard*）可以定義為一種情況，也就是更知情的一方，利用他們所掌握的私人資訊而損害他人的利益。

為了更能理解道德風險，我們可以舉一個信貸市場的簡單例子：假設實體 A 要求信貸以用來對被認為可行的專案進行融資。如果實體 A 在未事先通知貸方銀行的情況下，就將此貸款用來向銀行 C 支付信用債務，則會出現道德風險。在信貸配置過程中，銀行可能由於資訊不對稱而使遇到道德風險的狀況增加，因而降低了銀行的放貸意願，成為銀行在信貸配置過程中投入大量人力的原因之一。

有些人認為，聯邦儲備委員會（Federal Reserve Board, Fed）為 LTCM 所採取的救援行動可以被視為一種道德風險，因為 Fed 惡意的簽訂合約。

結論

本章介紹了金融風險管理的主要概念，以確保我們的看法是一致的。這些術語和概念將經常使用在本書中。

此外，本章還討論了一種攻擊金融代理人基本原理的行為方法，以便我們擁有更全面的工具來解釋金融風險的來源。

在下一章中，我們將討論時間序列方法，它是金融分析的主要支柱之一，因為大多數金融資料都具有時間維度，需要特別的關注和技術來進行處理。

參考文獻

本章引用的論文和章節：

Akerlof, George A. 1978. "The Market for Lemons: Quality Uncertainty and the Market Mechanism." *Uncertainty in Economics*, 235-251. Academic Press.

Buchholtz, Alec, and Rosalind Z. Wiggins. 2019. "Lessons Learned: Thomas C. Baxter, Jr., Esq." *Journal of Financial Crises* 1, no. (1): 202-204.

Chincarini, Ludwig. 2008. "A Case Study on Risk Management: Lessons from the Collapse of Amaranth Advisors Llc." *Journal of Applied Finance* 18 (1): 152-74.

DeMarzo, Peter M., and Darrell Duffie. 1995. "Corporate Incentives for Hedging and Hedge Accounting." *The Review of Financial Studies* 8 (3): 743-771.

Froot, Kenneth A., David S. Scharfstein, and Jeremy C. Stein. 1993. "Risk Management: Coordinating Corporate Investment and Financing Policies." *The Journal of Finance* 48 (5): 1629-1658.

Harle, P., A. Havas, and H. Samandari. 2016. *The Future of Bank Risk Management*. McKinsey Global Institute.

Kahneman, D., and A. Tversky. 1984. "Choices, Values, and Frames. American Psychological Association." *American Psychologist*, 39 (4): 341-350.

Lommers, Kristof, Ouns El Harzli, and Jack Kim. 2021. "Confronting Machine Learning With Financial Research." Available at SSRN 3788349.

Markowitz H. 1952. "Portfolio Selection". *The Journal of Finance.* 7 (1): 177-91.

Stulz, René M. 2008. "Risk Management Failures: What Are They and When Do They Happen?" *Journal of Applied Corporate Finance* 20 (4): 39-48.

本章引用的書籍：

Bloomfield, S. 2013. *Theory and Practice of Corporate Governance: An Integrated Approach.* Cambridge: Cambridge University Press.

Horcher, Karen A. 2011. *Essentials of Financial Risk Management.* Vol. 32. Hoboken, NJ: John Wiley and Sons.

Hull, John. 2012. *Risk Management and Financial Institutions.* Vol. 733. Hoboken, NJ: John Wiley and Sons.

McNeil, Alexander J., Rüdiger Frey, and Paul Embrechts. 2015. *Quantitative Risk Management: Concepts, Techniques and Tools*, Revised edition. Princeton, NJ: Princeton University Press.

第二章

時間序列建模簡介

使用大量過去的資料，例如貨幣的高頻買賣報價或股票價格，來檢驗市場行為。豐富的資料使得對市場進行實證研究成為可能。儘管我們無法進行受控實驗，但仍然可以對歷史資料進行廣泛測試。

— Sergio Focardi（1997）

有些模型更能解釋某些現象；某些方法以可靠的方式來捕捉事件的特徵。時間序列建模就是一個很好的例子，因為絕大多數金融資料都有時間維度，這使得時間序列應用成為金融的必要工具。簡而言之，資料的順序及其相關性很重要。

本章將討論經典的時間序列模型並比較這些模型的效能。第 3 章將介紹基於深度學習的時間序列分析；就資料準備和模型結構而言，這將是一種完全不同的方法。經典模型包括移動平均（moving average, MA）、自我迴歸（autoregressive, AR）和整合移動平均自我迴歸（autoregressive integrated moving average, ARIMA）模型。這些模型的共同點是歷史觀察中所攜帶的資訊。如果這些歷史觀察是從誤差（error）項中獲得的，我們將其稱為移動平均（*moving average*）；如果這些觀察來自時間序列本身，則稱為自我迴歸（*autoregressive*）。另一個模型 ARIMA 則是這些模型的延伸。

以下是 Brockwell 和 Davis（2016）對時間序列（*time series*）的正式定義：

時間序列是一組觀測值 X_t，每個觀測值都是在特定時間 t 記錄的。離散時間序列……是由進行觀察的離散時間所構成的集合 T_0，例如，當以固定時間間隔進行觀察時就是其中的一種情況。當在某個時間間隔內連續記錄觀測值時，就獲得了連續的時間序列。

讓我們觀察一下具有時間維度的資料是什麼樣子的。圖 2-1 展示了 1980-2020 年期間的油價，以下的 Python 程式碼向我們展示了產生該圖的方法：

```
In [1]: import quandl
        import matplotlib.pyplot as plt
        import warnings
        warnings.filterwarnings('ignore')
        plt.style.use('seaborn')

In [2]: oil = quandl.get("NSE/OIL", authtoken="insert you api token",
                         start_date="1980-01-01",
                         end_date="2020-01-01") ❶

In [3]: plt.figure(figsize=(10, 6))
        plt.plot(oil.Close)
        plt.ylabel('$')
        plt.xlabel('Date')
        plt.show()
```

❶ 從 Quandl 資料庫萃取資料

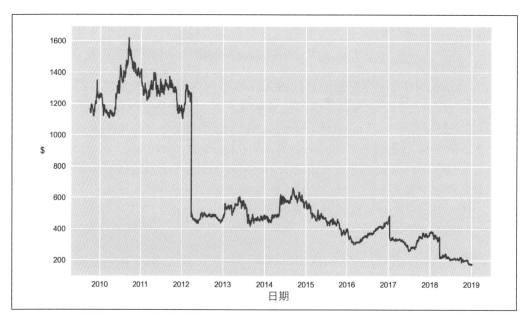

圖 2-1　1980 和 2020 之間的油價

API 是一種被設計成可以使用程式碼來檢索資料的工具。我們將在本書中使用不同的 API。在前面的實務中，我們使用了 Quandl API。

Quandl API 允許我們從 Quandl 網站存取金融、經濟和其他資料。要獲取您的 Quandl API，請先訪問 Quandl 網站（*https://oreil.ly/1IFDc*），然後按照必要的步驟獲取您自己的 API 密鑰。

根據前面所提供的定義我們可以理解，時間序列模型可以適用於不同的領域，例如：

- 衛生保健
- 金融
- 經濟學
- 網路分析
- 天文學
- 天氣

時間序列方法的優越性來自於一種想法，也就是根據時間所進行的觀察間的相關性更能解釋目前的值。擁有在時間上具有相關性結構的資料意味著違反了著名的相同且獨立分佈（identically and independently distributed, IID）假設，該假設是許多模型的核心。

IID 的定義

IID 假設讓我們能夠將資料的聯合機率（joint probability）建模為觀察機率的乘積。程序 X_t 被稱為具有平均值 0 和變異數 σ^2 的 IID：

$$X_t \sim IID(0, \sigma^2)$$

因此，由於時間上的相關性，我們可以透過股票的歷史值來更理解同時期股價的動態。我們要如何理解資料的動態呢？我們可以透過詳細的說明時間序列的組件來回答這個問題。

時間序列組件

時間序列有四個組件：趨勢（trend）、季節性（seasonality）、週期性（cyclicality）和殘差（residual）。在 Python 中，我們可以使用 seasonal_decompose 函數來輕鬆的視覺化時間序列的組件：

```
In [4]: import yfinance as yf
        import numpy as np
        import pandas as pd
        import datetime
        import statsmodels.api as sm
        from statsmodels.tsa.stattools import adfuller
        from statsmodels.tsa.seasonal import seasonal_decompose

In [5]: ticker = '^GSPC' ❶
        start = datetime.datetime(2015, 1, 1) ❷
        end = datetime.datetime(2021, 1, 1) ❷
        SP_prices = yf.download(ticker, start=start, end=end, interval='1mo')\
                    .Close ❸
        [*********************100%**********************]  1 of 1 completed

In [6]: seasonal_decompose(SP_prices, period=12).plot()
        plt.show()
```

❶ 表示 S&P 500 的股票代碼

❷ 指明開始與結束日期

❸ 存取 S&P 500 的收盤價

在圖 2-2 的頂部面板中，我們看到了原始資料的圖表，在第二個面板中，可以觀察到顯示了往上移動的趨勢。在第三個面板中，展現了季節性，最後的面板則展示了顯示了不穩定波動的殘差。您可能想知道週期性組件展現在哪裡；雜訊和週期性組件被放在殘差組件的下方。

熟悉時間序列組件對於進一步分析很重要，這樣我們才能理解資料的特徵並提出合適的模型。讓我們從趨勢組件開始。

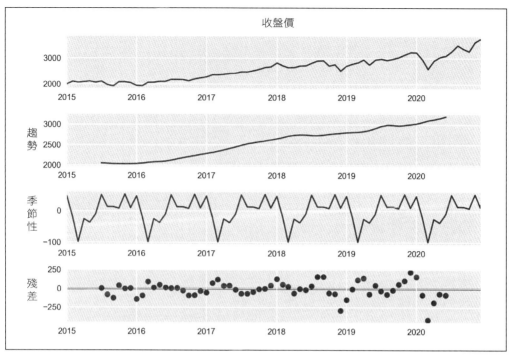

圖 2-2　S&P 500 之時間序列分解

趨勢

趨勢指出在給定時間區段內進行增加或減少的一般傾向。一般來說，當起點和終點不同或在時間序列中具有向上 / 向下斜度時，就會出現趨勢。以下的程式碼顯示了趨勢看起來的樣子：

```
In [7]: plt.figure(figsize=(10, 6))
        plt.plot(SP_prices)
        plt.title('S&P-500 Prices')
        plt.ylabel('$')
        plt.xlabel('Date')
        plt.show()
```

除了 S&P 500 指數價格暴跌的那段時期之外，我們在圖 2-3 中看到 2010 年至 2020 年呈現明顯上升的趨勢。

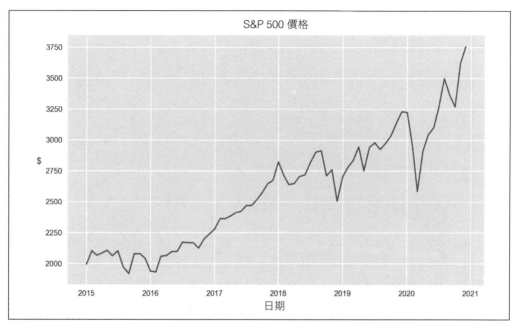

圖 2-3　S&P 500 價格

折線圖不是理解趨勢的唯一選擇。相反地，我們還有一些強大的工具來完成這項任務。所以，在這一點上，有必要談談兩個重要的統計概念：

- 自我相關函數

- 偏自我相關函數

自我相關函數（autocorrelation function, ACF）是一種統計工具，用於分析時間序列的目前值與其滯後值（lagged value）之間的關係。繪製 ACF 使我們能夠輕鬆的觀察時間序列中的序列依賴性：

$$\hat{\rho}(h) = \frac{\text{Cov}(X_t, X_{t-h})}{\text{Var}(X_t)}$$

圖 2-4 表示 ACF 圖。垂直線代表相關係數（correlation coefficient）；第一條線表示序列和它的 0 滯後（lag）間的相關性 —— 也就是它和自己的相關性。第二條線表示時間 $t - 1$ 與 t 的序列值之間的相關性。有鑑於此，我們可以得出結論，S&P 500 指數呈現出序列依賴性。S&P 500 資料的目前值和滯後值之間似乎存在很強的依賴性，因為相關係數（由 ACF 圖中的直線表示）以緩慢的方式衰減。

以下是我們怎麼用 Python 來畫出 ACF 繪圖：

```
In [8]: sm.graphics.tsa.plot_acf(SP_prices, lags=30)  ❶
        plt.xlabel('Number of Lags')
        plt.show()
```

❶　畫出 ACF 圖形

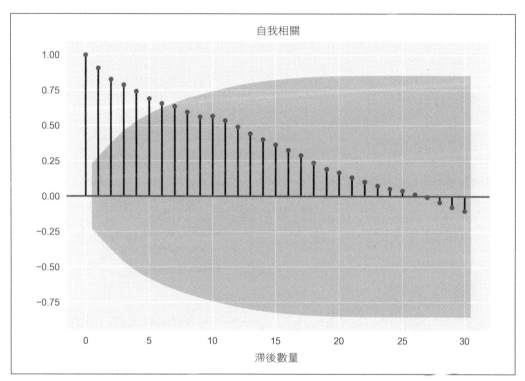

圖 2-4　S&P 500 的 ACF 繪圖

現在的問題是，自我相關的可能來源是什麼？以下是一些原因：

• 自我相關的主要來源是「結轉（carryover）」，這意味著前面的觀察值對目前的觀察值有影響。

• 模型不正確的設定。

• 測量誤差，基本上就是觀察值和實際值之間的差異。

• 刪除掉具有解釋力的變數。

偏自我相關函數（partial autocorrelation function, PACF）是檢查 X_t 和 $X_{t-p}, p \in \mathbb{Z}$ 之間關係的另一種方法。ACF 通常被認為是 MA(q) 模型中的有用工具，只因為 PACF 不會快速衰減而是接近於 0。然而，ACF 的樣式更適用於 MA。另一方面，PACF 與 AR(p) 程序配合得很好。

PACF 在控制了其他相關性之下，提供時間序列中目前值與其滯後值之間相關性的資訊。

乍看之下很難弄清楚到底發生了什麼事。讓我舉一個例子：假設我們要計算偏相關性 X_t 和 X_{t-h}。

以數學的方式說明：

$$\hat{\rho}(h) = \frac{\text{Cov}\left(X_t, X_{t-h} \middle| X_{t-1}, X_{t-2} \cdots X_{t-h-1}\right)}{\sqrt{\text{Var}\left(X_t \middle| X_{t-1}, X_{t-2}, ..., X_{t-h-1}\right) \text{Var}\left(X_{t-h} \middle| X_{t-1}, X_{t-2}, ..., X_{t-h-1}\right)}}$$

其中 h 是滯後。在以下程式碼片段中看一下描繪 S&P 500 指數的 PACF 圖形的 Python 程式碼：

```
In [9]: sm.graphics.tsa.plot_pacf(SP_prices, lags=30) ❶
        plt.xlabel('Number of Lags')
        plt.show()
```

❶ 描繪 PACF

圖 2-5 展示了 S&P 500 指數原始資料的 PACF。在解釋 PACF 時，我們聚焦於代表信賴區間（confidence interval）的暗區之外的尖峰。圖 2-5 展示了出現在不同滯後的一些峰值，但滯後 10 超出了信賴區間。因此，明智的做法是選擇具有 10 個滯後的模型，以包括 10 個滯後以下的所有模型。

正如我們所討論的，PACF 會測量序列的目前值和滯後值之間的相關性，以在某種程度上隔離中間效應（in-between effect）。

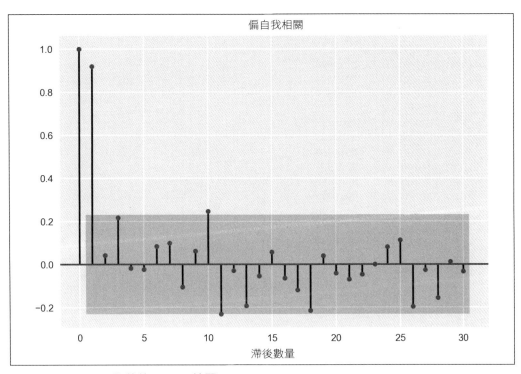

圖 2-5　S&P 500 指數的 PACF 繪圖

季節性

如果在給定的時間區段內有規律的波動出現的話，那麼就存在著季節性。例如，能源的使用可以會顯示出季節性特徵。更具體的說，能源的使用在一年中的特定時期會上升和下降。

為了展示我們如何偵測季節性組件，讓我們使用美國聯邦儲備經濟資料庫（Federal Reserve Economic Database, FRED），其中包含了來自 80 多個來源的 500,000 多個經濟資料序列，涵蓋了許多領域，例如銀行、就業、匯率、國內生產毛額、利率、貿易和國際交易等：

```
In [10]: from fredapi import Fred
         import statsmodels.api as sm

In [11]: fred = Fred(api_key='insert you api key')

In [12]: energy = fred.get_series("CAPUTLG2211A2S",
```

```
                                        observation_start="2010-01-01",
                                        observation_end="2020-12-31") ❶
          energy.head(12)
Out[12]:  2010-01-01    83.7028
          2010-02-01    84.9324
          2010-03-01    82.0379
          2010-04-01    79.5073
          2010-05-01    82.8055
          2010-06-01    84.4108
          2010-07-01    83.6338
          2010-08-01    83.7961
          2010-09-01    83.7459
          2010-10-01    80.8892
          2010-11-01    81.7758
          2010-12-01    85.9894
          dtype: float64

In [13]: plt.plot(energy)
          plt.title('Energy Capacity Utilization')
          plt.ylabel('$')
          plt.xlabel('Date')
          plt.show()
In [14]: sm.graphics.tsa.plot_acf(energy, lags=30)
          plt.xlabel('Number of Lags')
          plt.show()
```

❶ 從 FRED 存取 2010-2020 年期間的能源產能利用率（energy capacity utilization）

圖 2-6 顯示了近 10 年的週期性起伏，每年的前幾個月產能利用率較高，然後到年底會下降，證實了能源產能利用率存在著季節性。

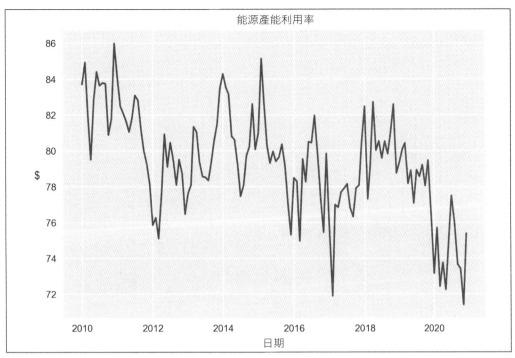

圖 2-6　能源產能利用率的季節性

ACF 繪圖還可以提供有關季節性的資訊，因為使用 ACF 也可以觀察到週期性的起伏。圖 2-7 顯示了存在著季節性的相關性結構。

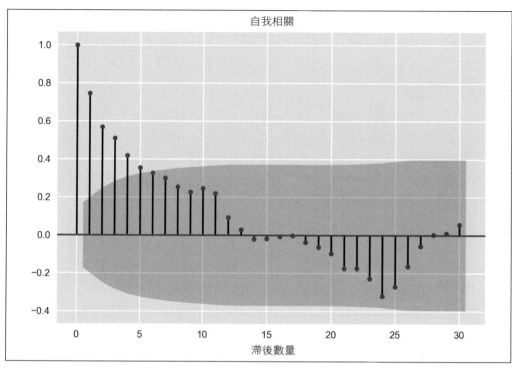

圖 2-7　能源產能利用率的 ACF 繪圖

週期性

如果資料沒有顯示出固定期間的變動時怎麼辦呢？此時，就輪到週期性出場了。它的存在是當出現了比趨勢更高的週期性變化。有些人將週期性和季節性搞混了，因為它們都表現出擴張和收縮。然而，我們可以將週期性視為商業週期，它需要很長時間才能完成它們的週期，而且起起落落的時間很長。因此，週期性不同於季節性，因為在某個固定時期內並沒有波動出現。一個週期性的例子是根據房屋貸款利率而進行的房屋購買（或銷售）。也就是說，當房屋貸款利率下調（或上調）時，就會促進房屋的購買（或銷售）。

殘差

殘差被稱為時間序列的不規則組件。技術上，殘差等於觀測值與其相關擬合值之間的差異。我們可以將其視為模型吃剩的部分。

正如我們之前所討論的，時間序列模型缺乏一些核心假設，但這並不一定意味著時間序列模型沒有假設。我想強調其中最顯眼的一個，也就是所謂的平穩性（*stationarity*）。

平穩性意味著時間序列的平均值、變異數和共變異數等統計屬性不會隨著時間而變化。

存在著兩種形式的平穩性：

弱平穩性

如果滿足以下條件，則稱時間序列 X_t 是平穩的：

- X_t 具有有限的變異數，$\mathbb{E}(X_t^2) < \infty, \forall t \in \mathbb{Z}$
- X_t 的平均值是常數，並且完全依賴於時間，$\mathbb{E}(X_t) = \mu, \forall t \in \mathbb{Z}$
- 共變異數結構 $\gamma(t, t + h)$ 僅依賴於時間差：

$$\gamma(h) = \gamma_h + \gamma(t + h, t)$$

換句話說，時間序列應該包含具有常數平均值的有限變異數，以及用來當作時間差的函數的共變異數結構。

強平穩性

如果 $X_{t1}, X_{t2}, \ldots X_{tk}$ 和它的移位版本 $X_{t1 + h}, X_{t2 + h}, \ldots X_{tk + h}$ 的聯合分佈相同的話，則稱之為強平穩性（strong stationarity）。因此，強平穩性意味著即使時間索引會移位，隨機程序的隨機變數分佈都是相同的。

現在的問題是為什麼我們需要平穩性？有兩個原因。

首先，在估計過程中，隨著時間的推移，有某種分佈是必要的；換句話說，如果時間序列的分佈會隨著時間而變化，它就會變得不可預測並且無法建模。

時間序列模型的最終目的是預測。為了如此，我們應該先估計係數，這對應到 ML 中的學習。一旦我們學習後並進行預測分析，我們會假設估計中的資料分佈會因為我們具有相同的估計係數而保持不變；如果不是這樣的話，我們應該重新估計係數，因為我們無法用之前所估計的係數來進行預測。

像金融危機這類的結構性斷裂會導致分佈發生變化。我們需要謹慎而分別的照顧這個時期。

需要平穩性的另一個原因是,根據假設,某些統計模型需要平穩的資料,但這並不意味著某些模型只需要平穩的資料。相反地,所有模型都需要平穩性,但即使您向模型提供非平穩資料,某些模型也會透過設計將其轉換為平穩資料並進行處理。

圖 2-4 顯示了緩慢衰減的滯後相當於非平穩性,因為時間序列中滯後之間的高度相關性持續存在著。

總體而言,偵測非平穩性的方法有兩種:視覺化方法和統計方法。當然,後者是偵測非平穩性的更好、更穩健的方法。但是,為了讓我們容易理解,讓我們從 ACF 開始。緩慢衰減的 ACF 意味著資料是非平穩的,因為它在時間上呈現出很強的相關性。這就是我在 S&P 500 資料中觀察到的。

我們首先需要檢查資料是否平穩。視覺化是一個很好但最終還是不足以完成這項任務的工具。相反地,我們需要一種更強大的統計方法,而擴增的 Dickey-Fuller (ADF) 檢驗滿足了這一點。假設信賴區間被設定為 95%,以下的結果指出資料不是平穩的:

```
In [15]: stat_test = adfuller(SP_prices)[0:2] ❶
         print("The test statistic and p-value of ADF test are {}"
             .format(stat_test)) ❷
         The test statistic and p-value of ADF test are (0.030295120072926063,
         0.9609669053518538)
```

❶ 用於平穩性的 ADF 檢驗

❷ ADF 檢驗的檢驗統計量和 p 值

取差值(difference)是移除平穩性的有效技術。這只是意味著從序列的目前值的第一個滯後值減掉目前值,也就是 $x_t - x_{t-1}$,下面的 Python 程式碼展示了如何應用這種技術(並建立圖 2-8 和 2-9):

```
In [16]: diff_SP_price = SP_prices.diff() ❶

In [17]: plt.figure(figsize=(10, 6))
         plt.plot(diff_SP_price)
         plt.title('Differenced S&P-500 Price')
         plt.ylabel('$')
         plt.xlabel('Date')
```

```
          plt.show()
 In [18]: sm.graphics.tsa.plot_acf(diff_SP_price.dropna(),lags=30)
          plt.xlabel('Number of Lags')
          plt.show()
 In [19]: stat_test2 = adfuller(diff_SP_price.dropna())[0:2] ❷
          print("The test statistic and p-value of
ADF test after differencing are {}"\
              .format(stat_test2))
          The test statistic and p-value of ADF test after differencing are
          (-7.0951058730170855, 4.3095548146405375e-10)
```

❶ 取 S&P 500 價格的差值

❷ 基於取差值之 S&P 500 資料的 ADF 檢驗結果

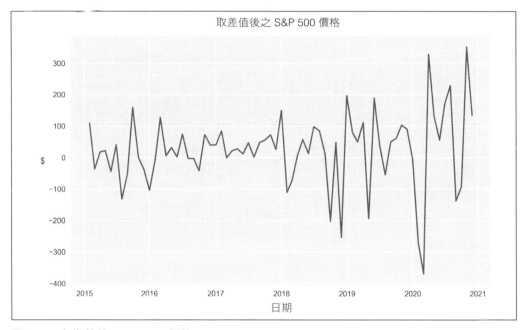

圖 2-8　去趨勢的 S&P 500 價格

在取得第一個差值之後，我們重新執行 ADF 檢驗以查看它是否有效，沒錯，它確實有效。ADF 非常低的 p 值告訴我說 S&P 500 資料目前是平穩的。

這可以從圖 2-8 中所提供的折線圖中觀察到。與原始的 S&P 500 繪圖不同，該繪圖顯示出平均值附近具有相似波動率（volatility）的波動，這意味著我們有一個平穩的序列。

圖 2-9 顯示了只有一個統計上顯著的相關性結構出現在滯後 7 之處。

不用說，趨勢並不是非平穩性的唯一指標。季節性是它的另一個來源，現在我們將學習一種處理它的方法。

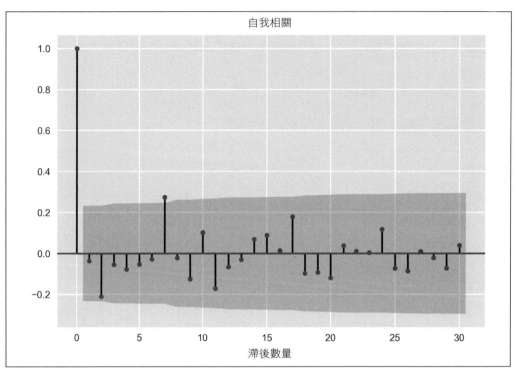

圖 2-9　去趨勢後之 S&P 500 價格

首先看一下圖 2-7 中能源產能利用率的 ACF，它顯示了週期性的上升和下降，這是非平穩性的徵兆。

為了擺脫季節性，我們首先應用重新採樣（*resample*）方法來計算年平均值，並把它用來當作下式中的分母：

$$季節性指數 = \frac{季節性時間序列的值}{季節性平均值}$$

因此，應用的結果，也就是季節性指數（*seasonal index*），為我們提供了去季節化的時間序列。以下程式碼向我們展示了如何在 Python 中編寫這個公式：

```
In [20]: seasonal_index = energy.resample('Q').mean() ❶

In [21]: dates = energy.index.year.unique() ❷
         deseasonalized = []
         for i in dates:
             for j in range(1, 13):
                 deseasonalized.append((energy[str(i)][energy[str(i)]\
                                                    .index.month==j])) ❸
         concat_deseasonalized = np.concatenate(deseasonalized) ❹

In [22]: deseason_energy = []
         for i,s in zip(range(0, len(energy), 3), range(len(seasonal_index))):
             deseason_energy.append(concat_deseasonalized[i:i+3] /
                                 seasonal_index.iloc[s]) ❺
         concat_deseason_energy = np.concatenate(deseason_energy)
         deseason_energy = pd.DataFrame(concat_deseason_energy,
                                       index=energy.index)
         deseason_energy.columns = ['Deseasonalized Energy']
         deseason_energy.head()
Out[22]:           Deaseasonalized Energy
         2010-01-01              1.001737
         2010-02-01              1.016452
         2010-03-01              0.981811
         2010-04-01              0.966758
         2010-05-01              1.006862

In [23]: sm.graphics.tsa.plot_acf(deseason_energy, lags=10)
         plt.xlabel('Number of Lags')
         plt.show()
In [24]: sm.graphics.tsa.plot_pacf(deseason_energy, lags=10)
         plt.xlabel('Number of Lags')
         plt.show()
```

❶ 計算能源利用的季平均值

❷ 定義執行季節性分析的年份

❸ 計算季節性指數公式的分子

❹ 串接去季節性的能源利用率

❺ 使用預先定義的公式來計算季節性指數

圖 2-10 表明在滯後 1 和 2 的地方存在著統計上顯著的相關性，但 ACF 沒有表現出任何週期性特徵，這是說明去季節化的另一種方式。

同樣的，在圖 2-11 中，儘管在某些滯後之處出現尖峰，但 PACF 並未顯示出任何週期性的起伏。所以我們可以說資料是使用季節性指數公式而進行去季節性的。

我們現在得到的是能源產能利用率的較不是週期性的波動，這意味著資料原來是非季節性的。

最後，我們準備繼續往前來討論時間序列模型。

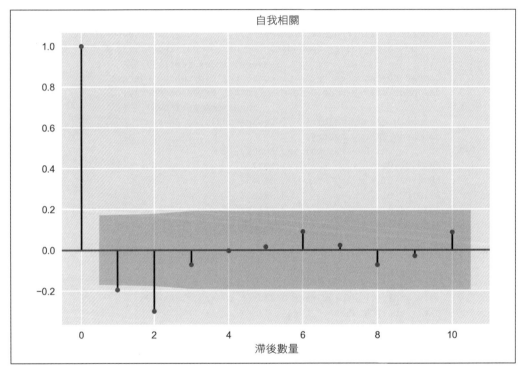

圖 2-10　去季節化後之能源使用率 ACF

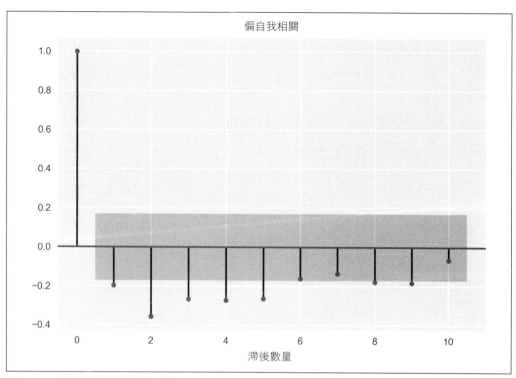

圖 2-11　去季節化後之能源使用率 PACF

時間序列模型

傳統的時間序列模型是單變量（univariate）模型，它們會遵循以下階段：

識別（*identification*）

　　在此過程中，我們使用 ACF 和 PACF 來探索資料、識別樣式並進行統計檢驗。

估計（*estimation*）

　　我們透過適當的優化技術來估計係數。

診斷（*diagnostics*）

　　完成估計之後，我們需要檢查資訊準則或 ACF/PACF 是否表明了模型是有效的。如果是的話，我們將進入預測階段。

預測（*forecast*）

這部分和模型的效能更有關係。在預測中，我們將根據我們的估計來預測未來值。

圖 2-12 顯示了建模程序。照此程序，在識別變數和估計程序之後，模型才會執行。只有在執行適當的診斷之後，我們才能執行預測分析。

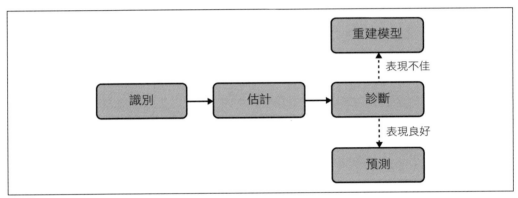

圖 2-12　建模程序

在對具有時間維度的資料進行建模時，我們應該考慮相鄰時間點的相關性。這樣的考慮將我們帶進時間序列建模。對我來說時間序列建模的目的是擬合模型並理解時間序列的統計特徵，其中時間序列會隨著時間而隨機波動。

回想一下有關 IID 程序的討論，它是最基本的時間序列模型，有時也被稱為白噪音（*white noise*）。讓我們談談白噪音的概念。

白噪音

如果滿足以下條件，則稱時間序列 ϵ_t 為白噪音：

$$\epsilon_t \sim WN\left(0, \sigma_\epsilon^2\right)$$

$$\mathrm{Corr}\left(\epsilon_t, \epsilon_s\right) = 0, \forall t \neq s$$

換句話說，ϵ_t 的平均值為 0，變異數為常數。此外，ϵ_t 的連續項之間沒有相關性。好吧，要說白噪音程序是平穩的很容易，並且白噪音繪圖會隨時間以隨機方式呈現出平均值附近的波動。然而,由於白噪音是由不相關的序列所形成的,因此從預測的角度來看,它並不是一個吸引人的模型。不相關的序列將阻止我們預測未來值。

正如我們從以下程式碼片段和圖 2-13 中將觀察到的,白噪音在平均值附近振盪並且完全不穩定:

```
In [25]: mu = 0
         std = 1
         WN = np.random.normal(mu, std, 1000)

         plt.plot(WN)
         plt.xlabel('Number of Simulations')
         plt.show()
```

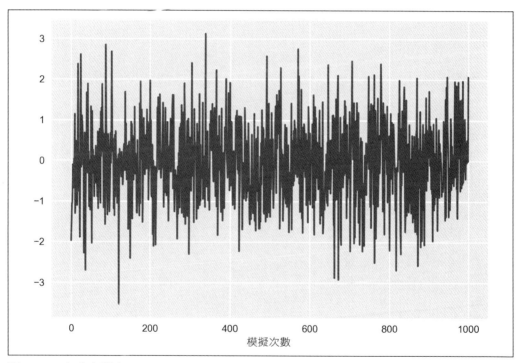

圖 2-13　白噪音程序

從這裡開始,我們需要在執行時間序列模型之前先確定最佳滯後數。可以想像,確定最佳滯後數是一項具有挑戰性的任務。最廣泛使用的方法是 ACF、PACF 和資訊準則(*information criteria*)。ACF 和 PACF 已經討論過了;有關資訊準則的更多資訊,尤其是 Aikake 資訊準則(AIC),請參閱以下側邊欄。

請注意，如果提出的模型是有限維度的，則需要謹慎對待 AIC。Hurvich 和 Tsai（1989）將此事實闡述的很好：

> 如果真實模型是無限維度的（這種情況在實務中似乎是最真實的），AIC 提供了有效率的漸近式作法來建立有限維度的近似模型。然而，如果真正的模型是有限維度的，那麼有效率的漸近式方法，例如 Akaike 的 FPE（Akaike 1970）、AIC、以及 Parzen 的 CAT（Parzen 1977），則無法提供一致的模型順序選擇。

讓我們開始使用移動平均模型來拜訪經典的時間序列模型。

移動平均模型

MA 和殘差是密切相關的模型。MA 可以被認為是一個平滑模型，因為它傾向於考慮殘差的滯後值。為了簡單起見，讓我們從 MA(1) 開始：

$$X_t = \epsilon_t + \alpha\epsilon_{t-1}$$

只要 $\alpha \neq 0$，它就具有有意義的相關性結構。直觀的說，MA(1) 告訴我們時間序列只受 ϵ_t 和 ϵ_{t-1} 的影響。

在一般形式中，MA(q) 變為：

$$X_t = \epsilon_t + \alpha_1\epsilon_{t-1} + \alpha_2\epsilon_{t-2\cdots} + \alpha_q\epsilon_{t-q}$$

從這裡開始，為了維持一致，我們將對兩家主要科技公司的資料進行建模，也就是 Apple 和 Microsoft。雅虎財經（Yahoo Finance）提供了一個方便的工具，來獲取相關股票在 2019 年 1 月 1 日至 2021 年 1 月 1 日期間的收盤價。

首先，我們將刪除缺漏值（missing value）並檢查資料是否平穩，結果發現 Apple 和 Microsoft 的股價都沒有預期中的平穩結構。因此，採用一次差（first difference）來使這些資料變得平穩，並將資料拆分為訓練（*train*）和測試（*test*）是此時要採取的步驟。下面的程式碼（產生圖 2-14）展示了我們如何在 Python 中做到這一點：

```
In [26]: ticker = ['AAPL', 'MSFT']
         start = datetime.datetime(2019, 1, 1)
         end = datetime.datetime(2021, 1, 1)
         stock_prices = yf.download(ticker, start, end, interval='1d')\
                        .Close ❶
         [*********************100%**********************]  2 of 2 completed

In [27]: stock_prices = stock_prices.dropna()

In [28]: for i in ticker:
             stat_test = adfuller(stock_prices[i])[0:2]
             print("The ADF test statistic and p-value of {} are {}"\
                   .format(i,stat_test))
         The ADF test statistic and p-value of AAPL are  (0.29788764759932335,
           0.9772473651259085)
         The ADF test statistic and p-value of MSFT are  (-0.8345360070598484,
           0.8087663305296826)
```

```
In [29]: diff_stock_prices = stock_prices.diff().dropna()

In [30]: split = int(len(diff_stock_prices['AAPL'].values) * 0.95) ❷
         diff_train_aapl = diff_stock_prices['AAPL'].iloc[:split] ❸
         diff_test_aapl = diff_stock_prices['AAPL'].iloc[split:] ❹
         diff_train_msft = diff_stock_prices['MSFT'].iloc[:split] ❺
         diff_test_msft = diff_stock_prices['MSFT'].iloc[split:] ❻

In [31]: diff_train_aapl.to_csv('diff_train_aapl.csv') ❼
         diff_test_aapl.to_csv('diff_test_aapl.csv')
         diff_train_msft.to_csv('diff_train_msft.csv')
         diff_test_msft.to_csv('diff_test_msft.csv')

In [32]: fig, ax = plt.subplots(2, 1, figsize=(10, 6))
         plt.tight_layout()
         sm.graphics.tsa.plot_acf(diff_train_aapl,lags=30,
                                  ax=ax[0], title='ACF - Apple')
         sm.graphics.tsa.plot_acf(diff_train_msft,lags=30,
                                  ax=ax[1], title='ACF - Microsoft')
         plt.show()
```

❶ 檢索每月的股票收盤價

❷ 依 95% 和 5% 來拆分資料

❸ 將 95% 的 Apple 股價資料分配給訓練集

❹ 將 5% 的 Apple 股價資料分配給測試集

❺ 將 95% 的 Microsoft 股價資料分配給訓練集

❻ 將 5% 的 Microsoft 股價資料分配給測試集

❼ 儲存資料以備未來之用

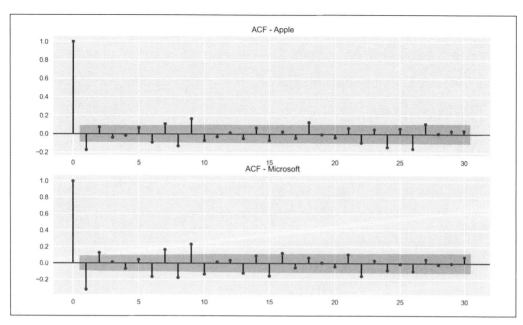

圖 2-14 一次差後的 ACF

查看圖 2-14 的上面板，我們可以看到在某些滯後處有明顯的尖峰，因此，我們將為 Apple 的短期 MA 模型選擇滯後 9，為長期 MA 模型選擇 22。這意味著 9 階（order）將是我們的短期階數，而 22 將是我們在 MA 建模中的長期階數：

```
In [33]: short_moving_average_appl = diff_train_aapl.rolling(window=9).mean() ❶
         long_moving_average_appl = diff_train_aapl.rolling(window=22).mean() ❷

In [34]: fig, ax = plt.subplots(figsize=(10, 6))
         ax.plot(diff_train_aapl.loc[start:end].index,
                 diff_train_aapl.loc[start:end],
                 label='Stock Price', linestyle='--') ❸
         ax.plot(short_moving_average_appl.loc[start:end].index,
                 short_moving_average_appl.loc[start:end],
                 label = 'Short MA', linestyle='solid') ❹
         ax.plot(long_moving_average_appl.loc[start:end].index,
                 long_moving_average_appl.loc[start:end],
                 label = 'Long MA', linestyle='solid') ❺
         ax.legend(loc='best')
         ax.set_ylabel('Price in $')
         ax.set_title('Stock Prediction-Apple')
         plt.show()
```

❶ Apple 股票的短期移動平均線

❷ Apple 股票的長期移動平均線

❸ 一次差後之 Apple 股價的線圖

❹ Apple 的短期 MA 結果的視覺化

❺ Apple 的長期 MA 結果的視覺化

圖 2-15 用實線來表達短期 MA 模型的結果，用點劃線來表達長期 MA 模型的結果。正如我們所預期的，與長期 MA 相比，短期 MA 往往對 Apple 股價的每日變化更敏感。這是有道理的，考慮到較長的 MA 會產生更平滑的預測。

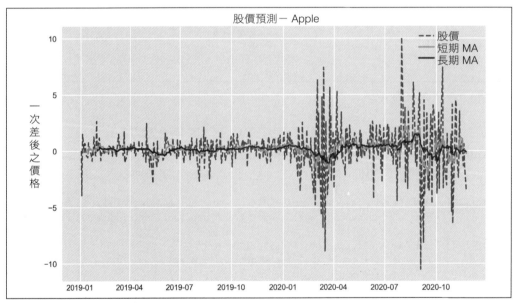

圖 2-15　Apple 的 MA 模型預測結果

在下一步中，我們嘗試使用具有不同視窗的 MA 模型來預測 Microsoft 的股價。但在繼續之前，我想說明為短期和長期 MA 分析選擇合適的視窗，是良好建模的關鍵。在圖 2-14 的下面板中，似乎在 2 和 22 處有明顯的峰值，因此我們將分別在短期和長期 MA 分析中使用這些滯後值。確定視窗長度後，我們將使用以下應用程式將資料擬合到 MA 模型：

```
In [35]: short_moving_average_msft = diff_train_msft.rolling(window=2).mean()
         long_moving_average_msft = diff_train_msft.rolling(window=22).mean()

In [36]: fig, ax = plt.subplots(figsize=(10, 6))
         ax.plot(diff_train_msft.loc[start:end].index,
                 diff_train_msft.loc[start:end],
                 label='Stock Price', linestyle='--')
         ax.plot(short_moving_average_msft.loc[start:end].index,
                 short_moving_average_msft.loc[start:end],
                 label = 'Short MA', linestyle='solid')
         ax.plot(long_moving_average_msft.loc[start:end].index,
                 long_moving_average_msft.loc[start:end],
                 label = 'Long MA', linestyle='-.')
         ax.legend(loc='best')
         ax.set_ylabel('$')
         ax.set_xlabel('Date')
         ax.set_title('Stock Prediction-Microsoft')
         plt.show()
```

同樣的，基於短期 MA 分析的預測往往比長期 MA 模型的預測更敏感，如圖 2-16 所示。但在 Microsoft 的案例中，短期 MA 預測結果似乎與真實資料非常接近。這是我們在時間序列模型中所期望的，因為具有短期視野的視窗更能捕捉資料的動態，而這反過來又能幫助我們獲得更好的預測效能。

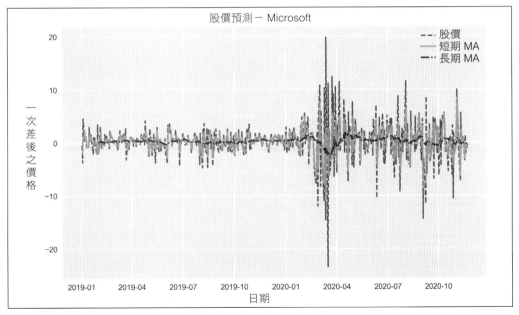

圖 2-16　Microsoft 的 MA 模型預測結果

自我迴歸模型

連續項的依賴結構是 AR 模型最顯著的特徵，也就是在該模型中目前值會迴歸到自己的滯後值。所以基本上我們會透過使用過去值的線性組合來預測時間序列 X_t 的目前值。在數學上，AR(p) 的一般形式可以寫成：

$$X_t = c + \alpha_1 X_{t-1} + \alpha_2 X_{t-2} \cdots + \alpha_p X_{t-p} + \epsilon_t$$

其中 ϵ_t 表示殘差，c 是截距項（intercept term）。AR(p) 模型意味著直到 p 階的過去值都對 X_t 具有一定的解釋力。如果該關係具有較短的記憶，那麼它可能會以較少的滯後數來對 X_t 進行建模。

我們已經討論了時間序列的主要屬性之一，也就是平穩性；另一個重要的屬性是可逆性（*invertibility*）。介紹了 AR 模型之後，是時候來展示 MA 程序的可逆性了。如果它可以被轉換成無限的 AR 模型，我們就會說它是可逆的。

在某些情況下，MA 可以寫成一個無限的 AR 程序。這些情況具有平穩的共變異數結構、確定性的部分和可逆的 MA 程序。在這樣做的過程中，受惠於 $|\alpha| < 1$ 的這個假設，我們有了另一個稱為無限 AR（*infinite AR*）的模型。

$$X_t = \epsilon_t + \alpha\epsilon_{t-1}$$

$$= \epsilon_t + \alpha\left(X_{t-1} - \alpha\epsilon_{t-2}\right)$$

$$= \epsilon_t + \alpha X_{t-1} - \alpha^2\epsilon_{t-2}$$

$$= \epsilon_t + \alpha X_{t-1} - \alpha^2\left(X_{t-2} + \alpha\epsilon_{t-3}\right)$$

$$= \epsilon_t + \alpha X_{t-1} - \alpha^2 X_{t-2} + \alpha^3\epsilon_{t-3})$$

$$= \ldots$$

$$= \alpha X_{t-1} - \alpha^2 X_{t-2} + \alpha^3\epsilon_{t-3} - \alpha^4\epsilon_{t-4} + \ldots - (-\alpha)^n\epsilon_{t-n}$$

完成必要的數學運算後，方程式成為以下的形式：

$$\alpha^n \epsilon_{t-n} = \epsilon_t - \sum_{i=0}^{n-1} \alpha^i X_{t-i}$$

在此案例中，如果 $|\alpha| < 1$，則 $n \to \infty$：

$$\mathbb{E}\left(\epsilon_t - \sum_{i=0}^{n-1} \alpha^i X_{t-i}\right)^2 = \mathbb{E}\left(\alpha^{2n} \epsilon_{t-n}^2 \to \infty\right)$$

最後，MA(1) 程序變成：

$$\epsilon_t = \sum_{i=0}^{\infty} \alpha^i X_{t-i}$$

由於 AR 和 MA 程序之間的對偶性（duality），我們可以將 AR(1) 表達為無限 MA，MA(∞)。換句話說，AR(1) 程序可以表達為新息（innovation）的過去值的函數：

$$X_t = \epsilon_t + \theta X_{t-1}$$

$$= \theta\left(\theta X_{t-2} + \epsilon_{t-1}\right) + \epsilon_t$$

$$= \theta^2 X_{t-2} + \theta \epsilon_{t-1} + \epsilon_t$$

$$= \theta^2\left(\theta X_{t-3} + \theta \epsilon_{t-2}\right)\theta \epsilon_{t-1} + \epsilon_t$$

$$X_t = \epsilon_t + \epsilon_{t-1} + \theta^2 \epsilon_{t-2} + ... + \theta^t X_t$$

由於 $n \to \infty$，$\theta^t \to 0$，所以我可以將 AR(1) 表達為無限 MA 程序。

在下面的分析中，我們將執行 AR 模型來預測 Apple 和 Microsoft 的股價。和 MA 不同的是，偏 ACF 是在 AR 模型中找出最佳階數（order）的有用工具。這是因為，在 AR 中，我們的目標是找出兩個不同時間的時間序列之間的關係，例如 X_t 和 X_{t-k}，為此我們需要過濾掉介於其間的其他滯後的影響，從而得到圖 2-17 和 2-18：

```
In [37]: sm.graphics.tsa.plot_pacf(diff_train_aapl, lags=30)
         plt.title('PACF of Apple')
         plt.xlabel('Number of Lags')
         plt.show()
In [38]: sm.graphics.tsa.plot_pacf(diff_train_msft, lags=30)
         plt.title('PACF of Microsoft')
         plt.xlabel('Number of Lags')
         plt.show()
```

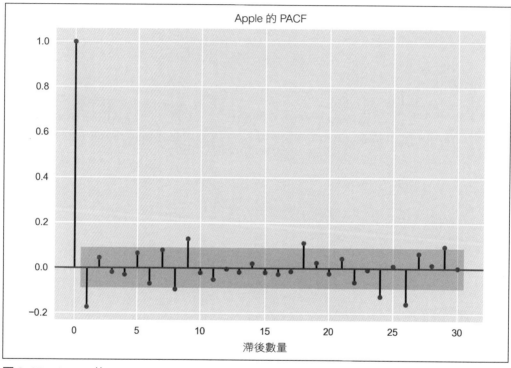

圖 2-17　Apple 的 PACF

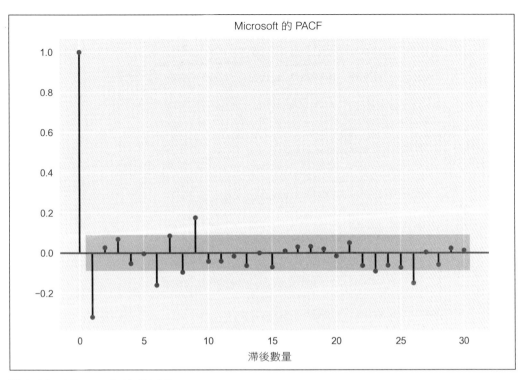

圖 2-18　Microsoft 的 PACF

從一次差之後的 Apple 股價所獲得圖 2-17 中，我們觀察到位於滯後 29 處的顯著峰值，在圖 2-18 中，我們在滯後 26 處看到類似的峰值。因此，29 和 26 將是我們分別為 Apple 和 Microsoft 進行 AR 建模時所使用的滯後值：

```
In [39]: from statsmodels.tsa.ar_model import AutoReg
         import warnings
         warnings.filterwarnings('ignore')

In [40]: ar_aapl = AutoReg(diff_train_aapl.values, lags=29)
         ar_fitted_aapl = ar_aapl.fit() ❶

In [41]: ar_predictions_aapl = ar_fitted_aapl.predict(start=len(diff_train_aapl),
                                                       end=len(diff_train_aapl)\
                                                       + len(diff_test_aapl) - 1,
                                                       dynamic=False) ❷

In [42]: for i in range(len(ar_predictions_aapl)):
             print('==' * 25)
             print('predicted values:{:.4f} & actual values:{:.4f}'\
```

```
            .format(ar_predictions_aapl[i], diff_test_aapl[i])) ❸
==================================================
predicted values:1.6511 & actual values:1.3200
==================================================
predicted values:-0.8398 & actual values:0.8600
==================================================
predicted values:-0.9998 & actual values:0.5600
==================================================
predicted values:1.1379 & actual values:2.4600
==================================================
predicted values:-0.1123 & actual values:3.6700
==================================================
predicted values:1.7843 & actual values:0.3600
==================================================
predicted values:-0.9178 & actual values:-0.1400
==================================================
predicted values:1.7343 & actual values:-0.6900
==================================================
predicted values:-1.5103 & actual values:1.5000
==================================================
predicted values:1.8224 & actual values:0.6300
==================================================
predicted values:-1.2442 & actual values:-2.6000
==================================================
predicted values:-0.5438 & actual values:1.4600
==================================================
predicted values:-0.1075 & actual values:-0.8300
==================================================
predicted values:-0.6167 & actual values:-0.6300
==================================================
predicted values:1.3206 & actual values:6.1000
==================================================
predicted values:0.2464 & actual values:-0.0700
==================================================
predicted values:0.4489 & actual values:0.8900
==================================================
predicted values:-1.3101 & actual values:-2.0400
==================================================
predicted values:0.5863 & actual values:1.5700
==================================================
predicted values:0.2480 & actual values:3.6500
==================================================
predicted values:0.0181 & actual values:-0.9200
==================================================
predicted values:0.9913 & actual values:1.0100
==================================================
predicted values:0.2672 & actual values:4.7200
```

```
=================================================
predicted values:0.8258 & actual values:-1.8200
=================================================
predicted values:0.1502 & actual values:-1.1500
=================================================
predicted values:0.5560 & actual values:-1.0300
```

In [43]: ar_predictions_aapl = pd.DataFrame(ar_predictions_aapl) ❹
         ar_predictions_aapl.index = diff_test_aapl.index ❺

In [44]: ar_msft = AutoReg(diff_train_msft.values, lags=26)
         ar_fitted_msft = ar_msft.fit() ❻

In [45]: ar_predictions_msft = ar_fitted_msft.predict(start=len(diff_train_msft),
                                                    end=len(diff_train_msft)\
                                                    +len(diff_test_msft) - 1,
                                                    dynamic=False) ❼

In [46]: ar_predictions_msft = pd.DataFrame(ar_predictions_msft) ❽
         ar_predictions_msft.index = diff_test_msft.index ❾

❶　用 AR 模型來擬合 Apple 股票資料

❷　預測 Apple 的股價

❸　比較預測值和真實觀察值

❹　將陣列轉為 dataframe 以指派索引

❺　將測試資料的索引指派給預測值

❻　使用 AR 模型來適配 Microsoft 股票資料

❼　預測 Microsoft 的股價

❽　將陣列轉為 dataframe 以指派索引

❾　將測試資料的索引指派給預測值

下面的程式碼產生了圖 2-19，顯示了基於 AR 模型的預測結果。實線代表 Apple 和 Microsoft 的股價預測值，虛線則代表真實資料。結果顯示 MA 模型在捕捉股價方面的表現優於 AR 模型：

```
In [47]: fig, ax = plt.subplots(2,1, figsize=(18, 15))

        ax[0].plot(diff_test_aapl, label='Actual Stock Price', linestyle='--')
        ax[0].plot(ar_predictions_aapl, linestyle='solid', label="Prediction")
        ax[0].set_title('Predicted Stock Price-Apple')
        ax[0].legend(loc='best')
        ax[1].plot(diff_test_msft, label='Actual Stock Price', linestyle='--')
        ax[1].plot(ar_predictions_msft, linestyle='solid', label="Prediction")
        ax[1].set_title('Predicted Stock Price-Microsoft')
        ax[1].legend(loc='best')
        for ax in ax.flat:
            ax.set(xlabel='Date', ylabel='$')
        plt.show()
```

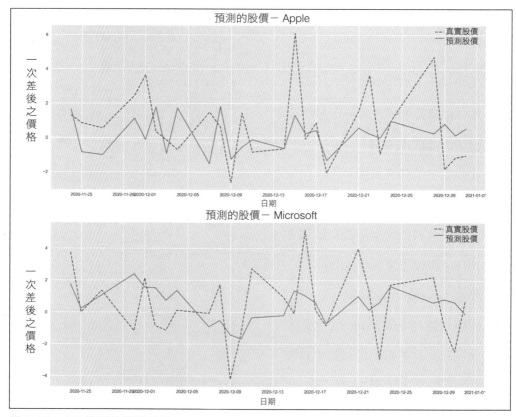

圖 2-19　AR 模型的預測結果

整合移動平均自我回歸模型

ARIMA 是時間序列的過去值和白噪音的函數。ARIMA 已被提議作為 AR 和 MA 的一般化作法,不過它們沒有整合參數(integration parameter),而這將有助於我們為模型提供原始資料。在這方面,即使我們包含非平穩資料,ARIMA 會透過正確的定義整合參數使其變得平穩。

ARIMA 具有三個參數,即 p、d 和 q。正如我們在之前的時間序列模型中已經熟悉的那樣,p 和 q 分別指的是 AR 和 MA 的階數。d 參數則控制位差(level difference)。如果 $d = 1$ 的話,它就相當於一次差,如果它的值為 0 的時候,則意味著此模型是 ARIMA。

d 可能大於 1,不過比 d 為 1 少見。ARIMA (p, 1, q) 方程式具有以下結構:

$$X_t = \alpha_1 dX_{t-1} + \alpha_2 dX_{t-2}... + \alpha_p dX_{t-p} + \epsilon_t + \beta_1 \epsilon_{t-1} + \beta_2 \epsilon_{t-2}... + \beta_q \epsilon_{t-q}$$

其中 d 代表差。

由於它是一個被廣泛接受和適用的模型,讓我們來討論一下 ARIMA 模型的優缺點,以便能更熟悉它。

優點

- ARIMA 允許我們使用原始資料而不用考慮資料是否是平穩的。
- 它對高頻資料表現良好。
- 與其他模型相比,它對資料波動的敏感性較低。

缺點

- ARIMA 可能無法捕捉到季節性。
- 它更適用於長序列和短期(每日、每小時)資料。
- 由於在 ARIMA 中不會發生自動更新,因此在分析期間不應觀察到結構斷裂。
- ARIMA 程序中不進行調整的話會導致不穩定。

現在,讓我們看看使用同樣的股票時(也就是 Apple 和 Microsoft)ARIMA 是如何運作的。但這一次,我們會使用不同的短期滯後結構以將結果與 AR 和 MA 模型進行比較:

```
In [48]: from statsmodels.tsa.arima_model import ARIMA

In [49]: split = int(len(stock_prices['AAPL'].values) * 0.95)
         train_aapl = stock_prices['AAPL'].iloc[:split]
         test_aapl = stock_prices['AAPL'].iloc[split:]
         train_msft = stock_prices['MSFT'].iloc[:split]
         test_msft = stock_prices['MSFT'].iloc[split:]

In [50]: arima_aapl = ARIMA(train_aapl,order=(9, 1, 9))  ❶
         arima_fit_aapl = arima_aapl.fit()  ❷

In [51]: arima_msft = ARIMA(train_msft, order=(6, 1, 6))  ❸
         arima_fit_msft = arima_msft.fit()  ❹

In [52]: arima_predict_aapl = arima_fit_aapl.predict(start=len(train_aapl),
                                                      end=len(train_aapl)\
                                                      + len(test_aapl) - 1,
                                                      dynamic=False)  ❺
         arima_predict_msft = arima_fit_msft.predict(start=len(train_msft),
                                                      end=len(train_msft)\
                                                      + len(test_msft) - 1,
                                                      dynamic=False)  ❻

In [53]: arima_predict_aapl = pd.DataFrame(arima_predict_aapl)
         arima_predict_aapl.index = diff_test_aapl.index
         arima_predict_msft = pd.DataFrame(arima_predict_msft)
         arima_predict_msft.index = diff_test_msft.index  ❼
```

❶　為 Apple 股票配置 ARIMA 模型

❷　將 ARIMA 模型擬合到 Apple 的股價

❸　為 Microsoft 股票配置 ARIMA 模型

❹　將 ARIMA 模型擬合到 Microsoft 的股價

❺　根據 ARIMA 預測 Apple 的股價

❻　根據 ARIMA 預測 Microsoft 的股價

❼　形成預測值的索引

下一個程式碼片段會產生圖 2-20，顯示了 Apple 和 Microsoft 股價的預測結果，由
於我們使用了來自 AR 和 MA 模型的短期階數，結果並沒有完全不同：

```
In [54]: fig, ax = plt.subplots(2, 1, figsize=(18, 15))

        ax[0].plot(diff_test_aapl, label='Actual Stock Price', linestyle='--')
        ax[0].plot(arima_predict_aapl, linestyle='solid', label="Prediction")
        ax[0].set_title('Predicted Stock Price-Apple')
        ax[0].legend(loc='best')
        ax[1].plot(diff_test_msft, label='Actual Stock Price', linestyle='--')
        ax[1].plot(arima_predict_msft, linestyle='solid', label="Prediction")
        ax[1].set_title('Predicted Stock Price-Microsoft')
        ax[1].legend(loc='best')
        for ax in ax.flat:
            ax.set(xlabel='Date', ylabel='$')
        plt.show()
```

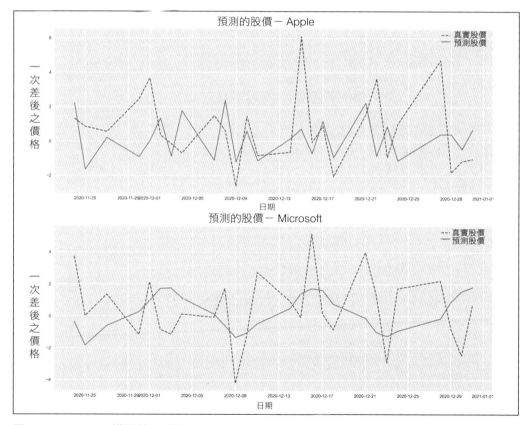

圖 2-20 ARIMA 模型的預測結果

在目前這個時間點,值得我們討論一種用於時間序列模型的最佳滯後選擇方法的替代方案。AIC 是我在這裡用來選擇適當滯後數的方法。請注意,即使 AIC 的結果

建議應選擇 (4, 0, 4)，模型也不會在這些階數收斂。因此，我們這裡改為應用 (4, 1, 4)：

```
In [55]: import itertools

In [56]: p = q = range(0, 9)  ❶
         d = range(0, 3)  ❷
         pdq = list(itertools.product(p, d, q))  ❸
         arima_results_aapl = []  ❹
         for param_set in pdq:
             try:
                 arima_aapl = ARIMA(train_aapl, order=param_set)  ❺
                 arima_fitted_aapl = arima_aapl.fit()  ❻
                 arima_results_aapl.append(arima_fitted_aapl.aic)  ❼
             except:
                 continue
         print('**'*25)
         print('The Lowest AIC score is' + \
               '{:.4f} and the corresponding parameters are {}'.format( \
                   pd.DataFrame(arima_results_aapl).where( \
                   pd.DataFrame(arima_results_aapl).T.notnull().all()).min()[0],
                   pdq[arima_results_aapl.index(min(arima_results_aapl))]))  ❽
         **************************************************
         The Lowest AIC score is 1951.9810 and the corresponding parameters are
         (4, 0, 4)

In [57]: arima_aapl = ARIMA(train_aapl, order=(4, 1, 4))  ❾
         arima_fit_aapl = arima_aapl.fit()  ❾

In [58]: p = q = range(0, 6)
         d = range(0, 3)
         pdq = list(itertools.product(p, d, q))
         arima_results_msft = []
         for param_set in pdq:
             try:
                 arima_msft = ARIMA(stock_prices['MSFT'], order=param_set)
                 arima_fitted_msft = arima_msft.fit()
                 arima_results_msft.append(arima_fitted_msft.aic)
             except:
                 continue
         print('**' * 25)
         print('The lowest AIC score is {:.4f} and parameters are {}'
               .format(pd.DataFrame(arima_results_msft)
                       .where(pd.DataFrame(arima_results_msft).T.notnull()\
                           .all()).min()[0],
                       pdq[arima_results_msft.index(min(arima_results_msft))]))  ❿
         **************************************************
```

```
         The Lowest AIC score is 2640.6367 and the corresponding parameters are
         (4, 2, 4)

In [59]: arima_msft = ARIMA(stock_prices['MSFT'], order=(4, 2 ,4)) ⓫
         arima_fit_msft= arima_msft.fit() ⓫

In [60]: arima_predict_aapl = arima_fit_aapl.predict(start=len(train_aapl),
                                                      end=len(train_aapl)\
                                                      +len(test_aapl) - 1,
                                                      dynamic=False) ⓬
         arima_predict_msft = arima_fit_msft.predict(start=len(train_msft),
                                                      end=len(train_msft)\
                                                      + len(test_msft) - 1,
                                                      dynamic=False) ⓬

In [61]: arima_predict_aapl = pd.DataFrame(arima_predict_aapl)
         arima_predict_aapl.index = diff_test_aapl.index
         arima_predict_msft = pd.DataFrame(arima_predict_msft)
         arima_predict_msft.index = diff_test_msft.index
```

❶ 定義 AR 和 MA 階數的範圍

❷ 定義範圍差項

❸ 對 p、d 和 q 應用迭代

❹ 建立一個空串列來儲存 AIC 值

❺ 配置 ARIMA 模型以適配 Apple 資料

❻ 以所有可能的滯後值來執行 ARIMA 模型

❼ 將 AIC 值儲存到串列中

❽ 印出 Apple 資料的最低 AIC 值

❾ 用最佳的階數來配置和擬合 ARIMA 模型

❿ 用 Microsoft 資料的所有可能滯後情況來執行 ARIMA 模型

⓫ 以最佳的階數來將 ARIMA 模型擬合到 Microsoft 資料

⓬ 預測 Apple 和 Microsoft 的股價

為 Apple 和 Microsoft 識別出來的階數分別為 (4, 1, 4) 和 (4, 2, 4)。ARIMA 在預測股價方面做得很好,如下文所示。但是請注意,指定不正確的階數會導致不適配

的結果，而這反過來又會產生令人很不滿意的預測。下面的程式碼將產生圖 2-21，
並顯示了這些結果：

```
In [62]: fig, ax = plt.subplots(2, 1, figsize=(18, 15))

        ax[0].plot(diff_test_aapl, label='Actual Stock Price', linestyle='--')
        ax[0].plot(arima_predict_aapl, linestyle='solid', label="Prediction")
        ax[0].set_title('Predicted Stock Price-Apple')
        ax[0].legend(loc='best')
        ax[1].plot(diff_test_msft, label='Actual Stock Price', linestyle='--')
        ax[1].plot(arima_predict_msft, linestyle='solid', label="Prediction")
        ax[1].set_title('Predicted Stock Price-Microsoft')
        ax[1].legend(loc='best')
        for ax in ax.flat:
            ax.set(xlabel='Date', ylabel='$')
        plt.show()
```

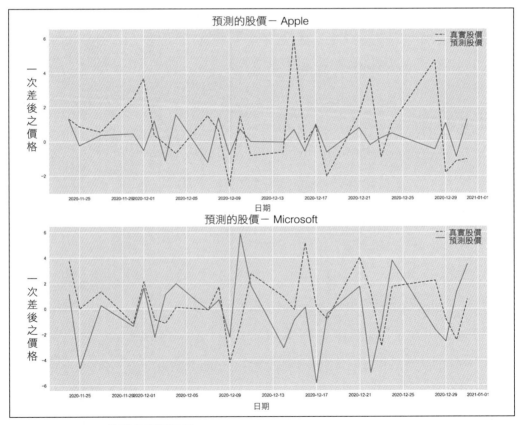

圖 2-21　ARIMA 模型的預測結果

結論

時間序列分析在財務分析中扮演著核心角色。這只是因為大多數金融資料都有時間維度，而我們應該謹慎的對這類資料進行建模。本章首次嘗試使用時間維度對資料進行建模，為此，我們使用了經典的時間序列模型，也就是 MA、AR、以及最後的 ARIMA。但您認為這就是全部的模型嗎？絕對不是！在下一章中，我們將看到如何使用深度學習模型對時間序列進行建模。

參考文獻

本章引用的論文：

Cavanaugh, J. E., and A. A. Neath. 2019. "The Akaike Information Criterion: Background, Derivation, Properties, Application, Interpretation, and Refinements." *Wiley Interdisciplinary Reviews: Computational Statistics* 11 (3): e1460.

Hurvich, Clifford M., and Chih-Ling Tsai. 1989. "Regression and Time Series Model Selection in Small Samples." *Biometrika* 76 (2): 297-30.

本章引用的書籍：

Brockwell, Peter J., and Richard A. Davis. 2016. *Introduction to Time Series and Forecasting*. Springer.

Focardi, Sergio M. 1997. *Modeling the Market: New Theories and Techniques*. The Frank J. Fabozzi Series, Vol. 14. New York: John Wiley and Sons.

第三章

應用深度學習於
時間序列建模

... 是的，如果有足夠多的記憶體和足夠長的時間，圖靈機器（Turing machine）確實可以計算任何可計算的函數，但大自然必須即時的解決問題。為此，它利用了大腦的神經網路，就像地球上最強大的電腦一樣，擁有大規模平行處理器。能夠有效率的在它們上面執行的演算法終究會勝出。

— Terrence J. Sejnowski（2018）

出於某些充分的原因，*深度學習*（*deep learning*）最近成為了一個流行詞，儘管最近那些改進深度學習實務的嘗試並不是第一次進行。然而，我們完全可以理解為什麼深度學習近二十年來會一直受到讚賞。深度學習是一個抽象的概念，很難用幾句話來定義。與神經網路（neural network, NN）不同，深度學習具有更複雜的結構，而隱藏層則定義了複雜性。因此，一些研究人員使用隱藏層的數量作為區分神經網路和深度學習的比較基準，這是一種有用但不是特別嚴謹的區分方法。更好的定義可以澄清它們之間的差異。

在高層次上，深度學習可以定義為：

> 深度學習方法是具有多個表達法等級的表達法學習（representation-learning）
> 方法[1]，透過組合簡單但非線性的模組來獲得，每個模組將一個等級的表達
> 法（從原始輸入開始）轉換為更高、稍微更抽象的等級的表達法。
>
> ─ Le Cunn 等人（2015）

深度學習的應用可以追溯到 1940 年代，當時 Norbert Wiener 出版了 *Cybernetics*
一書。連結論（connectivist）思想在 1980 年代和 1990 年代之間佔據主導地位。
深度學習的最新發展，例如倒傳遞（backpropagation）和神經網路，建立了我們現
在所知道的這個領域。基本上，深度學習已經經歷了三波浪潮，所以我們可能想知
道為什麼深度學習現在是處於全盛時期？ Goodfellow 等人（2016）列出了一些可
能的原因，包括：

- 日漸增加的資料量
- 日漸增加的模型大小
- 日漸提高的準確度、複雜性和對現實世界的影響

看來現代技術和資料可用性為深度學習時代鋪好了道路，在這個時代提出了新的資
料驅動（data-driven）方法，讓我們能夠使用非傳統模型來對時間序列進行建模。
這種發展催生了新的深度學習浪潮。有兩種方法因為能夠包含更長的時段而脫穎而
出：遞歸神經網路（*recurrent neural network, RNN*）和長短期記憶（*long short-
term memory, LSTM*）。在本節中，我們將在簡要的討論理論背景之後，再重點介
紹這些模型在 Python 中的實際運用。

遞歸神經網路

RNN 是具有至少一個回饋連接（feedback connection）的神經網路結構，以便網
路可以學習序列。回饋連接會導致迴圈，使我們能夠揭示非線性的特性。這種類型
的連接給我們帶來了一個非常有用的新屬性：記憶（*memory*）。因此，RNN 不僅

1　表達法學習幫助我們以獨特的方式定義一個概念。例如，如果任務是要偵測某物體是否是一個圓，那麼
　　邊緣就起著關鍵作用，因為圓沒有邊緣。因此，使用顏色、形狀和大小，我們可以為物件建立表達法。
　　本質上，這就是人類大腦的運作方式，而我們知道深度學習結構是受到大腦功能啟發的。

可以利用輸入資料，還可以利用先前的輸出，這在時間序列建模方面聽起來很具吸引力。

RNN 有許多種形式，例如：

一對一

　　一對一的 RNN 由一個輸入和一個輸出組成，這使其成為最基本的 RNN 類型。

一對多

　　在這種形式中，RNN 為單一輸入產生多個輸出。

多對一

　　與一對多結構相反，多對一為多個輸入產生單一輸出。

多對多

　　這種結構有多個輸入和輸出，被稱為 RNN 中最複雜的結構。

RNN 中的隱藏單元（hidden unit）將自身回饋到神經網路中，因此 RNN 具有遞歸層（與前饋（feed-forward）神經網路不同），使其成為適合時間序列資料建模的方法。因此，在 RNN 中，神經元的激發（activation）來自於先前的時間步驟跡象，RNN 將該跡象表達為網路實例的累積狀態（Buduma 和 Locascio 2017）。

正如 Nielsen（2019）所總結的：

* RNN 依序一次進行一個時間步驟。
* 從一個時間步驟到另一個時間步驟時，網路的狀態保持不變。
* RNN 根據時間步驟更新其狀態。

這些維度描繪在圖 3-1 中。我們可以看出，右邊的 RNN 結構具有時間步驟，這是它與前饋網路的主要區別。

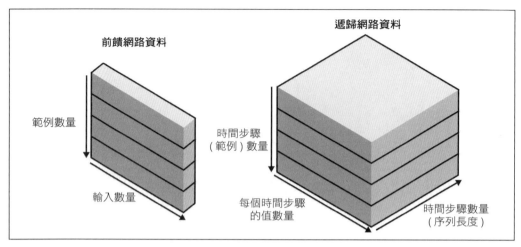

圖3-1　RNN結構[2]

RNN 有一個 3 維的輸入，包括：

- 批次大小

- 時間步驟

- 特徵數量

批次大小（*batch size*）表示觀察的數量或資料列（row）數。時間步驟（*time steps*）是饋入模型的次數。最後，特徵數量（*number of features*）是每個樣本的行（column）數。

我們將從以下程式碼開始：

```
In [1]: import numpy as np
        import pandas as pd
        import math
        import datetime
        import yfinance as yf
        import matplotlib.pyplot as plt
        import tensorflow as tf
        from tensorflow.keras.models import Sequential
        from tensorflow.keras.callbacks import EarlyStopping
        from tensorflow.keras.layers import (Dense, Dropout,
                                            Activation, Flatten,
```

2　Patterson 等人 2017. "Deep learning: A practitioner's approach." 。

```
                                        MaxPooling2D, SimpleRNN)
        from sklearn.model_selection import train_test_split

In [2]: n_steps = 13 ❶
        n_features = 1 ❷

In [3]: model = Sequential() ❸
        model.add(SimpleRNN(512, activation='relu',
                            input_shape=(n_steps, n_features),
                            return_sequences=True)) ❹
        model.add(Dropout(0.2)) ❺
        model.add(Dense(256, activation = 'relu')) ❻
        model.add(Flatten()) ❼
        model.add(Dense(1, activation='linear')) ❽

In [4]: model.compile(optimizer='rmsprop',
                      loss='mean_squared_error',
                      metrics=['mse']) ❾

In [5]: def split_sequence(sequence, n_steps):
            X, y = [], []
            for i in range(len(sequence)):
                end_ix = i + n_steps
                if end_ix > len(sequence) - 1:
                    break
                seq_x, seq_y = sequence[i:end_ix], sequence[end_ix]
                X.append(seq_x)
                y.append(seq_y)
            return np.array(X), np.array(y) ❿
```

❶ 定義預測的步驟數

❷ 將特徵數量定義為 1

❸ 呼叫循序模型來執行 RNN

❹ 指明隱藏神經元數量、激發函數、以及輸入的形狀

❺ 加入 dropout 層以防止過度擬合

❻ 加入一個具有 256 個使用了 relu 激發函數的神經元的隱藏層

❼ 展平模型以將 3 維矩陣轉換為向量

❽ 加入一個具有 linear 激發函數的輸出層

❾ 編譯 RNN 模型

❿ 建立一個因變數 y

激發函數

激發函數（activation function）是用來確定神經網路結構中輸出的數學方程式。這些工具將為隱藏層導入非線性，以便我們能夠對非線性問題進行建模。

以下是最著名的激發函數：

sigmoid

當我們在模型中導入小的變化時，這個激發函數允許我們合併少量的輸出。它接受 0 到 1 之間的值。sigmoid 的數學表達法是：

$$\text{sigmoid}(x) = \frac{1}{1 + exp\left(-\sum_i w_i x_i - b\right)}$$

其中 w 是權重（weight），x 代表資料，b 代表偏差（bias），下標 i 代表特徵。

tanh

如果您正在處理負數，則 tanh 會是適合您的激發函數。和 sigmoid 函數相反，它的範圍落在 -1 和 1 之間。tanh 的公式為：

$$\tanh(x) = \frac{sinh(x)}{cosh(x)}$$

線性（*linear*）

使用線性激發函數使我們能夠在自變數和因變數之間建立線性關係。線性激發函數會接受輸入並乘以權重以形成與輸入成比例的輸出。它是時間序列模型方便的激發函數。線性激發函數的形式如下：

$$f(x) = wx$$

整流線性（*rectified linear*）

如果輸入為零或小於零時，則被稱為 ReLu 的整流線性激發函數可以將其變為 0。如果輸入大於 0 的話，則它會與 *x* 一致。數學表達如下：

$$\text{ReLu(x)} = \max(0, x)$$

softmax

與 sigmoid 一樣，此激發函數廣泛適用於分類問題，因為 softmax 會將輸入轉換為與輸入數的指數成正比的機率分佈：

$$\text{softmax}(x_i) = \frac{exp(x_i)}{\sum_i exp(x_i)}$$

配置模型並產生因變數後，讓我們來萃取資料並對 Apple 和 Microsoft 的股價進行預測：

```
In [6]: ticker = ['AAPL', 'MSFT']
        start = datetime.datetime(2019, 1, 1)
        end = datetime.datetime(2020, 1 ,1)
        stock_prices = yf.download(ticker,start=start, end = end, interval='1d')\
                       .Close
        [*********************100%***********************]  2 of 2 completed

In [7]: diff_stock_prices = stock_prices.diff().dropna()

In [8]: split = int(len(diff_stock_prices['AAPL'].values) * 0.95)
        diff_train_aapl = diff_stock_prices['AAPL'].iloc[:split]
        diff_test_aapl = diff_stock_prices['AAPL'].iloc[split:]
        diff_train_msft = diff_stock_prices['MSFT'].iloc[:split]
        diff_test_msft = diff_stock_prices['MSFT'].iloc[split:]

In [9]: X_aapl, y_aapl = split_sequence(diff_train_aapl, n_steps) ❶
        X_aapl = X_aapl.reshape((X_aapl.shape[0],  X_aapl.shape[1],
                                n_features)) ❷
In [10]: history = model.fit(X_aapl, y_aapl,
                              epochs=400, batch_size=150, verbose=0,
                              validation_split = 0.10) ❸

In [11]: start = X_aapl[X_aapl.shape[0] - n_steps] ❹
```

```
        x_input = start ❺
        x_input = x_input.reshape((1, n_steps, n_features))

In [12]: tempList_aapl = [] ❻
         for i in range(len(diff_test_aapl)):
             x_input = x_input.reshape((1, n_steps, n_features)) ❼
             yhat = model.predict(x_input, verbose=0) ❽
             x_input = np.append(x_input, yhat)
             x_input = x_input[1:]
             tempList_aapl.append(yhat) ❾

In [13]: X_msft, y_msft = split_sequence(diff_train_msft, n_steps)
         X_msft = X_msft.reshape((X_msft.shape[0],  X_msft.shape[1],
                                 n_features))

In [14]: history = model.fit(X_msft, y_msft,
                             epochs=400, batch_size=150, verbose=0,
                             validation_split = 0.10)

In [15]: start = X_msft[X_msft.shape[0] - n_steps]
         x_input = start
         x_input = x_input.reshape((1, n_steps, n_features))

In [16]: tempList_msft = []
         for i in range(len(diff_test_msft)):
             x_input = x_input.reshape((1, n_steps, n_features))
             yhat = model.predict(x_input, verbose=0)
             x_input = np.append(x_input, yhat)
             x_input = x_input[1:]
             tempList_msft.append(yhat)
```

❶ 呼叫 split_sequence 函數來定義回溯期間

❷ 將訓練資料重塑為三維案例

❸ 將 RNN 模型擬合到 Apple 的股價

❹ 為 Apple 定義預測的起點

❺ 重新命名變數

❻ 建立一個空串列來儲存預測結果

❼ 重塑用於預測的 x_input

❽ 為 Apple 股票執行預測

❾ 將 yhat 儲存到 `tempList_aapl`

我們將使用下面的程式碼區塊進行視覺化,結果如圖 3-2:

```
In [17]: fig, ax = plt.subplots(2,1, figsize=(18,15))
         ax[0].plot(diff_test_aapl, label='Actual Stock Price', linestyle='--')
         ax[0].plot(diff_test_aapl.index, np.array(tempList_aapl).flatten(),
                   linestyle='solid', label="Prediction")
         ax[0].set_title('Predicted Stock Price-Apple')
         ax[0].legend(loc='best')
         ax[1].plot(diff_test_msft, label='Actual Stock Price', linestyle='--')
         ax[1].plot(diff_test_msft.index,np.array(tempList_msft).flatten(),
                   linestyle='solid', label="Prediction")
         ax[1].set_title('Predicted Stock Price-Microsoft')
         ax[1].legend(loc='best')

         for ax in ax.flat:
             ax.set(xlabel='Date', ylabel='$')
         plt.show()
```

圖 3-2 顯示了 Apple 和 Microsoft 的股價預測結果。只要簡單的看一眼,我們就可以很容易的觀察到,在這兩個案例中模型的預測效能都有改進的餘地。

即使我們可以得到了令人滿意的預測效能,RNN 模型的缺點還是不容忽視。此模型的主要缺點是:

* 梯度消失或爆炸問題(請參閱以下註釋以獲得詳細說明)。

* 訓練 RNN 是一項非常困難的任務,因為它需要大量資料。

* 當使用 *tanh* 激發函數時,RNN 無法處理很長的序列。

在設計不常的深度學習場景中,梯度消失(vanishing gradient)是一個常見問題。如果在我們進行倒傳遞時梯度會趨向變小的話,就會出現梯度消失問題。這意味著神經元的學習速度會非常緩慢,以至於優化陷入停頓。

與梯度消失問題不同,梯度爆炸(exploding gradient)問題發生在優化過程中當倒傳遞的微小變化導致了權重的巨大更新時。

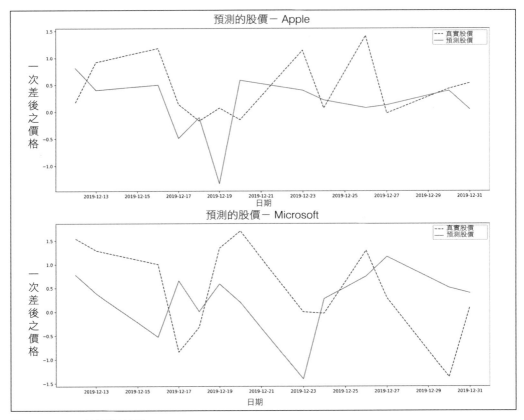

圖 3-2　RNN 的預測結果

Haviv 等人（2019）將 RNN 的缺點闡述的很好：

> 這是由於網路會依賴於其過去的狀態，並透過它們而依賴於整個歷史輸
> 入。這種能力是有代價的──眾所周知，RNN 很難訓練（Pascanu et al.
> 2013a）。這種困難通常是與試圖在一段長時間中傳遞錯誤時所出現的梯度
> 消失有關（Hochreiter 1998）。當訓練成功時，網路的隱藏狀態表達了這些
> 記憶。瞭解整個訓練過程中的這種表達法是如何形成的將可以為改善記憶
> 相關任務的學習開闢新途徑。

長短期記憶

LSTM 深度學習方法由 Hochreiter 和 Schmidhuber（1997）所開發，主要是基於閘控遞歸單元（*gated recurrent unit, GRU*）。

GRU 被提出來以處理梯度消失問題，該問題在神經網路結構中很常見，並且發生在權重更新變得太小而無法在網路中產生顯著變化時。GRU 由兩個閘組成：更新（*update*）和重設（*reset*）。當早期的觀察值被偵測為非常重要時，我們不會去更新隱藏狀態。同樣的，當早期的觀察值不重要時，會導致狀態的重設。

如前所述，RNN 最吸引人的特性之一是它能夠連結過去和現在的資訊。但是，當出現長期依賴（*long-term dependency*）時，這種能力就會失敗。長期依賴意味著模型會從早期的觀察中學習。

例如，讓我們檢視以下的句子：

> 就像美國一樣，各國都有自己的貨幣，在美國人們進行交易時用的是美元……

在短期依賴的情況下，我們知道下一個預測詞是關於某種貨幣的，但是如果問它是關於哪種貨幣呢？事情就變得複雜了，因為我們可能在前面的本文提過了各種貨幣，這意味著長期依賴。有必要倒回去找出一些和使用美元的國家相關的東西。

LSTM 試圖打擊 RNN 在長期依賴方面的弱點。LSTM 有一個非常有用的工具可以去除不必要的資訊，因而可以更有效率的運作。LSTM 會和閘（gate）一起工作，讓它能夠忘記不相關的資料。這些閘是：

- 遺忘閘（forget gate）
- 輸入閘（input gate）
- 輸出閘（output gate）

建立遺忘閘是為了整理出必要和不必要的資訊，以使 LSTM 能比 RNN 更有效率的執行。在此過程中，如果資訊是不相關的話，則激發函數 *sigmoid* 的值將變為零。遺忘閘可以寫成下列公式：

$$F_t = \sigma\left(X_t W_I + h_{t-1} W_f + b_f\right)$$

其中 σ 是激發函數，h_{t-1} 是先前的隱藏狀態，W_I 和 W_f 是權重，最後，b_f 是遺忘細胞中的偏差參數。

輸入閘是由目前的時間步驟 X_t 和前一個時間步驟 $t-1$ 的隱藏狀態來饋送。輸入閘的目標是決定應將資訊添加到長期狀態的程度。輸入閘可以寫成下列公式：

$$I_t = \sigma\left(X_t W_I + h_{t-1} W_f + b_I\right)$$

輸出閘基本上決定了應該被讀取的輸出範圍，運作方式如下：

$$O_t = \sigma\left(X_t W_o + h_{t-1} W_o + b_I\right)$$

這些閘並不是 LSTM 的唯一組件。其他組件是：

- 候選記憶細胞（candidate memory cell）
- 記憶細胞（memory cell）
- 隱藏狀態（hidden state）

候選記憶細胞將決定資訊傳遞到細胞狀態的程度。不同的是，候選細胞中的激發函數是 tanh，並採用以下形式：

$$\widehat{C_t} = \phi\left(X_t W_c + h_{t-1} W_c + b_c\right)$$

記憶細胞允許 LSTM 記住或忘記資訊：

$$C_t = F_t \odot C + t - 1 + I_t \odot \widehat{C_t}$$

其中 $\odot$ 是 Hadamard 乘積（Hadamard product）。

在這個遞歸網路中，隱藏狀態是一種流通資訊的工具。記憶細胞將輸出閘與隱藏狀態關聯起來：

$$h_t = \phi\left(c_t\right) \odot O_t$$

圖 3-3 展示了 LSTM 的結構。

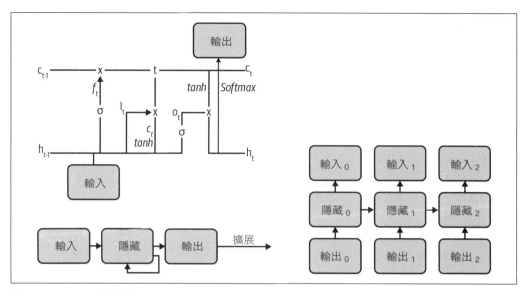

圖 3-3　LSTM 的結構

現在，讓我們使用 LSTM 來預測股價：

```
In [18]: from tensorflow.keras.layers import LSTM

In [19]: n_steps = 13 ❶
         n_features = 1 ❷

In [20]: model = Sequential()
         model.add(LSTM(512, activation='relu',
                     input_shape=(n_steps, n_features),
                     return_sequences=True)) ❸
         model.add(Dropout(0.2)) ❹
         model.add(LSTM(256,activation='relu')) ❺
         model.add(Flatten()) ❻
         model.add(Dense(1, activation='linear')) ❼

In [21]: model.compile(optimizer='rmsprop', loss='mean_squared_error',
                     metrics=['mse']) ❽

In [22]: history = model.fit(X_aapl, y_aapl,
                             epochs=400, batch_size=150, verbose=0,
                             validation_split = 0.10) ❾

In [23]: start = X_aapl[X_aapl.shape[0] - 13]
         x_input = start
         x_input = x_input.reshape((1, n_steps, n_features))
```

❶ 定義預測的步驟數

❷ 將特徵數量定義為 1

❸ 指明隱藏神經元的數量、激發函數（relu）和輸入形狀

❹ 添加 dropout 層以防止過度擬合

❺ 添加一個具有 256 個神經元的隱藏層，其神經元使用 relu 激發函數

❻ 展平模型以向量化三維矩陣

❼ 添加具有 linear 激發函數的輸出層

❽ 使用均方根傳播（Root Mean Square Propagation）、rmsprop 和均方誤差（mean squared error, MSE）、mean_squared_error 來編譯 LSTM

❾ 將 LSTM 模型擬合到 Apple 的股價

均方根傳播（RMSProp）是一種進行優化的方法，我們在其中會計算每個權重的梯度平方的移動平均值。然後我們再求出權重的差異，它會被用來計算新的權重：

$$v_t = \rho_{v_{t-1}} + 1 - \rho g_t^2$$

$$\Delta w_t = -\frac{v}{\sqrt{\eta + \epsilon}} g_t$$

$$w_{t+1} = w_t + \Delta w_t$$

給定 Microsoft 股價並遵循相同的程序，我們可以對它進行預測分析：

```
In [24]: tempList_aapl = []
         for i in range(len(diff_test_aapl)):
             x_input = x_input.reshape((1, n_steps, n_features))
             yhat = model.predict(x_input, verbose=0)
             x_input = np.append(x_input, yhat)
             x_input = x_input[1:]
             tempList_aapl.append(yhat)

In [25]: history = model.fit(X_msft, y_msft,
                             epochs=400, batch_size=150, verbose=0,
```

```
                          validation_split = 0.10)

In [26]: start = X_msft[X_msft.shape[0] - 13]
         x_input = start
         x_input = x_input.reshape((1, n_steps, n_features))

In [27]: tempList_msft = []
         for i in range(len(diff_test_msft)):
             x_input = x_input.reshape((1, n_steps, n_features))
             yhat = model.predict(x_input, verbose=0)
             x_input = np.append(x_input, yhat)
             x_input = x_input[1:]
             tempList_msft.append(yhat)
```

以下程式碼會建立顯示預測結果的圖形（圖 3-4）：

```
In [28]: fig, ax = plt.subplots(2, 1, figsize=(18, 15))
         ax[0].plot(diff_test_aapl, label='Actual Stock Price', linestyle='--')
         ax[0].plot(diff_test_aapl.index, np.array(tempList_aapl).flatten(),
                    linestyle='solid', label="Prediction")
         ax[0].set_title('Predicted Stock Price-Apple')
         ax[0].legend(loc='best')
         ax[1].plot(diff_test_msft, label='Actual Stock Price', linestyle='--')
         ax[1].plot(diff_test_msft.index, np.array(tempList_msft).flatten(),
                    linestyle='solid', label="Prediction")
         ax[1].set_title('Predicted Stock Price-Microsoft')
         ax[1].legend(loc='best')

         for ax in ax.flat:
             ax.set(xlabel='Date', ylabel='$')
         plt.show()
```

LSTM 的表現似乎優於 RNN，特別是因為它更能捕捉到極值。

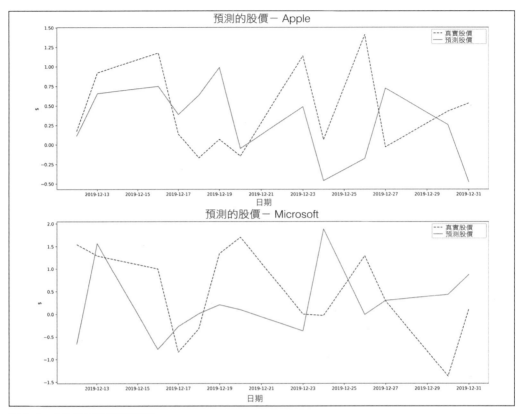

圖3-4　LSTM 的預測結果

結論

本章描述了基於深度學習的股價預測。使用的模型是 RNN 和 LSTM，它們具有處理更長時段的能力。這些模型並未顯示出顯著的改進，但仍可用於對時間序列資料進行建模。在我們的案例中，LSTM 使用了 13 步驟的預測回溯期。如果還想要進行擴展，在基於深度學習的模型中使用多個特徵將是一種明智的方法，這在參數時間序列模型中是不允許的。

在下一章中，我們將討論基於參數和 ML 模型的波動率預測，以便我們可以比較它們的效能。

參考文獻

本章引用的論文：

Ding, Daizong, et al. 2019. "Modeling Extreme Events in Time Series Prediction." *Proceedings of the 25th ACM SIGKDD International Conference on Knowledge Discovery and Data Mining.* 1114-1122.

Haviv, Doron, Alexander Rivkind, and Omri Barak. 2019. "Understanding and Controlling Memory in Recurrent Neural Networks." arXiv preprint. arXiv: 1902.07275.

Hochreiter, Sepp, and Jürgen Schmidhuber. 1997. "Long Short-term Memory." *Neural Computation* 9 (8): 1735-1780.

LeCun, Yann, Yoshua Bengio, and Geoffrey Hinton. 2015. "Deep Learning." *Nature* 521, (7553): 436-444.

本章引用的書籍：

Buduma, N., and N. Locascio. 2017. *Fundamentals of Deep Learning: Designing Next-generation Machine Intelligence Algorithms.* Sebastopol: O'Reilly.

Goodfellow, I., Y. Bengio, and A. Courville. 2016. *Deep Learning.* Cambridge, MA: MIT Press.

Nielsen, A. 2019. *Practical Time Series Analysis: Prediction with Statistics and Machine Learning.* Sebastopol: O'Reilly.

Patterson, Josh, and Adam Gibson. 2017. *Deep Learning: A Practitioner'S Approach.* Sebastopol: O'Reilly.

Sejnowski, Terrence J. 2018. *The Deep Learning Revolution.* Cambridge, MA: MIT Press.

第二部分

針對市場、信用、流動性和營運風險的機器學習

第四章

基於機器學習的
波動率預測

> 條件報酬分佈最關鍵的特徵可以說是它的二次動差（second moment）結構，根據以往經驗這是分佈的主要時變（time-varying）特徵。這個事實激發了關於報酬波動率建模和預測的大量文獻。
>
> — Andersen 等人（2003）

「有些概念很容易理解，但很難定義。這也適用於波動率。」這可能是活在 Markowitz 之前的人才會說的話，因為他形塑波動率的方式非常清晰和直觀。Markowitz 提出了他著名的投資組合理論，其中他將波動率（*volatility*）定義為標準差，因此從那時起，金融與數學變得更加交織在一起。

從某種意義上說，波動率是金融的支柱，它不僅向投資者提供資訊信號，而且也是各種金融模型的輸入。是什麼讓波動率如此重要呢？答案會強調不確定性的重要性，而不確定性正是金融模型的主要特徵。

金融市場整體化程度的提高導致這些市場長期存在著不確定性，而這反過來又強調了波動率的重要性，波動率也就是金融資產價值變化的程度。用來當作風險的代理人的波動率是許多領域中最重要的變數之一，這些領域中包括了資產定價和風險管理。它的強烈出現以及潛伏期使其對模型而言更為必要。遵循 1996 年生效的巴塞爾協議（Basel Accord），把波動率用作是一種風險量度在風險管理中發揮了關鍵作用（Karasan 和 Gaygisiz 2020）。

在 Black（1976）的開創性研究之後，出現了大量且不斷增加的有關波動率估計的文獻，包括 Andersen 和 Bollerslev（1997）、Raju 和 Ghosh（2004）、Dokuchaev（2014）和 De Stefani 等人（2017）。我們所談論的是使用 ARCH 和 GARCH 類型的模型來進行波動率預測的悠久傳統，而其中存在著可能會導致失敗的某些缺陷，例如波動率分群、資訊不對稱等。儘管這些問題可由不同的模型來解決，但最近金融市場的波動以及 ML 的發展使研究人員重新思考波動率估計這個問題。

在本章中，我們的目標是展示如何使用基於 ML 的模型來提高預測效能。我們將拜訪各種 ML 演算法，也就是支撐向量迴歸（support vector regression）、神經網路和深度學習，以讓我們能夠比較它們的預測效能。

對波動率進行建模相當於對不確定性進行建模，以便我們更能理解和處理不確定性，使我們更能近似現實世界。為了衡量所提出的模型考慮到多少現實世界的情況，我們需要計算報酬波動率（return volatility），也稱為**已實現波動率**（*realized volatility*）。已實現波動率是已實現變異數的平方根，而已實現變異數就是報酬的平方和。已實現波動率被用來計算波動率預測方法的效能。下面是報酬波動率的公式：

$$\hat{\sigma} = \sqrt{\frac{1}{n-1}\sum_{n=1}^{N}(r_n - \mu)^2}$$

其中 r 和 μ 是報酬和報酬的平均值，n 是觀察值的數量。

讓我們看看如何在 Python 中計算報酬波動率：

```
In [1]: import numpy as np
        from scipy.stats import norm
        import scipy.optimize as opt
        import yfinance as yf
        import pandas as pd
        import datetime
        import time
        from arch import arch_model
        import matplotlib.pyplot as plt
        from numba import jit
        from sklearn.metrics import mean_squared_error as mse
        import warnings
        warnings.filterwarnings('ignore')

In [2]: stocks = '^GSPC'
        start = datetime.datetime(2010, 1, 1)
```

```
          end = datetime.datetime(2021, 8, 1)
          s_p500 = yf.download(stocks, start=start, end = end, interval='1d')
          [*********************100%***********************]  1 of 1 completed

In [3]: ret = 100 * (s_p500.pct_change()[1:]['Adj Close']) ❶
          realized_vol = ret.rolling(5).std()

In [4]: plt.figure(figsize=(10, 6))
          plt.plot(realized_vol.index,realized_vol)
          plt.title('Realized Volatility- S&P-500')
          plt.ylabel('Volatility')
          plt.xlabel('Date')
          plt.show()
```

❶ 根據調整後收盤價（adjusted closing price）計算 S&P 500 的報酬。

圖 4-1 顯示了 S&P 500 指數在 2010-2021 年期間的已實現波動率。最引人注目的觀察值是 COVID-19 大流行時附近的高峰。

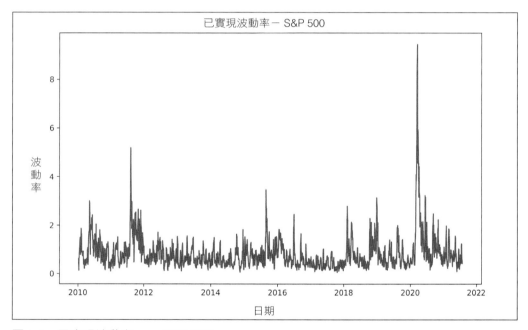

圖4-1　已實現波動率 ── S&P 500

估計波動率的方式對於相關分析的可靠性和準確度有著不可忽視的影響。因此，本章討論了經典的和基於 ML 的波動率預測技術，以展示基於 ML 的模型的卓越預測效能。為了和全新的基於 ML 的模型進行比較，我們首先對經典波動率模型進行建模。一些非常著名的經典波動率模型包括但不限於以下項目：

- ARCH

- GARCH

- GJR-GARCH

- EGARCH

現在是時候深入研究經典的波動率模型了。讓我們先從 ARCH 模型開始吧。

ARCH 模型

Eagle（1982）很早就提出了對波動率建模的嘗試，被稱為 ARCH 模型。ARCH 模型是單變量模型，用的是歷史的資產報酬。ARCH(p) 模型具有以下形式：

$$\sigma_t^2 = \omega + \sum_{k=1}^{p} \alpha_k (r_{t-k})^2$$

其中平均值模型是：

$$r_t = \sigma_t \epsilon_t$$

其中假設 ϵ_t 是常態分佈（normal distribution）。在這個參數模型中，我們需要滿足一些假設才會有正的非零變異數。在這方面，應該滿足以下條件：

- $\omega > 0$

- $\alpha_k \geq 0$

這些方程式告訴我們，ARCH 是一個單變量非線性模型，其中波動率是用過去的報酬的平方來估計的。ARCH 最顯著的特徵之一是它具有時變條件變異數（time-varying conditional variance）[1] 的特性，因此 ARCH 能夠模擬被稱為**波動率分群**（*volatility clustering*）的現象——也就是說，大的變化往往跟隨著具有正或負號的大變化，而小的變化往往跟隨著小的變化，正如 Mandelbrot（1963）所描述的那樣。因此，一旦對市場發布重要公告之後，可能會導致巨大的波動。

1　條件變異數意味著波動率估計是資產報酬的過去值的函數。

以下程式碼區塊顯示了要如何繪製分群以及結果看起來的樣子：

```
In [5]: retv = ret.values ❶

In [6]: plt.figure(figsize=(10, 6))
        plt.plot(s_p500.index[1:], ret)
        plt.title('Volatility clustering of S&P-500')
        plt.ylabel('Daily returns')
        plt.xlabel('Date')
        plt.show()
```

❶ 將 dataframe 傳回為 numpy 表達法

和已實現波動率的峰值類似，圖 4-2 顯示了一些較大的變動，並且不出所料，這些
上上下下發生在諸如 2020 年年中 COVID-19 大流行等重要事件的前後。

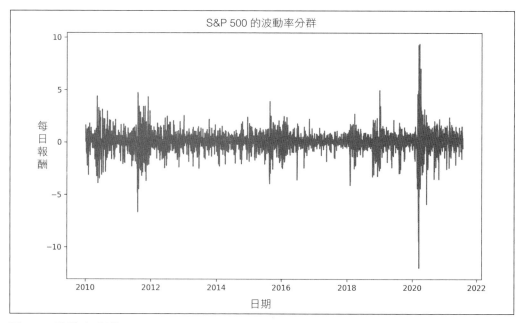

圖4-2 波動率分群──S&P 500

儘管 ARCH 模型具有吸引人的特點，例如簡單性、非線性、容易性和為了預測而
調整，但也存在一定的缺點：

- 對正面和負面衝擊的反應是一樣的

- 嚴格的假設，例如對參數的限制

- 由於對大波動的調整過於緩慢可能會導致錯誤的預測

這些缺點促使研究人員研究 ARCH 模型的延伸，特別是 Bollerslev（1986）和 Taylor（1986）提出的 GARCH 模型，我們將在稍後討論它。

現在讓我們使用 ARCH 模型來預測波動率。首先，讓我們產生我們自己的 Python 程式碼，然後再把它和 arch 程式庫中的內建函數進行比較，看看有什麼不同：

```
In [7]: n = 252
        split_date = ret.iloc[-n:].index ❶

In [8]: sgm2 = ret.var() ❷
        K = ret.kurtosis() ❸
        alpha = (-3.0 * sgm2 + np.sqrt(9.0 * sgm2 ** 2 - 12.0 *
                                (3.0 * sgm2 - K) * K)) / (6 * K) ❹
        omega = (1 - alpha) * sgm2 ❺
        initial_parameters = [alpha, omega]
        omega, alpha
Out[8]: (0.6345749196895419, 0.46656704131150534)

In [9]: @jit(nopython=True, parallel=True) ❻
        def arch_likelihood(initial_parameters, retv):
            omega = abs(initial_parameters[0]) ❼
            alpha = abs(initial_parameters[1]) ❼
            T = len(retv)
            logliks = 0
            sigma2 = np.zeros(T)
            sigma2[0] = np.var(retv) ❽
            for t in range(1, T):
                sigma2[t] = omega + alpha * (retv[t - 1]) ** 2 ❾
            logliks = np.sum(0.5 * (np.log(sigma2)+retv ** 2 / sigma2)) ❿
            return logliks

In [10]: logliks = arch_likelihood(initial_parameters, retv)
         logliks
Out[10]: 1453.127184488521

In [11]: def opt_params(x0, retv):
             opt_result = opt.minimize(arch_likelihood, x0=x0, args = (retv),
                                   method='Nelder-Mead',
                                   options={'maxiter': 5000}) ⓫
             params = opt_result.x ⓬
             print('\nResults of Nelder-Mead minimization\n{}\n{}'
                   .format(''.join(['-'] * 28), opt_result))
             print('\nResulting params = {}'.format(params))
             return params
```

```
In [12]: params = opt_params(initial_parameters, retv)

         Results of Nelder-Mead minimization
         ---------------------------
          final_simplex: (array([[0.70168795, 0.39039044],
                 [0.70163494, 0.3904423 ],
         [0.70163928, 0.39033154]]), array([1385.79241695,
                 1385.792417, 1385.79241907]))
                     fun: 1385.7924169507244
                 message: 'Optimization terminated successfully.'
                    nfev: 62
                     nit: 33
                  status: 0
                 success: True
                       x: array([0.70168795, 0.39039044])

         Resulting params = [0.70168795 0.39039044]

In [13]: def arch_apply(ret):
                 omega = params[0]
                 alpha = params[1]
                 T = len(ret)
                 sigma2_arch = np.zeros(T + 1)
                 sigma2_arch[0] = np.var(ret)
                 for t in range(1, T):
                     sigma2_arch[t] = omega + alpha * ret[t - 1] ** 2
                 return sigma2_arch

In [14]: sigma2_arch = arch_apply(ret)
```

❶ 定義拆分位置並將拆分資料指派給 split 變數

❷ 計算 S&P 500 的變異數

❸ 計算 S&P 500 的峰度（kurtosis）

❹ 指明斜率係數 α 的初始值

❺ 指明常數項 ω 的初始值

❻ 使用平行處理來降低處理時間

❼ 取絕對值並將初始值指派給相關變數

❽ 指明波動率的初始值

❾ 對 S&P 500 變異數進行迭代

❿ 計算對數似然（log-likelihood）

⓫ 最小化對數似然函數

⓬ 為優化後之參數建立一個 params 變數

好吧，我們使用我們自己的優化方法和 ARCH 方程式來用 ARCH 對波動率進行建模。但是要怎麼把它和內建的 Python 程式碼進行比較呢？這個內建程式碼可以從 arch 程式庫中匯入，而且非常容易應用。內建函數的結果如下；事實證明，這兩個結果非常相似：

```
In [15]: arch = arch_model(ret, mean='zero', vol='ARCH', p=1).fit(disp='off')
         print(arch.summary())

                  Zero Mean - ARCH Model Results                        \
========================================================================
Dep. Variable:           Adj Close   R-squared:               0.000
Mean Model:              Zero Mean   Adj. R-squared:          0.000
Vol Model:                    ARCH   Log-Likelihood:         -4063.63
Distribution:               Normal   AIC:                     8131.25
Method:         Maximum Likelihood   BIC:                     8143.21
No. Observations:             2914

Date:            Mon, Sep 13 2021   Df Residuals:             2914
Time:                    21:56:56   Df Model:                    0

                       Volatility Model
========================================================================
              coef    std err        t     P>|t|   95.0% Conf. Int.
------------------------------------------------------------------------
omega       0.7018  5.006e-02   14.018  1.214e-44 [  0.604,   0.800]
alpha[1]    0.3910  7.016e-02    5.573  2.506e-08 [  0.253,   0.529]
========================================================================

Covariance estimator: robust
```

雖然開發我們自己的程式碼總是會有所幫助並且能提高我們的理解程度，但這並不一定意味著我們不需要使用內建函數或程式庫；相反地，這些函數在效率和易用性方面可以讓我們活的更輕鬆。

我們只需要建立一個 for 迴圈並定義適當的資訊準則。此處我們將選擇貝氏資訊準則（Bayesian Information Criteria, BIC）作為模型選擇方法並用來選擇滯後。使用 BIC 的原因是，根據 Burnham 和 Anderson（2002 和 2004）的研究，只要我們有足夠多的樣本，BIC 就會是一個可靠的模型選擇工具。現在，我們將 ARCH 模型從 1 迭代到 5 個滯後：

```
In [16]: bic_arch = []

         for p in range(1, 5): ❶
             arch = arch_model(ret, mean='zero', vol='ARCH', p=p)\
                    .fit(disp='off') ❷
             bic_arch.append(arch.bic)
             if arch.bic == np.min(bic_arch): ❸
                 best_param = p
         arch = arch_model(ret, mean='zero', vol='ARCH', p=best_param)\
                .fit(disp='off') ❹
         print(arch.summary())
         forecast = arch.forecast(start=split_date[0]) ❺
         forecast_arch = forecast

         Zero Mean - ARCH Model Results
==============================================================================
Dep. Variable:            Adj Close   R-squared:                       0.000
Mean Model:               Zero Mean   Adj. R-squared:                  0.000
Vol Model:                     ARCH   Log-Likelihood:               -3712.38
Distribution:                Normal   AIC:                           7434.75
Method:          Maximum Likelihood   BIC:                           7464.64
No. Observations:              2914

Date:            Mon, Sep 13 2021   Df Residuals:                     2914
Time:                    21:56:58   Df Model:                            0

         Volatility Model

==============================================================================
               coef    std err          t      P>|t|      95.0% Conf. Int.
------------------------------------------------------------------------------
omega        0.2798  2.584e-02     10.826  2.580e-27   [  0.229,   0.330]
alpha[1]     0.1519  3.460e-02      4.390  1.136e-05 [8.406e-02,   0.220]
alpha[2]     0.2329  3.620e-02      6.433  1.249e-10   [  0.162,   0.304]
alpha[3]     0.1917  3.707e-02      5.170  2.337e-07   [  0.119,   0.264]
alpha[4]     0.1922  4.158e-02      4.623  3.780e-06   [  0.111,   0.274]
==============================================================================

         Covariance estimator: robust

In [17]: rmse_arch = np.sqrt(mse(realized_vol[-n:] / 100,
                           np.sqrt(forecast_arch\
```

```
                         .variance.iloc[-len(split_date):]
                         / 100))) ❻
           print('The RMSE value of ARCH model is {:.4f}'.format(rmse_arch))
           The RMSE value of ARCH model is 0.0896

In [18]: plt.figure(figsize=(10, 6))
         plt.plot(realized_vol / 100, label='Realized Volatility')
         plt.plot(forecast_arch.variance.iloc[-len(split_date):] / 100,
                  label='Volatility Prediction-ARCH')
         plt.title('Volatility Prediction with ARCH', fontsize=12)
         plt.legend()
         plt.show()
```

❶ 在指定的時間間隔內迭代 ARCH 參數 p

❷ 使用不同的 p 值來執行 ARCH 模型

❸ 找出最小的 BIC 分數以選擇最佳的模型

❹ 使用最佳的 p 值來執行 ARCH 模型

❺ 根據優化的 ARCH 模型來預測波動率

❻ 計算均方根誤差（root mean square error, RMSE）分數

根據我們第一個模型進行波動率預測的結果如圖 4-3 所示。

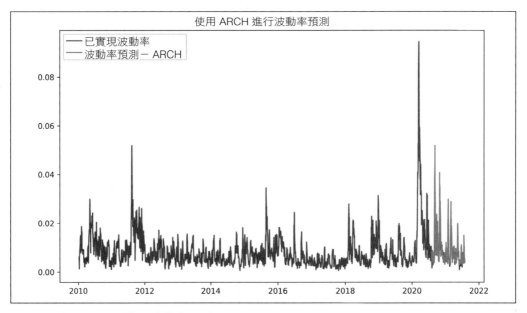

圖4-3　使用 ARCH 進行波動率預測

GARCH 模型

GARCH 模型延伸自 ARCH 模型，在其中加入了滯後條件變異數（lagged conditional variance）。因此，透過添加 p 個延遲的條件變異數來改進 ARCH，這使得 GARCH 模型成為多變量的，因為它是條件變異數的移動平均自我迴歸模型，具有 p 個滯後平方報酬和 q 個滯後條件變異數。GARCH(p, q) 可以用下列方程式來表達：

$$\sigma_t^2 = \omega + \sum_{k=1}^{q} \alpha_k r_{t-k}^2 + \sum_{k=1}^{p} \beta_k \sigma_{t-k}^2$$

其中 ω、β 和 α 是要估計的參數，p 和 q 是模型中的最大滯後。要獲得一致的 GARCH，應滿足以下條件：

- $\omega > 0$
- $\beta \geq 0$
- $\alpha \geq 0$
- $\beta + \alpha < 1$

ARCH 模型無法捕捉歷史新息的影響。然而，作為一個更簡潔的模型，GARCH 模型可以解釋歷史新息的變化，因為 GARCH 模型可以表達為無限階（infinite-order）的 ARCH。讓我們看看 GARCH 是如何顯示成無限階的 ARCH：

$$\sigma_t^2 = \omega + \alpha r_{t-1}^2 + \beta \sigma_{t-1}^2$$

然後將 σ_{t-1}^2 替換為 $\omega + \alpha r_{t-2}^2 + \beta \sigma_{t-2}^2$：

$$\sigma_t^2 = \omega + \alpha r_{t-1}^2 + \beta \left(\omega + \alpha r_{t-2}^2 \sigma_{t-2}^2 \right)$$

$$= \omega(1 + \beta) + \alpha r_{t-1}^2 + \beta \alpha r_{t-2}^2 + \beta^2 \sigma_{t-2}^2 \Big)$$

現在，讓我們將 σ_{t-2}^2 替換為 $\omega + \alpha r_{t-3}^2 + \beta \sigma_{t-3}^2$ 並進行必要的數學運算，最終會得到：

$$\sigma_t^2 = \omega \left(1 + \beta + \beta^2 + \ldots \right) + \alpha \sum_{k=1}^{\infty} \beta^{k-1} r_{t-k}$$

和 ARCH 模型一樣，要在 Python 中使用 GARCH 對波動率進行建模的可用方法不止一種。讓我們先嘗試使用優化技術來開發我們自己的 Python 程式碼。在下文中，arch 程式庫將被用來預測波動率：

```
In [19]: a0 = 0.0001
         sgm2 = ret.var()
         K = ret.kurtosis()
         h = 1 - alpha / sgm2
         alpha = np.sqrt(K * (1 - h ** 2) / (2.0 * (K + 3)))
         beta = np.abs(h - omega)
         omega = (1 - omega) * sgm2
         initial_parameters = np.array([omega, alpha, beta])
         print('Initial parameters for omega, alpha, and beta are \n{}\n{}\n{}'
               .format(omega, alpha, beta))
         Initial parameters for omega, alpha, and beta  are
         0.43471178001576827
         0.512827280537482
         0.02677799855546381


In [20]: retv = ret.values

In [21]: @jit(nopython=True, parallel=True)
         def garch_likelihood(initial_parameters, retv):
             omega = initial_parameters[0]
             alpha = initial_parameters[1]
             beta = initial_parameters[2]
             T =  len(retv)
             logliks = 0
             sigma2 = np.zeros(T)
             sigma2[0] = np.var(retv)
             for t in range(1, T):
                 sigma2[t] = omega + alpha * (retv[t - 1]) ** 2 +
                             beta * sigma2[t-1]
             logliks = np.sum(0.5 * (np.log(sigma2) + retv ** 2 / sigma2))
             return logliks

In [22]: logliks = garch_likelihood(initial_parameters, retv)
         print('The Log likelihood  is {:.4f}'.format(logliks))
         The Log likelihood  is 1387.7215

In [23]: def garch_constraint(initial_parameters):
             alpha = initial_parameters[0]
             gamma = initial_parameters[1]
             beta = initial_parameters[2]
             return np.array([1 - alpha - beta])
```

```
In [24]: bounds = [(0.0, 1.0), (0.0, 1.0), (0.0, 1.0)]

In [25]: def opt_paramsG(initial_parameters, retv):
             opt_result = opt.minimize(garch_likelihood,
                                       x0=initial_parameters,
                                       constraints=np.array([1 - alpha - beta]),
                                       bounds=bounds, args = (retv),
                                       method='Nelder-Mead',
                                       options={'maxiter': 5000})
             params = opt_result.x
             print('\nResults of Nelder-Mead minimization\n{}\n{}'\
                   .format('-' * 35, opt_result))
             print('-' * 35)
             print('\nResulting parameters = {}'.format(params))
             return params

In [26]: params = opt_paramsG(initial_parameters, retv)

         Results of Nelder-Mead minimization
         -----------------------------------
          final_simplex: (array([[0.03918956, 0.17370549, 0.78991502],
                [0.03920507, 0.17374466, 0.78987403],
                [0.03916671, 0.17377319, 0.78993078],
         [0.03917324, 0.17364595, 0.78998753]]), array([979.87109624, 979.8710967 ,
          979.87109865, 979.8711147 ]))
                    fun: 979.8710962352685
                message: 'Optimization terminated successfully.'
                   nfev: 178
                    nit: 102
                 status: 0
                success: True
                      x: array([0.03918956, 0.17370549, 0.78991502])
         -----------------------------------

         Resulting parameters = [0.03918956 0.17370549 0.78991502]

In [27]: def garch_apply(ret):
             omega = params[0]
             alpha = params[1]
             beta = params[2]
             T = len(ret)
             sigma2 = np.zeros(T + 1)
             sigma2[0] = np.var(ret)
             for t in range(1, T):
                 sigma2[t] = omega + alpha * ret[t - 1] ** 2 +
                             beta * sigma2[t-1]
             return sigma2
```

我們從自己的 GARCH 程式碼中所得到的參數大約是：

- $\omega = 0.0392$

- $\alpha = 0.1737$

- $\beta = 0.7899$

現在，讓我們來嘗試使用內建的 Python 函數：

```
In [28]: garch = arch_model(ret, mean='zero', vol='GARCH', p=1, o=0, q=1)\
                 .fit(disp='off')
         print(garch.summary())
```

```
                 Zero Mean - GARCH Model Results
=================================================================
Dep. Variable:         Adj Close    R-squared:             0.000
Mean Model:            Zero Mean    Adj. R-squared:        0.000
Vol Model:                 GARCH    Log-Likelihood:       -3657.62
Distribution:             Normal    AIC:                   7321.23
Method:        Maximum Likelihood    BIC:                   7339.16
No. Observations:           2914
Date:          Mon, Sep 13 2021    Df Residuals:           2914
Time:                   21:57:08    Df Model:                  0
Volatility Model
=================================================================
coef    std err        t      P>|t|      95.0% Conf. Int.
-----------------------------------------------------------------
omega     0.0392  8.422e-03     4.652  3.280e-06 [2.268e-02,5.569e-02]
alpha[1]  0.1738  2.275e-02     7.637  2.225e-14   [  0.129,   0.218]
beta[1]   0.7899  2.275e-02    34.715 4.607e-264   [  0.745,   0.835]
=================================================================

            Covariance estimator: robust
```

內建函數證明了我們做得很好，因為透過內建程式碼而獲得的參數和我們自己的幾乎相同，因此我們已經學到了如何編寫 GARCH 和 ARCH 模型來預測波動率。

很明顯的，使用 GARCH(1, 1) 是很容易，但是我們怎麼知道這些參數是最佳的呢？讓我們試著決定會給定最低 BIC 值的最佳參數集合（而在這樣做的同時會產生圖 4-4）：

```
In [29]: bic_garch = []

         for p in range(1, 5):
             for q in range(1, 5):
                 garch = arch_model(ret, mean='zero',vol='GARCH', p=p, o=0, q=q)\
                     .fit(disp='off')
                 bic_garch.append(garch.bic)
                 if garch.bic == np.min(bic_garch):
                     best_param = p, q
         garch = arch_model(ret, mean='zero', vol='GARCH',
                     p=best_param[0], o=0, q=best_param[1])\
                 .fit(disp='off')
         print(garch.summary())
         forecast = garch.forecast(start=split_date[0])
         forecast_garch = forecast

         Zero Mean - GARCH Model Results
         ===============================================================================
         Dep. Variable:          Adj Close   R-squared:                     0.000
         Mean Model:             Zero Mean   Adj. R-squared:                0.000
         Vol Model:                  GARCH   Log-Likelihood:             -3657.62
         Distribution:              Normal   AIC:                         7321.23
         Method:        Maximum Likelihood   BIC:                         7339.16
         No. Observations:            2914

         Date:          Mon, Sep 13 2021   Df Residuals:                    2914
         Time:                  21:57:10   Df Model:                           0
         Volatility Model

         ===============================================================================
                          coef    std err          t      P>|t|     95.0% Conf. Int.
         -------------------------------------------------------------------------------
         omega         0.0392   8.422e-03      4.652  3.280e-06 [2.268e-02, 5.569e-02]
         alpha[1]      0.1738   2.275e-02      7.637  2.225e-14    [  0.129,  0.218]
         beta[1]       0.7899   2.275e-02     34.715 4.607e-264    [  0.745,  0.835]
         ===============================================================================

         Covariance estimator: robust

In [30]: rmse_garch = np.sqrt(mse(realized_vol[-n:] / 100,
                        np.sqrt(forecast_garch\
                        .variance.iloc[-len(split_date):]
                        / 100)))
         print('The RMSE value of GARCH model is {:.4f}'.format(rmse_garch))
         The RMSE value of GARCH model is 0.0878

In [31]: plt.figure(figsize=(10,6))
```

```
plt.plot(realized_vol / 100, label='Realized Volatility')
plt.plot(forecast_garch.variance.iloc[-len(split_date):] / 100,
        label='Volatility Prediction-GARCH')
plt.title('Volatility Prediction with GARCH', fontsize=12)
plt.legend()
plt.show()
```

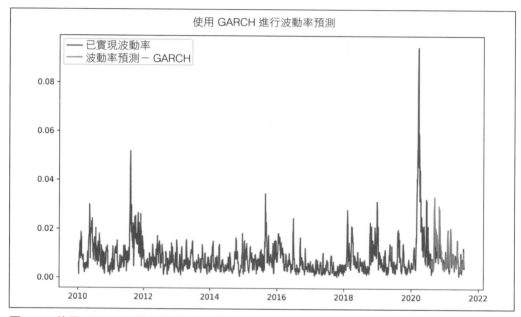

圖 4-4　使用 GARCH 進行波動率預測

GARCH 模型將報酬的波動率擬合的很好，部分原因是它的波動率分群，還有部分原因是 GARCH 並不會假設報酬是獨立的，而這允許它解釋報酬的尖峰（leptokurtic）特性。然而，儘管 GARCH 有了這些有用的屬性和直觀性，但它仍無法對沖擊（shock）的不對稱反應進行建模（Karasan 和 Gaygisiz 2020）。為了解決這個問題，Glosten、Jagannathan 和 Runkle（1993）提出了 GJR-GARCH。

GJR-GARCH

GJR-GARCH 模型在模擬公告（announcement）的不對稱效應方面表現良好，因為壞消息比好消息的影響更大。換句話說，在存在不對稱性的情況下，損失的分佈比收益的分佈有更肥的尾巴。該模型的方程式還包括一個參數 γ，它以下面的形式使用：

$$\sigma_t^2 = \omega + \sum_{k=1}^{q}\left(\alpha_k r_{t-k}^2 + \gamma r_{t-k}^2 I(\epsilon_{t-1} < 0)\right) + \sum_{k=1}^{p}\beta_k \sigma_{t-k}^2$$

其中 γ 控制了公告的不對稱性，如果：

$\gamma = 0$

　　對過去的正、負面衝擊的反應是一樣的。

$\gamma > 0$

　　對過去的負面衝擊的反應比正面衝擊還強。

$\gamma < 0$

　　對過去的正面衝擊的反應比負面衝擊還強。

現在讓我們透過使用 BIC 來找到最佳參數值並用來執行 GJR-GARCH 模型，並產生圖 4-5 的結果：

```
In [32]: bic_gjr_garch = []

         for p in range(1, 5):
             for q in range(1, 5):
                 gjrgarch = arch_model(ret, mean='zero', p=p, o=1, q=q)\
                             .fit(disp='off')
                 bic_gjr_garch.append(gjrgarch.bic)
                 if gjrgarch.bic == np.min(bic_gjr_garch):
                     best_param = p, q
         gjrgarch = arch_model(ret,mean='zero', p=best_param[0], o=1,
                                 q=best_param[1]).fit(disp='off')
         print(gjrgarch.summary())
         forecast = gjrgarch.forecast(start=split_date[0])
         forecast_gjrgarch = forecast
         Zero Mean - GJR-GARCH Model Results
=================================================================
Dep. Variable:           Adj Close   R-squared:              0.000
Mean Model:              Zero Mean   Adj. R-squared:         0.000
Vol Model:               GJR-GARCH   Log-Likelihood:        -3593.36
Distribution:               Normal   AIC:                    7194.73
Method:         Maximum Likelihood   BIC:                    7218.64
No. Observations:             2914
Date:              Mon, Sep 13 2021   Df Residuals:           2914
Time:                     21:57:14   Df Model:                  0
Volatility Model

=================================================================
```

	coef	std err	t	P>|t|	95.0% Conf. Int.
omega	0.0431	7.770e-03	5.542	2.983e-08	[2.784e-02,5.829e-02]
alpha[1]	0.0386	3.060e-02	1.261	0.207	[-2.139e-02,9.855e-02]
gamma[1]	0.2806	4.818e-02	5.824	5.740e-09	[0.186, 0.375]
beta[1]	0.7907	2.702e-02	29.263	3.029e-188	[0.738, 0.844]

==

        Covariance estimator: robust

```
In [33]: rmse_gjr_garch = np.sqrt(mse(realized_vol[-n:] / 100,
                                   np.sqrt(forecast_gjrgarch\
                                   .variance.iloc[-len(split_date):]
                                   / 100)))
         print('The RMSE value of GJR-GARCH models is {:.4f}'
               .format(rmse_gjr_garch))
The RMSE value of GJR-GARCH models is 0.0882
```

```
In [34]: plt.figure(figsize=(10, 6))
         plt.plot(realized_vol / 100, label='Realized Volatility')
         plt.plot(forecast_gjrgarch.variance.iloc[-len(split_date):] / 100,
                  label='Volatility Prediction-GJR-GARCH')
         plt.title('Volatility Prediction with GJR-GARCH', fontsize=12)
         plt.legend()
         plt.show()
```

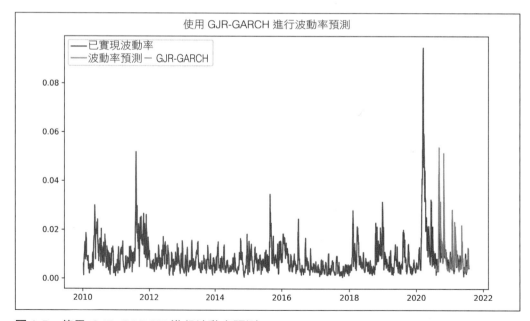

圖 4-5　使用 GJR-GARCH 進行波動率預測

EGARCH

由 Nelson (1991) 和 GJR-GARCH 模型一起提出的 EGARCH 模型是另一種控制不對稱公告影響的工具。此外，它是以對數形式表達，因此無須添加限制來避免負的波動：

$$\log\left(\sigma_t^2\right) = \omega + \sum_{k=1}^{p} \beta_k \log\sigma_{t-k}^2 + \sum_{k=1}^{q} \alpha_i \frac{|r_{k-1}|}{\sqrt{\sigma_{t-k}^2}} + \sum_{k=1}^{q} \gamma_k \frac{r_{t-k}}{\sqrt{\sigma_{t-k}^2}}$$

EGARCH 方程式的主要區別在於對數是用於方程式左邊的變異數。這指出了槓桿效應，意味著過去的資產報酬和波動率之間存在著負相關。如果 $\gamma < 0$，則意味著槓桿效應，如果 $\gamma \neq 0$，則顯示波動率的不對稱性。

讓我們按照之前所使用的相同程序來使用 EGARCH 模型對波動率進行建模（結果如圖 4-6 所示）：

```
In [35]: bic_egarch = []

        for p in range(1, 5):
            for q in range(1, 5):
                egarch = arch_model(ret, mean='zero', vol='EGARCH', p=p, q=q)\
                        .fit(disp='off')
                bic_egarch.append(egarch.bic)
                if egarch.bic == np.min(bic_egarch):
                    best_param = p, q
        egarch = arch_model(ret, mean='zero', vol='EGARCH',
                        p=best_param[0], q=best_param[1])\
                .fit(disp='off')
        print(egarch.summary())
        forecast = egarch.forecast(start=split_date[0])
        forecast_egarch = forecast

        Zero Mean - EGARCH Model Results
        ==============================================================================
        Dep. Variable:            Adj Close   R-squared:                       0.000
        Mean Model:               Zero Mean   Adj. R-squared:                  0.000
        Vol Model:                   EGARCH   Log-Likelihood:                -3676.18
        Distribution:                Normal   AIC:                            7358.37
        Method:          Maximum Likelihood   BIC:                            7376.30
        No. Observations:              2914
        Date:             Mon, Sep 13 2021   Df Residuals:                     2914
        Time:                     21:57:19   Df Model:                            0
        Volatility Model
```

```
================================================================
                 coef    std err        t      P>|t|       95.0% Conf. Int.
----------------------------------------------------------------
omega       2.3596e-03  6.747e-03     0.350      0.727   [-1.086e-02,1.558e-02]
alpha[1]        0.3266  3.427e-02     9.530  1.567e-21       [  0.259,  0.394]
beta[1]         0.9456  1.153e-02    82.023      0.000       [  0.923,  0.968]
================================================================
```

```
             Covariance estimator: robust

In [36]: rmse_egarch = np.sqrt(mse(realized_vol[-n:] / 100,
                              np.sqrt(forecast_egarch.variance\
                              .iloc[-len(split_date):] / 100)))
         print('The RMSE value of EGARCH models is {:.4f}'.format(rmse_egarch))
         The RMSE value of EGARCH models is 0.0904

In [37]: plt.figure(figsize=(10, 6))
         plt.plot(realized_vol / 100, label='Realized Volatility')
         plt.plot(forecast_egarch.variance.iloc[-len(split_date):] / 100,
                 label='Volatility Prediction-EGARCH')
         plt.title('Volatility Prediction with EGARCH', fontsize=12)
         plt.legend()
         plt.show()
```

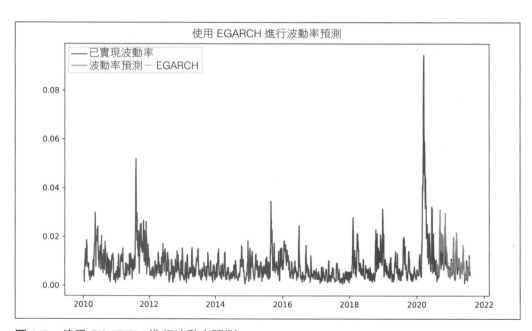

圖 4-6　使用 EGARCH 進行波動率預測

根據表 4-1 所示的 RMSE 結果，表現最好和最差的模型分別是 GARCH 和 EGARCH。但是我們在這裡所使用的模型的效能表現並沒有太大的差異。特別是在公告壞消息 / 好消息時，EGARCH 和 GJR-GARCH 的效能差異可能是來自於市場的不對稱性。

表 4-1　所有四個模型的 RMSE 結果

模型	RMSE
ARCH	0.0896
GARCH	0.0878
GJR-GARCH	0.0882
EGARCH	0.090

到目前為止，我們已經討論了經典的波動率模型，但從現在開始，我們將瞭解如何使用 ML 和貝氏方法對波動率進行建模。在機器學習的語境下，支撐向量機和神經網路將是我們第一波要探索的模型。讓我們開始吧。

支撐向量迴歸：GARCH

支撐向量機（support vector machine, SVM）是一種監督式（supervised）學習演算法，可適用於分類和迴歸。SVM 的目的是找到一條可以分隔兩個類別的線。這聽起來很簡單，但具有挑戰性的部分是：幾乎有無數的直線可被用來區分不同的類別。不過我們要尋找的是可以完美區分類別的最佳直線。

在線性代數中，最佳化的直線稱為超平面（*hyperplane*），它會使離超平面最近但屬於不同類別的點之間的距離最大化。兩個點（支撐向量）之間的距離稱為邊距（*margin*）。所以，在 SVM 中，我們要做的就是最大化支撐向量之間的邊距。

用於分類的 SVM 稱為支撐向量分類（support vector classification, SVC）。在保留了 SVM 的所有特性的情況下，它也可以適用於迴歸。在迴歸中，目標同樣的是找到最小化誤差和最大化邊距的超平面。這種方法稱為支撐向量迴歸（support vector regression, SVR），在這裡我們將把這種方法應用於 GARCH 模型。結合這兩個模型之後，我們就得到了 *SVR-GARCH*。

核心函數

如果我們正在處理的資料並不是線性可分割時怎麼辦呢？這會讓我們很頭痛，但請不要擔心：我們還有核心函數（kernel function）可以解決這個問題。這是一種可以用來為非線性和高維度資料建模的簡便方法。我們在核心 SVM 中採取的步驟是：

1. 將資料移入高維度空間

2. 找到一個合適的超平面

3. 返回到初始資料

要做到這件事，我們使用了核心函數。使用特徵圖的想法，我們指出我們的原始變數被映射到新的數量集合，然後傳遞給學習演算法。

最後，我們在優化程序中使用以下主要核心函數來取代輸入資料：

多項式核心（polynomial kernel）

$$K(x, z) = \left(x^T z + b\right)$$

徑向基（高斯）核心（radial basis（Gaussian）Kernel）

$$K(x, z) = \exp\left(-\frac{|x - z|^2}{2\sigma^2}\right)$$

指數核心（exponential kernel）

$$K(x, z) = \exp\left(-\frac{|x - z|}{\sigma}\right)$$

其中 x 是輸入，b 是偏差或常數，z 是 x 的線性組合。

以下程式碼向我們展示了要在 Python 中執行 SVR-GARCH 之前所要做的準備工作。這裡最關鍵的一步是獲取自變數，也就是已實現波動率以及歷史報酬的平方：

2　有關這些函數的更多資訊，請參閱 Andrew Ng 的講義（*https://oreil.ly/sTWGj*）。

```
In [38]: from sklearn.svm import SVR
         from scipy.stats import uniform as sp_rand
         from sklearn.model_selection import RandomizedSearchCV

In [39]: realized_vol = ret.rolling(5).std() ❶
         realized_vol = pd.DataFrame(realized_vol)
         realized_vol.reset_index(drop=True, inplace=True)

In [40]: returns_svm = ret ** 2
         returns_svm = returns_svm.reset_index()
         del returns_svm['Date']

In [41]: X = pd.concat([realized_vol, returns_svm], axis=1, ignore_index=True)
         X = X[4:].copy()
         X = X.reset_index()
         X.drop('index', axis=1, inplace=True)

In [42]: realized_vol = realized_vol.dropna().reset_index()
         realized_vol.drop('index', axis=1, inplace=True)

In [43]: svr_poly = SVR(kernel='poly', degree=2) ❷
         svr_lin = SVR(kernel='linear') ❷
         svr_rbf = SVR(kernel='rbf') ❷
```

❶ 計算已實現波動率並指派一個名為 `realized_vol` 的新變數給它

❷ 為每個 SVR 核心建立新變數

讓我們執行並查看我們的第一個帶有線性核心的 SVR-GARCH 應用程式（並產生圖 4-7）；我們將使用 RMSE 度量來比較應用程式：

```
In [44]: para_grid = {'gamma': sp_rand(),
                       'C': sp_rand(),
                       'epsilon': sp_rand()} ❶
         clf = RandomizedSearchCV(svr_lin, para_grid) ❷
         clf.fit(X.iloc[:-n].values,
                 realized_vol.iloc[1:-(n-1)].values.reshape(-1,)) ❸
         predict_svr_lin = clf.predict(X.iloc[-n:]) ❹

In [45]: predict_svr_lin = pd.DataFrame(predict_svr_lin)
         predict_svr_lin.index = ret.iloc[-n:].index

In [46]: rmse_svr = np.sqrt(mse(realized_vol.iloc[-n:] / 100,
                               predict_svr_lin / 100))
         print('The RMSE value of SVR with Linear Kernel is {:.6f}'
               .format(rmse_svr))
```

```
The RMSE value of SVR with Linear Kernel is 0.000462

In [47]: realized_vol.index = ret.iloc[4:].index

In [48]: plt.figure(figsize=(10, 6))
         plt.plot(realized_vol / 100, label='Realized Volatility')
         plt.plot(predict_svr_lin / 100, label='Volatility Prediction-SVR-GARCH')
         plt.title('Volatility Prediction with SVR-GARCH (Linear)', fontsize=12)
         plt.legend()
         plt.show()
```

❶ 指明用於調整的超參數空間

❷ 使用 RandomizedSearchCV 來應用超參數調整

❸ 將具有線性核心的 SVR-GARCH 擬合到資料

❹ 根據最後的 252 次觀察來預測波動率並將它們儲存在 predict_svr_lin

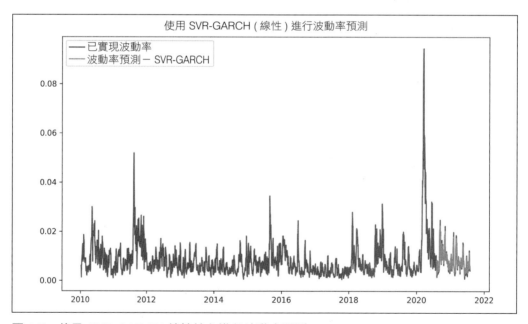

圖 4-7　使用 SVR-GARCH 線性核心進行波動率預測

圖 4-7 展示了預測值和實際觀察值。透過觀看此圖，我們可以看出 SVR-GARCH 表現良好。正如您所料，如果資料集是線性可區分的，則線性核心可以運作良好；**奧卡姆剃刀**（*Occam's razor*）也建議要這樣做。[3] 但是如果資料集不是線性可區分的時候要怎麼辦呢？讓我們繼續討論徑向基函數（radial basis function, RBF）和多項式核心。前者在觀察值附近使用了橢圓曲線，後者與前兩者不同，著重於樣本的組合。現在讓我們看看它們是如何運作的。

讓我們先從使用了 RBF 核心的 SVR-GARCH 應用程式開始，RBF 核心是一個將資料投影到新向量空間的函數。從實務的角度來看，具有不同核心的 SVR-GARCH 應用程式並不是一個需要花太多力氣的程序；我們要做的就只是切換核心的名稱，如以下程式碼所示（並導致圖 4-8）：

```
In [49]: para_grid ={'gamma': sp_rand(),
                      'C': sp_rand(),
                      'epsilon': sp_rand()}
         clf = RandomizedSearchCV(svr_rbf, para_grid)
         clf.fit(X.iloc[:-n].values,
                 realized_vol.iloc[1:-(n-1)].values.reshape(-1,))
         predict_svr_rbf = clf.predict(X.iloc[-n:])

In [50]: predict_svr_rbf = pd.DataFrame(predict_svr_rbf)
         predict_svr_rbf.index = ret.iloc[-n:].index

In [51]: rmse_svr_rbf = np.sqrt(mse(realized_vol.iloc[-n:] / 100,
                                    predict_svr_rbf / 100))
         print('The RMSE value of SVR with RBF Kernel is  {:.6f}'
               .format(rmse_svr_rbf))
         The RMSE value of SVR with RBF Kernel is  0.000970

In [52]: plt.figure(figsize=(10, 6))
         plt.plot(realized_vol / 100, label='Realized Volatility')
         plt.plot(predict_svr_rbf / 100, label='Volatility Prediction-SVR_GARCH')
         plt.title('Volatility Prediction with SVR-GARCH (RBF)', fontsize=12)
         plt.legend()
         plt.show()
```

3　奧卡姆剃刀法則，也稱為簡約法則，指出在給定了一組解釋的情況下，其中較簡單的解釋會是最合理和最有可能的解釋。

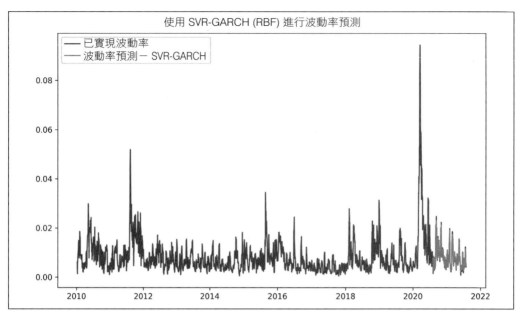

圖 4-8　使用 SVR-GARCH RBF核心進行波動率預測

RMSE 分數和視覺化都指出，具有線性核心的 SVR-GARCH 優於具有 RBF 核心的 SVR-GARCH。具有線性和 RBF 核心的 SVR-GARCH 的 RMSE 分別為 0.000462 和 0.000970。所以帶有線性核心的 SVR 表現良好。

最後，讓我們嘗試具有多項式核心的 SVR-GARCH。事實證明，它具有最高的 RMSE（0.002386），這意味著它是這三個不同應用程式中效能最差的核心。具有多項式核心的 SVR-GARCH 的預測效能如圖 4-9 所示：

```
In [53]: para_grid = {'gamma': sp_rand(),
                       'C': sp_rand(),
                       'epsilon': sp_rand()}
         clf = RandomizedSearchCV(svr_poly, para_grid)
         clf.fit(X.iloc[:-n].values,
                 realized_vol.iloc[1:-(n-1)].values.reshape(-1,))
         predict_svr_poly = clf.predict(X.iloc[-n:])

In [54]: predict_svr_poly = pd.DataFrame(predict_svr_poly)
         predict_svr_poly.index = ret.iloc[-n:].index

In [55]: rmse_svr_poly = np.sqrt(mse(realized_vol.iloc[-n:] / 100,
                                     predict_svr_poly / 100))
         print('The RMSE value of SVR with Polynomial Kernel is {:.6f}'\
```

```
           .format(rmse_svr_poly))
The RMSE value of SVR with Polynomial Kernel is 0.002386

In [56]: plt.figure(figsize=(10, 6))
         plt.plot(realized_vol/100, label='Realized Volatility')
         plt.plot(predict_svr_poly/100, label='Volatility Prediction-SVR-GARCH')
         plt.title('Volatility Prediction with SVR-GARCH (Polynomial)',
                   fontsize=12)
         plt.legend()
         plt.show()
```

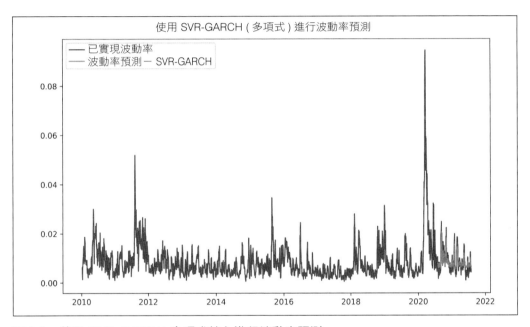

圖 4-9　使用 SVR-GARCH 多項式核心進行波動率預測

神經網路

神經網路是深度學習的基石。在 NN 中，資料進行多個階段的處理以做出決策。每個神經元（neuron）把點積（dot product）的結果當作是輸入，並在激發函數中使用它來做出決定：

$$z = w_1 x_1 + w_2 x_2 + b$$

其中 b 是偏差，w 是權重，x 是輸入資料。

在此程序中，輸入資料在隱藏層和輸出層中以各種方式進行數學運算。一般來說，NN 具有三種類型的網路層：

- 輸入層

- 隱藏層

- 輸出層

圖 4-10 有助於說明網路層之間的關係。

輸入層包括了原始資料。在從輸入層到隱藏層的過程中，我們會學習到係數。根據網路結構不同，可能會有一個或多個隱藏層。網路的隱藏層越多就越複雜。隱藏層位於輸入層和輸出層之間，它們會透過激發函數來執行非線性轉換。

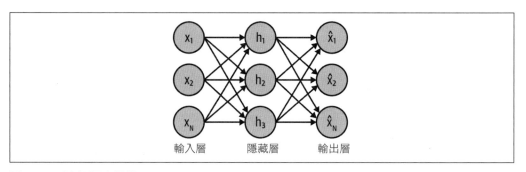

圖 4-10 神經網路結構

最後，輸出層是產生輸出和做出決策的網路層。

在 ML 中，*梯度下降*（*gradient descent*）被用來找到使成本函數（cost function）最小化的最佳參數，但由於 NN 中的鏈狀結構，在 NN 中只採用梯度下降是不可行的。因此，有一種稱為倒傳遞的新概念被提出以最小化成本函數。**倒傳遞**（*backpropagation*）的想法，在於計算觀察到的輸出和實際輸出之間的誤差，然後將這個誤差傳遞給隱藏層。所以我們會進行反向移動，主要方程式的形式如下：

$$\delta^l = \frac{\delta J}{\delta z_j^l}$$

其中 z 是線性轉換，δ 則代表誤差。這裡還有很多需要解釋的，但為了不要偏離正軌，我們就此打住。對於那些想要深入了解 NN 背後的數學的人，請參閱 Wilmott (2013) 和 Alpaydin (2020)。

現在，即使我們有多種選項可以在 Python 中執行 NN[4]，我們選擇使用來自 scikit-learn 的 `MLPRegressor` 模組來進行基於 NN 的波動率預測。根據我們之前所介紹的 NN 結構，其結果如下：

```
In [57]: from sklearn.neural_network import MLPRegressor ❶
         NN_vol = MLPRegressor(learning_rate_init=0.001, random_state=1)
         para_grid_NN = {'hidden_layer_sizes': [(100, 50), (50, 50), (10, 100)],
                         'max_iter': [500, 1000],
                         'alpha': [0.00005, 0.0005 ]} ❷
         clf = RandomizedSearchCV(NN_vol, para_grid_NN)
         clf.fit(X.iloc[:-n].values,
                 realized_vol.iloc[1:-(n-1)].values.reshape(-1, )) ❸
         NN_predictions = clf.predict(X.iloc[-n:]) ❹
```

4　在這些替代品中，TensorFlow、PyTorch 和 NeuroLab 是其中最突出的程式庫。

```
In [58]: NN_predictions = pd.DataFrame(NN_predictions)
         NN_predictions.index = ret.iloc[-n:].index

In [59]: rmse_NN = np.sqrt(mse(realized_vol.iloc[-n:] / 100,
                               NN_predictions / 100))
         print('The RMSE value of NN is {:.6f}'.format(rmse_NN))
         The RMSE value of NN is 0.000583

In [60]: plt.figure(figsize=(10, 6))
         plt.plot(realized_vol / 100, label='Realized Volatility')
         plt.plot(NN_predictions / 100, label='Volatility Prediction-NN')
         plt.title('Volatility Prediction with Neural Network', fontsize=12)
         plt.legend()
         plt.show()
```

❶ 匯入 MLPRegressor 模組

❷ 配置具有三個隱藏層和不同神經元數量的 NN 模型

❸ 將 NN 模型擬合至訓練資料 [5]

❹ 根據最後 252 個觀測值來預測波動率並將它們儲存在 NN_predictions 變數中

圖 4-11 顯示了基於 NN 模型的波動率預測結果。儘管其效能合理,但我們可以玩弄隱藏神經元的數量以產生深度學習模型。為了如此,我們可以應用 Keras 程式庫,當要把 Python 用在人工神經網路時,它扮演著介面的角色。

現在是使用深度學習來預測波動率的時候了。我們很容易使用 Keras 來配置網路結構。我們所需要的只是確定某些特定層的神經元數量。在這裡,第一和第二隱藏層的神經元數量分別為 256 和 128。由於波動率具有連續型別,我們只有一個輸出神經元:

---

5 有關更多詳細資訊,請參閱 MLPClassifier 說明文件(*https://oreil.ly/HnrTk*)。

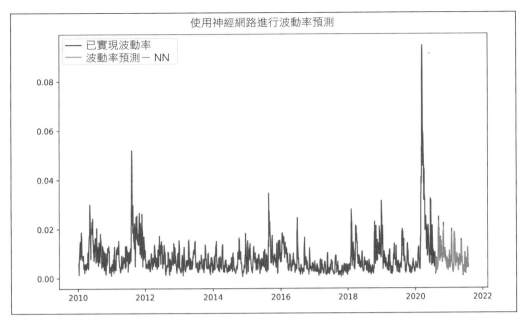

圖 4-11　使用 NN 進行波動率預測

```
In [61]: import tensorflow as tf
         from tensorflow import keras
         from tensorflow.keras import layers

In [62]: model = keras.Sequential(
             [layers.Dense(256, activation="relu"),
              layers.Dense(128, activation="relu"),
              layers.Dense(1, activation="linear"),]) ❶

In [63]: model.compile(loss='mse', optimizer='rmsprop') ❷

In [64]: epochs_trial = np.arange(100, 400, 4) ❸
         batch_trial = np.arange(100, 400, 4) ❸
         DL_pred = []
         DL_RMSE = []
         for i, j, k in zip(range(4), epochs_trial, batch_trial):
             model.fit(X.iloc[:-n].values,
                       realized_vol.iloc[1:-(n-1)].values.reshape(-1,),
                       batch_size=k, epochs=j, verbose=False) ❹
             DL_predict = model.predict(np.asarray(X.iloc[-n:])) ❺
             DL_RMSE.append(np.sqrt(mse(realized_vol.iloc[-n:] / 100,
                                    DL_predict.flatten() / 100))) ❻
             DL_pred.append(DL_predict)
```

```
        print('DL_RMSE_{}:{:.6f}'.format(i+1, DL_RMSE[i]))
DL_RMSE_1:0.000551
DL_RMSE_2:0.000714
DL_RMSE_3:0.000627
DL_RMSE_4:0.000739

In [65]: DL_predict = pd.DataFrame(DL_pred[DL_RMSE.index(min(DL_RMSE))])
         DL_predict.index = ret.iloc[-n:].index

In [66]: plt.figure(figsize=(10, 6))
         plt.plot(realized_vol / 100,label='Realized Volatility')
         plt.plot(DL_predict / 100,label='Volatility Prediction-DL')
         plt.title('Volatility Prediction with Deep Learning',  fontsize=12)
         plt.legend()
         plt.show()
```

❶ 透過決定層數和神經元來配置網路結構

❷ 使用損失和優化器來編譯模型

❸ 使用 np.arange 來確定週期（epoch）和批次大小

❹ 擬合深度學習模型

❺ 根據從訓練階段所獲得的權重來預測波動率

❻ 透過展平預測結果來計算 RMSE 分數

事實證明，當我們的週期數和批次大小為 100 時，我們得到了最小的 RMSE 分數。這顯示了增加模型的複雜性並不一定意味著預測效能會更好。關鍵是在複雜性和預測效能之間找到一個最佳平衡點。不然的話，模型很容易就過度擬合。

圖 4-12 顯示了從上面的程式碼所得到的波動率預測結果，這意味著深度學習也可以為波動率建模提供了強大的工具。

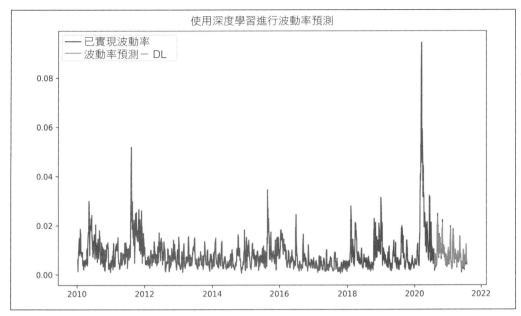

圖 4-12　使用深度學習進行波動率預測

貝氏方法

我們處理機率的方式 ── 區分為經典（或頻率論者（Frequentist））和貝氏（Bayesian）方法 ── 至關重要。根據前者，相對頻率將收斂於真實機率。然而，貝氏應用是基於主觀解釋的。與頻率論者不同，貝氏統計學家認為機率分佈是不確定的，並且隨著新資訊的出現而會進行修正。

由於這兩種方法對機率的解釋不同，似然（*likelihood*）（定義為在給定一組參數時的某一觀察事件的機率）的計算方式也不同。

從聯合密度函數開始，我們可以給出似然函數的數學表達法：

$$\mathscr{L}\big(\theta\big|x_1, x_2, \ldots, x_p\big) = \Pr\big(x_1, x_2, \ldots, x_p\big|\theta\big)$$

在所有可能的 θ 值中，我們想要做的是決定哪一個更有可能的。在似然函數提出的統計模型下，觀察資料 $x_1, \ldots, x_p$ 是最有可能的。

其實您很熟悉這種方法的作法，也就是最大似然估計（maximum likelihood estimation）。定義了貝氏方法和頻率方法之間的主要區別之後，是時候來深入研究貝氏定理了。

貝氏方法基本於條件分佈，而它闡述了衡量一個人對不確定事件的瞭解程度。因此，貝氏應用提出了一個規則，可用於根據新資訊來更新人們所持有的信念：

> 貝氏估計是用在當我們對某一參數有某些先驗資訊（prior information）時。例如，在查看樣本以估計分佈的平均值之前，我們可能已經有一些先驗的信念，例如它接近 2、介於 1 和 3 之間。當我們有的樣本數很少時，這種先驗信念尤其重要。在這種情況下，我們會想要結合資料告訴我們的資訊，也就是從樣本計算出來的值，以及我們的先驗資訊。
>
> — Rachev 等人，2008 年

與頻率論者應用類似，貝氏估計是基本於機率密度 $\Pr(x|\theta)$。然而，正如我們之前所討論的，貝氏和頻率論者方法對參數集 θ 的處理方式不同。頻率論者假設 θ 是固定的，而在貝氏設定中，θ 被視為隨機變數，其機率稱為先驗密度 $\Pr(\theta)$。好吧，我們又出現了另一個未知術語，但不用擔心——它很容易理解。

根據這些資訊，我們可以使用先驗密度 $\Pr(\theta)$ 來估計 $\mathscr{L}(x|\theta)$ 並得出以下公式。當我們需要在給定觀察值之下估計參數的條件分佈時會使用先驗資訊：

$$\Pr\left(\theta \,\middle|\, x_1, x_2, \ldots, x_p\right) = \frac{\mathscr{L}\left(x_1, x_2, \ldots, x_p \,\middle|\, \theta\right) \Pr(\theta)}{\Pr\left(x_1, x_2, \ldots, x_p\right)}$$

或者

$$\Pr(\theta|data) = \frac{\mathscr{L}(data|\theta) \Pr(\theta)}{\Pr(data)}$$

其中

- $\Pr(\theta|data)$ 是後驗密度（posterior density），它為我們提供了關於給定觀察資料下參數的資訊。

- $\mathscr{L}(data|\theta)$ 是似然函數，它估計給定參數下資料的機率。

- $\Pr(\theta)$ 是先驗機率。它是參數的機率。先驗基本上是關於估計的初始信念。

- 最後，Pr 是證據（evidence），用來更新先驗。

因此，貝氏定理表明後驗密度會和先驗項以及似然項成正比，但與證據項成反比。由於證據是用來擴展的，我們可以將這個過程描述為：

後驗 ∝ 似然 × 先驗

其中 ∝ 表示「成正比」。

在這種語境下，貝氏定理聽起來很有吸引力，不是嗎？嗯，確實如此，但它是要付出成本的，也就是難以分析。即使貝氏定理在理論上是直覺的，但總體而言，它很難透過分析來解決。這是貝氏定理在廣泛適用時的主要缺點。然而，好消息是數值方法為求解這個機率模型提供了可靠的方法。

有些為了處理貝氏定理中的計算問題而提出的方法可以提供近似解，這些方法包括：

- 求積近似（quadrature approximation）
- 最大後驗估計（maximum a posteriori estimation, MAP）（在第 6 章中討論）
- 網格方法（grid approach）
- 基於採樣的方法
- Metropolis–Hastings
- Gibbs 採樣器（Gibbs sampler）
- No U-Turn 採樣器

在這些方法中，讓我們將注意力集中在 Metropolis-Hastings 演算法（M-H），這將會是我們用來對貝氏定理進行建模的方法。M-H 方法基於馬可夫鏈蒙地卡羅（Markov chain Monte Carlo, MCMC）方法。所以在繼續之前，讓我們先談談 MCMC 方法。

馬可夫鏈蒙地卡羅

馬可夫鏈是用來描述狀態間轉移機率的模型。如果目前狀態 s_t 的機率僅取決於最近的狀態 s_{t-1}，則我們稱一條鏈為馬可夫鏈（*Markovian*）：

$$\Pr\left(s_t \mid s_{t-1}, s_{t-2}, \ldots, s_{t-p}\right) = \Pr\left(s_t \mid s_{t-1}\right)$$

因此，MCMC 依靠馬可夫鏈來找到具有最高後驗機率的參數空間 θ。隨著樣本量的增長，參數值會近似於後驗密度：

$$\lim_{j \to +\infty} \theta^j \overset{D}{\to} \Pr(\theta|x)$$

其中 D 是指分佈上的近似。參數空間的實現值可以用來推論後驗機率。簡而言之，MCMC 方法幫助我們從後驗密度收集 IID 樣本，以便我們可以計算後驗機率。 、

為了說明這一點，我們可以參考圖 4-13。該圖顯示了從一種狀態移動到另一種狀態的機率。為了簡單起見，我們將機率設定為 0.2，表示從「唸書（studying）」到「睡覺（sleeping）」的轉換機率為 0.2：

```
In [67]: import quantecon as qe
         from quantecon import MarkovChain
         import networkx as nx
         from pprint import pprint

In [68]: P = [[0.5, 0.2, 0.3],
              [0.2, 0.3, 0.5],
              [0.2, 0.2, 0.6]]

         mc = qe.MarkovChain(P, ('studying', 'travelling', 'sleeping'))
         mc.is_irreducible
Out[68]: True

In [69]: states = ['studying', 'travelling', 'sleeping']
         initial_probs = [0.5, 0.3, 0.6]
         state_space = pd.Series(initial_probs, index=states, name='states')

In [70]: q_df = pd.DataFrame(columns=states, index=states)
         q_df = pd.DataFrame(columns=states, index=states)
         q_df.loc[states[0]] = [0.5, 0.2, 0.3]
         q_df.loc[states[1]] = [0.2, 0.3, 0.5]
         q_df.loc[states[2]] = [0.2, 0.2, 0.6]

In [71]: def _get_markov_edges(Q):
             edges = {}
             for col in Q.columns:
                 for idx in Q.index:
                     edges[(idx,col)] = Q.loc[idx,col]
             return edges
         edges_wts = _get_markov_edges(q_df)
         pprint(edges_wts)
         {('sleeping', 'sleeping'): 0.6,
          ('sleeping', 'studying'): 0.2,
```

```
                ('sleeping', 'travelling'): 0.2,
                ('studying', 'sleeping'): 0.3,
                ('studying', 'studying'): 0.5,
                ('studying', 'travelling'): 0.2,
                ('travelling', 'sleeping'): 0.5,
                ('travelling', 'studying'): 0.2,
                ('travelling', 'travelling'): 0.3}

In [72]: G = nx.MultiDiGraph()
         G.add_nodes_from(states)
         for k, v in edges_wts.items():
             tmp_origin, tmp_destination = k[0], k[1]
             G.add_edge(tmp_origin, tmp_destination, weight=v, label=v)

         pos = nx.drawing.nx_pydot.graphviz_layout(G, prog='dot')
         nx.draw_networkx(G, pos)
         edge_labels = {(n1, n2):d['label'] for n1, n2, d in G.edges(data=True)}
         nx.draw_networkx_edge_labels(G , pos, edge_labels=edge_labels)
         nx.drawing.nx_pydot.write_dot(G, 'mc_states.dot')
```

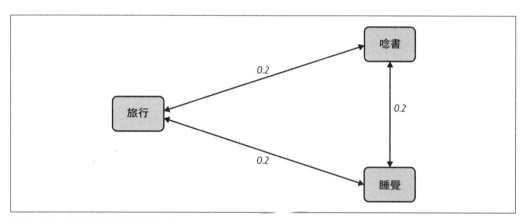

圖 4-13　不同狀態的交互作用

有兩種常見的 MCMC 方法：M-H 和 Gibbs 採樣器。在這裡，我們將深入研究前者。

Metropolis–Hastings

M-H 允許我們透過兩個步驟來進行有效率的採樣程序。首先，我們從提議密度（proposal density）中抽取樣本，而後我們再決定要接受或拒絕它。

令 $q\left(\theta\middle|\theta^{t-1}\right)$ 為提議密度，θ 為參數空間。M-H 的整個演算法可以總結為：

1. 從參數空間 θ 中選擇 θ^1 的初始值。

2. 從提議密度中選擇一個新的參數值 θ^2，為了容易起見，可以是高斯分佈或均勻分佈。

3. 計算以下機率：

$$\mathrm{Pr}_a\left(\theta^\star, \theta^{t-1}\right) = min\left(1, \frac{p(\theta^\star)/q\left(\theta^\star\middle|\theta^{t-1}\right)}{p\left(\theta^{t-1}\right)/q\left(\theta^{t-1}\middle|\theta^\star\right)}\right)$$

4. 如果 $\mathrm{Pr}_a\left(\theta^\star, \theta^{t-1}\right)$ 大於從均勻分佈 U(0,1) 中所抽取的樣本值，則從步驟 2 開始重複此過程。

好吧，這看起來很嚇人，但請別擔心；我們在 Python 中有內建的程式碼，這使得 M-H 演算法的應用更加容易。我們將使用 PyFlux 程式庫來利用貝氏定理。讓我們應用 M-H 演算法來預測波動率：

```
In [73]: import pyflux as pf
         from scipy.stats import kurtosis

In [74]: model = pf.GARCH(ret.values, p=1, q=1) ❶
         print(model.latent_variables) ❷
         model.adjust_prior(1, pf.Normal()) ❸
         model.adjust_prior(2, pf.Normal()) ❸
         x = model.fit(method='M-H', iterations='1000') ❹
         print(x.summary())
```

Index	Latent Variable	Prior	Prior Hyperparameters
	V.I. Dist	Transform	
========	========================	===============	
	========================	==========	==========
0	Vol Constant	Normal	mu0: 0, sigma0: 3
	Normal	exp	
1	q(1)	Normal	mu0: 0, sigma0: 0.5
	Normal	logit	
2	p(1)	Normal	mu0: 0, sigma0: 0.5
	Normal	logit	
3	Returns Constant	Normal	mu0: 0, sigma0: 3
	Normal	None	

```
Acceptance rate of Metropolis-Hastings is 0.0023
Acceptance rate of Metropolis-Hastings is 0.23925
```

```
Tuning complete! Now sampling.
Acceptance rate of Metropolis-Hastings is 0.239175
GARCH(1,1)

======================================================
=================================================
Dependent Variable: Series                        Method: Metropolis
 Hastings
Start Date: 1                                      Unnormalized Log
 Posterior: -3635.1348
End Date: 2913                                     AIC:
 7278.269645045323
Number of observations: 2913                       BIC:
 7302.177400073161
===================================================================
==================================
Latent Variable                      Median           Mean
      95% Credibility Interval
===================================== ==================
================= ========================
Vol Constant                           0.04             0.0398
      (0.0315 | 0.0501)
q(1)                                   0.1936           0.194
      (0.1638 | 0.2251)
p(1)                                   0.7736           0.7737
      (0.7438 | 0.8026)
Returns Constant                       0.0866           0.0855
      (0.0646 | 0.1038)
===================================================================
==================================
None

In [75]: model.plot_z([1, 2]) ❺
         model.plot_fit(figsize=(15, 5)) ❻
         model.plot_ppc(T=kurtosis, nsims=1000) ❼
```

❶ 使用 PyFlux 程式庫來配置 GARCH 模型

❷ 印出潛在變數（參數）的估計值

❸ 調整模型潛在變數的先驗

❹ 使用 M-H 程序來適配模型

❺ 繪製潛在變數

❻ 繪製適配的模型

❼ 繪製直方圖以進行後驗檢查

將我們到目前為止使用基於貝氏的 GARCH 模型對波動率預測所做的工作的結果進行視覺化是值得做的一件事。

圖 4-14 顯示了潛在變數的分佈。潛在變數 q 聚集在 0.2 左右,而另一個潛在變數 p 的值則大多介於 0.7 到 0.8 之間。

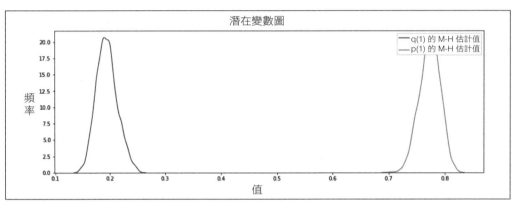

圖 4-14　潛在變數

圖 4-15 顯示了基於貝氏方法的去平均值(demean)波動率序列和 GARCH 預測結果。

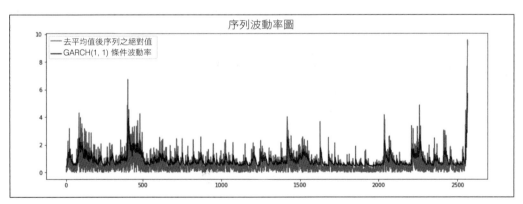

圖 4-15　模型擬合

圖 4-16 用資料來視覺化貝氏模型的後驗預測，以便我們能夠偵測到系統性差異（如果有的話）。垂直線表示檢驗統計量，所得到的結果是觀察值大於我們模型的值。

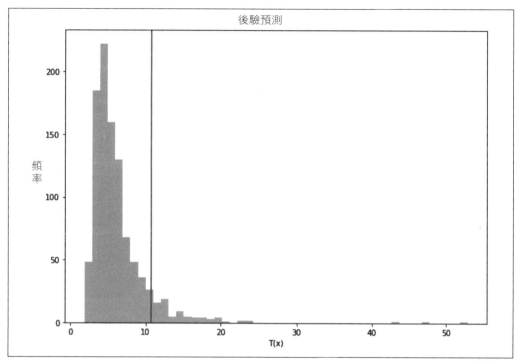

圖 4-16　後驗預測

完成訓練部分之後，我們已經準備好進入下一個階段，也就是預測。對前面的 252 步驟進行預測分析，並根據已實現波動率來計算 RMSE：

```
In [76]: bayesian_prediction = model.predict_is(n, fit_method='M-H') ❶
         Acceptance rate of Metropolis-Hastings is 0.11515
         Acceptance rate of Metropolis-Hastings is 0.1787
         Acceptance rate of Metropolis-Hastings is 0.2675

         Tuning complete! Now sampling.
         Acceptance rate of Metropolis-Hastings is 0.2579

In [77]: bayesian_RMSE = np.sqrt(mse(realized_vol.iloc[-n:] / 100,
                                 bayesian_prediction.values / 100)) ❷
         print('The RMSE of Bayesian model is {:.6f}'.format(bayesian_RMSE))
         The RMSE of Bayesian model is 0.004047

In [78]: bayesian_prediction.index = ret.iloc[-n:].index
```

❶ 樣本內波動率預測

❷ 計算 RMSE 分數

終於，我們已經準備好要觀察貝氏方法的預測結果了，下面的程式碼會幫我們做這件事，並產生圖 4-17：

```
In [79]: plt.figure(figsize=(10, 6))
         plt.plot(realized_vol / 100,
                 label='Realized Volatility')
         plt.plot(bayesian_prediction['Series'] / 100,
                 label='Volatility Prediction-Bayesian')
         plt.title('Volatility Prediction with M-H Approach', fontsize=12)
         plt.legend()
         plt.show()
```

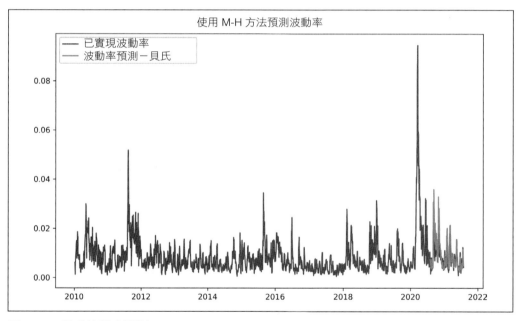

圖 4-17　貝氏波動率預測

圖 4-17 將基於 M-H 的貝氏方法的波動率預測進行視覺化，而它似乎在 2020 年底出現了超越量（overshoot）。此方法的整體效能表明它不是最好的方法之一。

結論

波動率預測是理解金融市場動態的關鍵，因為它可以幫助我們衡量不確定性。因此，它被用來作為許多金融模型的輸入，包括風險模型。這些事實強調了準確的預測波動率的重要性。傳統上，參數方法如 ARCH、GARCH 及其延伸已被廣泛使用，但這些模型缺乏彈性。為了解決這個問題，資料驅動模型看來很有前景，本章試圖利用這些模型，也就是 SVM、NN 和基於深度學習的模型。事實證明，資料驅動模型優於參數模型。

下一章將從理論和實證的角度來討論市場風險這個核心金融風險主題，並結合機器學習模型來對此風險的估計進行改善。

參考文獻

本章引用的論文：

Andersen, Torben G., Tim Bollerslev, Francis X. Diebold, and Paul Labys. 2003. "Modeling and Forecasting Realized Volatility." *Econometrica* 71 (2): 579-625.

Andersen, Torben G., and Tim Bollerslev. 1997. "Intraday Periodicity And Volatility Persistence in Financial Markets." *Journal of Empirical Finance* 4 (2-3): 115-158.

Black, Fischer. 1976. "Studies of Stock Market Volatility Changes." *1976 Proceedings of the American Statistical Association Business and Economic Statistics Section.*

Bollerslev, T. 1986. "Generalized Autoregressive Conditional Heteroskedasticity." *Journal of Econometrics* 31 (3): 307-327. 3): 542-547.

Burnham, Kenneth P., and David R. Anderson. 2004. "Multimodel Inference: Understanding AIC and BIC in Model Selection." *Sociological Methods and Research* 33(2): 261-304.

Eagle, Robert F. 1982. "Autoregressive Conditional Heteroskedasticity with Estimates of the Variance of UK Inflation." *Econometrica* 50 (4): 987-1008.

De Stefani, Jacopo, Olivier Caelen, Dalila Hattab, and Gianluca Bontempi. 2017. "Machine Learning for Multi-step Ahead Forecasting of Volatility Proxies." MIDAS@ PKDD/ECML, 17-28.

Dokuchaev, Nikolai. 2014. "Volatility Estimation from Short Time Series of Stock Prices." *Journal of Nonparametric Statistics* 26 (2): 373-384.

Glosten, L. R., R. Jagannathan, and D. E. Runkle 1993. "On the Relation between the Expected Value and the Volatility of the Nominal Excess Return on Stocks." *The Journal of Finance* 48 (5): 1779-1801.

Karasan, Abdullah, and Esma Gaygisiz. 2020. "Volatility Prediction and Risk Management: An SVR-GARCH Approach." *The Journal of Financial Data Science* 2 (4): 85-104.

Mandelbrot, Benoit. 1963. "New Methods in Statistical Economics." *Journal of Political Economy* 71 (5): 421-440.

Nelson, Daniel B. 1991. Conditional Heteroskedasticity in Asset Returns: A New Approach. *Econometrica* 59 (2): 347-370.

Raju, M. T., and Anirban Ghosh. 2004. "Stock Market Volatility: An International Comparison." Securities and Exchange Board of India.

本章引用的書籍：

Alpaydin, E. 2020. *Introduction to Machine Learning*. Cambridge: MIT press.

Burnham, Kenneth P., and David R. Anderson. 2002. *Model Selection and Multimodel Inference: A Practical Information-Theoretic Approach*. New York: Springer-Verlag.

Focardi, Sergio M. 1997. *Modeling the Market: New Theories and Techniques*. The Frank J. Fabozzi Series, Vol. 14. New York: John Wiley and Sons.

Rachev, Svetlozar T., John SJ Hsu, Biliana S. Bagasheva, and Frank J. Fabozzi. 2012. *Bayesian Methods in Finance*. New York: John Wiley and Sons.

Taylor, S. 1986. *Modeling Financial Time Series*. Chichester: Wiley.

Wilmott, Paul. 2019. *Machine Learning: An Applied Mathematics Introduction*. Panda Ohana Publishing.

第五章

市場風險建模

> 由歷史資料來驅動的風險度量假設了未來將遵循過去的樣式。您需要瞭解
> 該假設的侷限性。更重要的是,您需要對樣式會崩潰的場景進行建模。
>
> — Miles Kennedy

風險在金融中無所不在,但很難去量化它。首先,重要的是要知道如何區分金融風險的來源,因為使用相同的工具來處理來自不同來源的風險可能不是明智之舉。

因此,以不同方式來對待各種金融風險來源十分重要,因為這些不同風險的影響以及用於緩解這些風險的工具是完全不同的。假設公司受到大的市場波動的影響,那麼其投資組合中的所有資產都很容易受到來自這些波動的風險的影響。然而,應該要開發不同的工具來應對產生自不同背景客戶的風險。此外,請記住,不同的風險因素會顯著影響資產的價格。這些例子都表明,處理風險因素需要金融上的仔細考量。

如前所述,這些風險主要是市場風險、信用風險、流動性風險和營運風險。很明顯的,還可以把其他一些風險類型添加到這個串列中,不過我們可以把它們看做是這四種主要風險類型的子分支,而這四種主要風險將是我們在本章中的重點。

市場風險 (*market risk*) 是指因匯率、利率、通貨膨脹等金融指標變化而產生的風險。市場風險可稱為因市場價格變動而導致資產負債表內 (on-balance-sheet) 和表外 (off-balance-sheet) 部位損失的風險 (BIS 2020)。現在讓我們看看這些因素是如何影響市場風險的。假設通貨膨脹率上升會對金融機構當前的獲利能力

構成威脅，因為通貨膨脹會對利率造成壓力。這反過來又會影響借款人的資金成本。這些例子可以被放大，但我們也應該注意這些金融風險來源的交互作用。也就是說，當單一的金融風險來源發生變化時，其他風險來源並無法保持不變。因此，在某種程度上，財務指標是相互關聯的，這意味著應該考慮這些風險來源的交互作用。

您可以想像，存在著不同的工具來管理市場風險。其中，最突出和被廣泛接受的工具是風險值（value at risk, VaR）和預期損失（expected shortfall, ES）。本章的最終目的是利用 ML 的最新發展來擴增這些方法。在這個時候會很想提出以下問題：

- 傳統模型在金融領域中會失敗嗎？

- 是什麼會讓基於 ML 的模型與眾不同呢？

我將從解決第一個問題開始。傳統模型無法解決的首要挑戰是金融體系的複雜性。由於存在著一些強烈的假設，或者只是因為無法捕捉到資料所導入的複雜性，長久以來所使用的傳統模型開始被基於 ML 的模型所取代。

Prado（2020）完美的說明了這個事實：

> 考慮到現代金融體系的複雜性，研究人員不太可能透過對資料的目視檢查或執行一些迴歸來揭示理論的成分。

要解決第二個問題，明智的做法是考慮 ML 模型的工作邏輯。和舊的統計方法相反，ML 模型試圖揭露變數之間的關聯性、識別關鍵變數、並使我們能夠找出變數對因變數的影響，而無須完善的理論。事實上，這就是 ML 模型的美妙之處，因為它們允許我們發現理論而不是需要它們：

> 原則上，來自統計學和機器學習（machine learning, ML）的許多方法可同時用於預測和推理。然而，統計方法長期以來一直關注推理，這是透過建立和擬合特定於專案的機率模型來達成的……
>
> 相比之下，ML 專注於使用通用的學習演算法在通常是大量且笨重的資料中找到樣式以進行預測。
>
> — Bzdok（2018 年，第 232 頁）

在下一節中，我們將開始討論市場風險模型。首先，我們將討論 VaR 和 ES 模型的應用。在討論了這些模型的傳統應用之後，我們將學習如何使用基於 ML 的方法來改進它們。讓我們開始吧。

風險值（VaR）

VaR 模型源自於 J.P. Morgan 業務主管希望獲得一份總結報告，來顯示 J.P. Morgan 在某一天可能的損失和風險。該報告將以匯總的方式告知業務主管該機構所承擔的風險。他們用來計算市場風險的方法稱之為 VaR。這份報告是 VaR 的起點，現在它已經變得很普遍了，不僅機構偏好使用 VaR，而且監管機構也要求採用它。

VaR 的採用可以追溯到 1990 年代，儘管已經對它進行了大量擴充並提出了新的模型，但它還是在使用中。是什麼讓它如此的吸引人呢？答案來自 Kevin Dowd（2002, p. 10）：

> VaR 有兩個重要特性。首先是它提供了一種通用的、一致的跨不同部位和風險因素的風險度量。它使我們能夠衡量與固定收益部位相關的風險，例如，用一種和股票部位的風險量度可比較且一致的方式來衡量。VaR 為我們提供了一個共同的風險衡量標準，而這個衡量標準使機構能夠以前所未有的新方式來管理風險。VaR 的另一個特性是它考慮了不同風險因素之間的相關性。如果兩個風險相互抵消，VaR 允許這種抵消，並會告訴我們整體風險相當低。

事實上，VaR 解決了投資者最常見的問題之一：我的投資的最大預期損失是多少？

VaR 為這個問題提供了一個非常直觀和實用的答案。就這點而言，它用於衡量公司在給定時期和預先定義的信賴區間內的最差預期損失。假設一項投資的每日 VaR 為 100 萬美元，信賴區間為 95%。這將被解讀為有 5% 的機會投資者可能在一天內遭受超過 100 萬美元的損失。

根據這個定義，我們可以決定 VaR 的成分是信賴區間、時期、資產或投資組合的價值、以及標準差，因為我們正在談論風險。

綜上所述，VaR 分析有幾個重點需要強調：

- VaR 需要估計損失的機率。

- VaR 聚焦於潛在損失。我們不是在談論實際或已實現的損失；相反地，VaR 是一種損失預測。

- VaR 具有三個關鍵成分：
  - 定義損失等級的標準差。
  - 評估風險的固定時間範圍。
  - 信賴區間。

VaR 可以透過三種不同的方法來衡量：

- 變異數 - 共變異數 VaR

- 歷史模擬 VaR

- 蒙地卡羅 VaR

變異數－共變異數法

變異數－共變異數（variance-covariance）法也稱為**參數**（*parametric*）法，因為它假設觀察值是常態分佈的。變異數－共變異數法很常見，因為報酬被認為遵守常態分佈。參數形式的假設使得變異數－共變異數法很容易應用。

和所有 VaR 方法一樣，我們可以使用單一資產或投資組合。然而，使用投資組合的時候需要仔細處理，因為我們需要估計相關性結構和投資組合的變異數。此時，相關性跑出來了，而歷史資料被用來計算相關性、平均值和標準差。當使用基於 ML 的方法來擴增這一點時，相關性結構將是我們的主要關注點。

假設我們有一個由單一資產組成的投資組合，如圖 5-1 所示。可以看出，該資產的報酬為零且標準差為 1，如果持有期間為 1 的話，那麼就可以從該資產的價值透過對應的 Z 值和標準差來計算出對應的 VaR 值。因此，常態假設會使事情變得更容易，不過它是一個強烈的假設，因為我們不能保證資產報酬都會是常態分佈的；相反地，大多數資產報酬都不會遵守常態分佈。此外，由於常態假設的緣故，有可能無法捕捉到尾部的潛在風險。因此，常態假設是要付出代價的。請參閱以下內容：

```
In [1]: import pandas as pd
        import numpy as np
        import matplotlib.pyplot as plt
        import datetime
        import yfinance as yf
        from scipy.stats import norm
        import requests
        from io import StringIO
        import seaborn as sns; sns.set()
        import warnings
        warnings.filterwarnings('ignore')
        plt.rcParams['figure.figsize'] = (10,6)

In [2]: mean = 0
        std_dev = 1
        x = np.arange(-5, 5, 0.01)
        y = norm.pdf(x, mean, std_dev)
        pdf = plt.plot(x, y)
        min_ylim, max_ylim = plt.ylim()
        plt.text(np.percentile(x, 5), max_ylim * 0.9, '95%:${:.4f}'
                 .format(np.percentile(x, 5)))
        plt.axvline(np.percentile(x, 5), color='r', linestyle='dashed',
                    linewidth=4)
        plt.title('Value at Risk Illustration')
        plt.show()
In [3]: mean = 0
        std_dev = 1
        x = np.arange(-5, 5, 0.01)
        y = norm.pdf(x, mean, std_dev) ❶
        pdf = plt.plot(x, y)
        min_ylim, max_ylim = plt.ylim() ❷
        plt.text(np.percentile(x, 5), max_ylim * 0.9, '95%:${:.4f}'
                 .format(np.percentile(x, 5))) ❸
        plt.axvline(np.percentile(x, 5), color='r', linestyle='dashed',
                    linewidth=4)
        plt.title('Value at Risk Illustration')
        plt.show()
```

❶ 根據給定的 x、平均值和標準差來產生機率密度函數

❷ 限制 x 軸和 y 軸

❸ 在 x 資料的 5% 百分位處指定 x 的位置

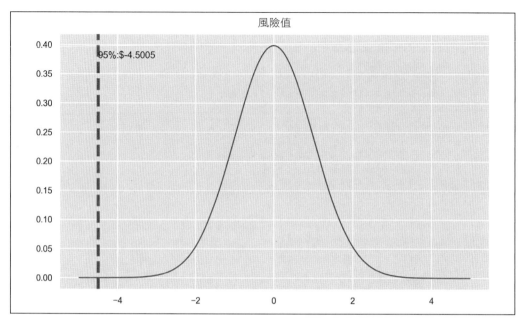

圖 5-1　風險值說明

在 Fama（1965）之後，人們意識到由於肥尾（fat tail）和不對稱性，股票價格報酬並不會遵守常態分佈。這一經驗觀察表明股票收益的峰度高於常態分佈的峰度。

具有高峰度相當於肥尾，這能夠捕捉到極端的負報酬。由於變異數－共變異數法無法捕捉到肥尾，因此它無法估計可能發生的極端負報酬，尤其是在面臨危機時。

讓我們看看我們如何在 Python 中應用變異數－共變異數 VaR。為了說明這一點，讓我們考慮一個包含兩種資產的投資組合。變異數－共變異數 VaR 的公式如下：

$$VaR = V\sigma_p\sqrt{t}Z_\alpha$$

$$\sigma_p = \sqrt{w_1^2\sigma_1^2 + w_2^2\sigma_2^2 + \rho w_1 w_2 \sigma_1 \sigma_2}$$

$$\sigma_p = \sqrt{w_1\sigma_1 + w_2 + \sigma + 2w_1 w_2 \Sigma_{1,2}}$$

為了要在程式碼中應用它，我們從以下的程式碼開始：

```
In [4]: def getDailyData(symbol):
            parameters = {'function': 'TIME_SERIES_DAILY_ADJUSTED',
                          'symbol': symbol,
                          'outputsize':'full',
                          'datatype': 'csv',
                          'apikey': 'insert your api key here'} ❶

            response = requests.get('https://www.alphavantage.co/query',
                                    params=parameters) ❷

            csvText = StringIO(response.text) ❸
            data = pd.read_csv(csvText, index_col='timestamp')
            return data

In [5]: symbols = ["IBM", "MSFT", "INTC"]
        stock3 = []
        for symbol in symbols:
            stock3.append(getDailyData(symbol)[::-1]['close']
                        ['2020-01-01': '2020-12-31']) ❹
        stocks = pd.DataFrame(stock3).T
        stocks.columns = symbols

In [6]: stocks.head()
Out[6]:               IBM    MSFT    INTC
        timestamp
        2020-01-02  135.42  160.62  60.84
        2020-01-03  134.34  158.62  60.10
        2020-01-06  134.10  159.03  59.93
        2020-01-07  134.19  157.58  58.93
        2020-01-08  135.31  160.09  58.97
```

❶ 指明用來從 Alpha Vantage 提取資料的參數

❷ 向 Alpha Vantage 網站發出請求

❸ 打開文本格式的回應檔案

❹ 將涵蓋 2019-01 至 2019-12 期間的資料反轉並附加 IBM、MSFT 和 INTC 的每日股價

 Alpha Vantage 是一家與主要交易所和機構合作的資料提供公司。使用 Alpha Vantage 的 API，可以存取具有不同時間間隔（日內、每日、每週等）的股票價格、股票基本面和外匯資訊。欲瞭解更多資訊，請參閱 Alpha Vantage 的網站（*https://oreil.ly/ByZYD*）。

然後我們進行我們的計算：

```
In [7]: stocks_returns = (np.log(stocks) - np.log(stocks.shift(1))).dropna()  ❶
        stocks_returns
Out[7]:               IBM       MSFT      INTC
        timestamp
        2020-01-03 -0.008007 -0.012530 -0.012238
        2020-01-06 -0.001788  0.002581 -0.002833
        2020-01-07  0.000671 -0.009160 -0.016827
        2020-01-08  0.008312  0.015803  0.000679
        2020-01-09  0.010513  0.012416  0.005580
        ...              ...       ...       ...
        2020-12-24  0.006356  0.007797  0.010679
        2020-12-28  0.001042  0.009873  0.000000
        2020-12-29 -0.008205 -0.003607  0.048112
        2020-12-30  0.004352 -0.011081 -0.013043
        2020-12-31  0.012309  0.003333  0.021711

        [252 rows x 3 columns]

In [8]: stocks_returns_mean = stocks_returns.mean()
        weights  = np.random.random(len(stocks_returns.columns))  ❷
        weights /= np.sum(weights)  ❸
        cov_var = stocks_returns.cov()  ❹
        port_std = np.sqrt(weights.T.dot(cov_var).dot(weights))  ❺

In [9]: initial_investment = 1e6
        conf_level = 0.95

In [10]: def VaR_parametric(initial_investment, conf_level):
             alpha = norm.ppf(1 - conf_level, stocks_returns_mean, port_std)  ❻
             for i, j in zip(stocks.columns, range(len(stocks.columns))):
                 VaR_param = (initial_investment - initial_investment *
                             (1 + alpha))[j]  ❼
                 print("Parametric VaR result for {} is {} "
                       .format(i, VaR_param))
             VaR_param = (initial_investment - initial_investment * (1 + alpha))
             print('--' * 25)
             return VaR_param

In [11]: VaR_param = VaR_parametric(initial_investment, conf_level)
         VaR_param
         Parametric VaR result for IBM is 42606.16125893139
         Parametric VaR result for MSFT is 41024.50194348814
         Parametric VaR result for INTC is 43109.25240851776
         -------------------------------------------------

Out[11]: array([42606.16125893, 41024.50194349, 43109.25240852])
```

❶ 計算對數報酬

❷ 為權重繪製隨機數

❸ 產生權重

❹ 計算共變異數矩陣

❺ 尋找投資組合的標準差

❻ 使用百分比函數（percent point function）（ppf）來計算特定值的 Z 分數

❼ 估計變異數－共變異數 VaR 模型

VaR 的變化取決於時間範圍，因為持有資產的時間越長，投資者就越容易受到風險的影響。如圖 5-2 所示，VaR 隨持有時間增加 $\sqrt{t}$ 這麼大的量。此外，持有期是投資組合清算的最長期限。考慮到要報告的這個目的，30 天期限可能更適合投資者。因此，我們將在下面會產生圖 5-2 的程式碼中說明這個時期。

```
In [12]: var_horizon = []
         time_horizon = 30
         for j in range(len(stocks_returns.columns)):
             for i in range(1, time_horizon + 1):
                 var_horizon.append(VaR_param[j] * np.sqrt(i))
         plt.plot(var_horizon[:time_horizon], "o",
                 c='blue', marker='*', label='IBM')
         plt.plot(var_horizon[time_horizon:time_horizon + 30], "o",
                 c='green', marker='o', label='MSFT')
         plt.plot(var_horizon[time_horizon + 30:time_horizon + 60], "o",
                 c='red', marker='v', label='INTC')
         plt.xlabel("Days")
         plt.ylabel("USD")
         plt.title("VaR over 30-day period")
         plt.legend()
         plt.show()
```

變異數－共變異數法的優缺點如下：

優點

· 易於計算

· 不需要大量樣本

缺點

- 觀測值呈常態分佈

- 不適用於非線性結構

- 需要計算共變異數矩陣

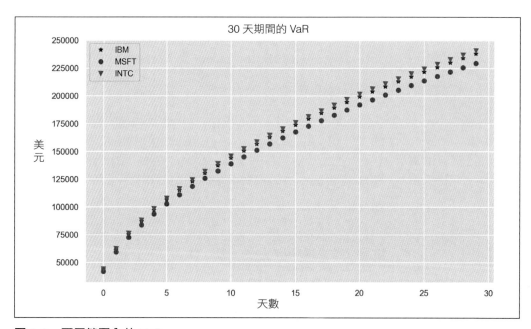

圖 5-2　不同範圍內的 VaR

因此，即使常態性這個假設聽起來很吸引人，但它可能不是估計 VaR 的最好方法，尤其是在資產報酬沒有遵守常態分佈的情況下。幸運的是，還有另一種沒有常態性假設的方法，也就是歷史模擬 VaR 模型。

歷史模擬法

具有例如常態分佈這類強烈的假設，可能是讓估計不準確的原因。這個問題的一個解決方案是歷史模擬 VaR（historical simulation VaR）。這是一種經驗方法：我們不使用參數方法，而是找到一個百分位數，它是變異數－共變異數法的 Z 表（Z-table）等價物。假設信賴區間為 95%；5% 將用於代替 Z 表的值，我們需要做的就是將這個百分位數乘以初始投資。

以下是歷史模擬 VaR 中採取的步驟：

1. 取得投資組合 (或單項資產) 的資產報酬

2. 根據信賴區間找到對應的報酬百分位數

3. 將這個百分位數乘以初始投資

要在程式碼中做到這件事，我們可以定義以下函數：

```
In [13]: def VaR_historical(initial_investment, conf_level): ❶
             Hist_percentile95 = []
             for i, j in zip(stocks_returns.columns,
                             range(len(stocks_returns.columns))):
                 Hist_percentile95.append(np.percentile(stocks_returns.loc[:, i],
                                                        5))
                 print("Based on historical values 95% of {}'s return is {:.4f}"
                       .format(i, Hist_percentile95[j]))
                 VaR_historical = (initial_investment - initial_investment *
                                   (1 + Hist_percentile95[j]))
                 print("Historical VaR result for {} is {:.2f} "
                       .format(i, VaR_historical))
                 print('--' * 35)

In [14]: VaR_historical(initial_investment,conf_level) ❷
         Based on historical values 95% of IBM's return is -0.0371
         Historical VaR result for IBM is 37081.53
         ------------------------------------------------------------------
         Based on historical values 95% of MSFT's return is -0.0426
         Historical VaR result for MSFT is 42583.68
         ------------------------------------------------------------------
         Based on historical values 95% of INTC's return is -0.0425
         Historical VaR result for INTC is 42485.39
         ------------------------------------------------------------------
```

❶ 計算 95% 的股票報酬百分位

❷ 估計歷史模擬 VaR

歷史模擬 VaR 方法隱含性的假設了歷史價格的變化具有類似的樣式，也就是不存在結構性斷裂。這種方法的優缺點如下：

優點

- 沒有關於分佈的假設

- 適用於非線性結構

- 容易計算

缺點

- 需要大量樣本

- 需要高計算能力

蒙地卡羅模擬 VaR

在深入研究蒙地卡羅模擬（Monte Carlo simulation）VaR 估計之前，最好先簡要的介紹一下什麼是蒙地卡羅模擬。蒙地卡羅是一種電腦化的數學方法，用來在沒有閉合解（closed-form solution）的情況下進行估計，因此它是一種高效率的數值逼近工具。蒙地卡羅依賴於來自給定分佈的重複隨機樣本。

Glasserman（2003, p. 11）適切的定義了蒙地卡羅背後的邏輯：

> 蒙地卡羅方法根基於機率和量體（volume）之間的類比。度量的數學形式化了機率的直觀概念，將事件與一組結果相關聯，並將事件的機率定義為相對於一系列可能結果的量體或度量。蒙地卡羅反過來使用這個恆等式，透過將量體解釋為機率來計算集合的量體。

從應用的角度看來，蒙地卡羅和歷史模擬 VaR 非常相似，但它並沒有使用歷史觀察值。相反地，它會從給定分佈中產生隨機樣本。蒙地卡羅透過提供可能的結果和機率之間的聯繫來幫助決策者，這使其成為金融領域中既有效率又適用的工具。

數學上的蒙地卡羅可以用以下方式來定義：

令 $X_1, X_2, \cdots, X_n$ 為獨立且分佈相同的隨機變數，且 f(x) 是一個實數值函數。大數法則（law of large number）指出：

$$E(f(X)) \approx \frac{1}{N}\sum_i^N f(X_i)$$

所以簡而言之，蒙地卡羅模擬除了產生隨機樣本並計算它們的平均值之外，什麼都沒做。在計算上，它遵循以下步驟：

1. 定義定義域（domain）

2. 產生亂數

3. 迭代並聚合結果

數學中的 π 的確定過程，是蒙地卡羅應用的一個簡單但具說明性的例子。

假設我們有一個半徑 $r = 1$ 且面積為 4 的圓。圓的面積會是 π，而我們試圖用來擬合這個圓的正方形的面積也是 4。它們的比率會變成：

$$\frac{\pi}{4}$$

撇開 π 不談，圓與面積的比率可以定義為：

$$\frac{Circumference_{circle}}{Area_{square}} = \frac{m}{n}$$

（ $Circumference_{circle}$ ➔ 圓的周長 , $Area_{square}$ ➔ 正方形的面積 ）

令這些方程式相等之後，結果會是：

$$\pi = 4x\frac{m}{n}$$

如果我們一步一步來，首先是定義定義域，也就是 [-1, 1]。因此在圓的內部的數字會滿足 $x^2 + y^2 \leq 1$。

第二步是產生滿足這個給定條件的亂數。也就是說，我們需要是均勻分佈的隨機樣本，這在 Python 中是一個相當容易的任務。為了練習，我將使用 NumPy 程式庫來產生 100 個均勻分佈的亂數：

```
In [15]: x = np.random.uniform(-1, 1, 100) ❶
         y = np.random.uniform(-1, 1, 100)

In [16]: sample - 100
         def pi_calc(x, y):
             point_inside_circle = 0
             for i in range(sample):
                 if np.sqrt(x[i] ** 2 + y[i] ** 2) <= 1: ❷
                     point_inside_circle += 1
             print('pi value is {}'.format(4 * point_inside_circle/sample))

In [17]: pi_calc(x,y)
         pi value is 3.2

In [18]: x = np.random.uniform(-1, 1, 1000000)
```

```
        y = np.random.uniform(-1, 1, 1000000)

In [19]: sample = 1000000

        def pi_calc(x, y):
            point_inside_circle = 0
            for i in range(sample):
                if np.sqrt(x[i] ** 2 + y[i] ** 2) < 1:
                    point_inside_circle += 1
            print('pi value is {:.2f}'.format(4 * point_inside_circle/sample))

In [20]: pi_calc(x,y)
        pi value is 3.14

In [21]: sim_data = pd.DataFrame([])
        num_reps = 1000
        n = 100
        for i in range(len(stocks.columns)):
            mean = np.random.randn(n).mean()
            std = np.random.randn(n).std()
            temp = pd.DataFrame(np.random.normal(mean, std, num_reps))
            sim_data = pd.concat([sim_data, temp], axis=1)
        sim_data.columns = ['Simulation 1', 'Simulation 2', 'Simulation 3']

In [22]: sim_data
Out[22]:      Simulation 1  Simulation 2  Simulation 3
        0         1.587297     -0.256668      1.137718
        1         0.053628     -0.177641     -1.642747
        2        -1.636260     -0.626633      0.393466
        3         1.088207      0.847237      0.453473
        4        -0.479977     -0.114377     -2.108050
        ..            ...           ...           ...
        995       1.615190      0.940931      0.172129
        996      -0.015111     -1.149821     -0.279746
        997      -0.806576     -0.141932     -1.246538
        998       1.609327      0.582967     -1.879237
        999      -0.943749     -0.286847      0.777052

        [1000 rows x 3 columns]

In [23]: def MC_VaR(initial_investment, conf_level):
            MC_percentile95 = []
            for i, j in zip(sim_data.columns, range(len(sim_data.columns))):
                MC_percentile95.append(np.percentile(sim_data.loc[:, i], 5))  ❸
                print("Based on simulation 95% of {}'s return is {:.4f}"
                    .format(i, MC_percentile95[j]))
                VaR_MC = (initial_investment - initial_investment *
```

```
                         (1 + MC_percentile95[j])) ❹
            print("Simulation VaR result for {} is {:.2f} "
                  .format(i, VaR_MC))
            print('--' * 35)

In [24]: MC_VaR(initial_investment, conf_level)
         Based on simulation 95% of Simulation 1's return is -1.7880
         Simulation VaR result for Simulation 1 is 1787990.69
         ------------------------------------------------------------
         Based on simulation 95% of Simulation 2's return is -1.6290
         Simulation VaR result for Simulation 2 is 1628976.68
         ------------------------------------------------------------
         Based on simulation 95% of Simulation 3's return is -1.5156
         Simulation VaR result for Simulation 3 is 1515623.93
         ------------------------------------------  ------------------------
```

❶ 依據均勻分佈產生亂數

❷ 檢查點是否落在半徑為 1 的圓裡面

❸ 計算每個股票報酬的 95% 並將結果附加到名為 `MC_percentile95` 的串列中

❹ 估計蒙特卡羅 VaR

去雜訊

波動率無所不在，但要找出最有價值的波動率將是一項艱鉅的任務。一般來說，市場上會有兩種類型的資訊：雜訊（*noise*）和信號（*signal*）。前者只產生隨機資訊，但後者為我們提供了有價值的資訊，而投資者可以透過這些資訊來賺錢。為了說明這一點，假設市場上有兩個主要的參與者：一個使用雜訊資訊，稱為雜訊交易者，另一個是利用了信號或內線資訊的知情交易者。雜訊交易者的交易動機是由隨機行為來驅動的。因此，市場中的資訊流被某些雜訊交易者視為買入信號，而對另一些交易者則被視為賣出信號。

然而，知情交易者被認為是理性交易者，他們有能力去評估信號，因為他們知道這是私人資訊。

因此，持續性的資訊流動應該被謹慎的對待。簡而言之，來自雜訊交易者的資訊可以被視為雜訊，而來自內線的資訊可以被視為信號，而這就是重要的資訊。無法區分雜訊和信號的投資者可能無法獲得利潤和／或正確的評估風險。

我們現在的問題變成了要去區分金融市場中的資訊流。我們要如何區分雜訊和信號呢？我們該如何使用這些資訊呢？

現在我們是時候討論一下 Marchenko-Pastur 定理了，它有助於得到齊次（homogenous）共變異數矩陣。Marchenko-Pastur 定理允許我們使用共變異數矩陣的特徵值，從雜訊中萃取出信號。

 令 $A \in \mathbb{R}^{n \times n}$ 是一個方陣（square matrix）。那麼如果下式成立的話，則 $\lambda \in \mathbb{R}$ 是 A 的特徵值，$x \in \mathbb{R}^n$ 是它在 A 的對應特徵向量：

$$Ax = \lambda x$$

其中 $x \in \mathbb{R}^n \neq 0$。

特徵值（*eigenvalue*）和特徵向量（*eigenvector*）在金融環境中具有特殊的含義。特徵向量表示共變異數矩陣中的變異數，而特徵值則表示特徵向量的大小。具體來說，最大的特徵向量對應到最大的變異數，而其大小等於對應的特徵值。由於資料中有雜訊，有一些特徵值可以被認為是隨機的，透過偵測並過濾掉這些特徵值來只保留信號將是有意義的。

為了區分雜訊和信號，我們將 Marchenko-Pastur 定理的機率密度函數（probability density function, PDF）擬合到雜訊的共變異數。Marchenko-Pastur 定理的 PDF 形式如下（Prado 2020）：

$$f(\lambda) = \begin{cases} \dfrac{T}{N}\sqrt{(\lambda_t - \lambda)(\lambda - \lambda_-)} & \text{if } \lambda \in [\lambda - \lambda_-] \\ 0, & \text{if } \lambda \notin [\lambda - \lambda_-] \end{cases}$$

其中 λ_+ 和 λ_- 分別是最大的和最小的特徵值。

以下的程式碼區塊是對 Prado（2020）所提供的程式碼的輕微修改，我們將產生 Marchenko-Pastur 分佈的機率密度函數和核心密度，這將允許我們在非參數模型中對隨機變數進行建模。然後，Marchenko-Pastur 分佈將被擬合到資料：

```
In [25]: def mp_pdf(sigma2, q, obs):
            lambda_plus = sigma2 * (1 + q ** 0.5) ** 2 ❶
            lambda_minus = sigma2 * (1 - q ** 0.5) ** 2 ❷
            l = np.linspace(lambda_minus, lambda_plus, obs)
```

```
            pdf_mp = 1 / (2 * np.pi * sigma2 * q * l) \
                    * np.sqrt((lambda_plus  - l)
                    *  (l - lambda_minus)) ❸
            pdf_mp = pd.Series(pdf_mp, index=l)
            return pdf_mp
```

```
In [26]: from sklearn.neighbors import KernelDensity

         def kde_fit(bandwidth,obs,x=None):
             kde = KernelDensity(bandwidth, kernel='gaussian') ❹
             if len(obs.shape) == 1:
                 kde_fit=kde.fit(np.array(obs).reshape(-1, 1)) ❺
             if x is None:
                 x=np.unique(obs).reshape(-1, 1)
             if len(x.shape) == 1:
                 x = x.reshape(-1, 1)
             logprob = kde_fit.score_samples(x) ❻
             pdf_kde = pd.Series(np.exp(logprob), index=x.flatten())
             return pdf_kde
```

```
In [27]: corr_mat = np.random.normal(size=(10000, 1000)) ❼
         corr_coef = np.corrcoef(corr_mat, rowvar=0) ❽
         sigma2 = 1
         obs = corr_mat.shape[0]
         q = corr_mat.shape[0] / corr_mat.shape[1]

         def plotting(corr_coef, q):
             ev, _ = np.linalg.eigh(corr_coef) ❾
             idx = ev.argsort()[::-1]
             eigen_val = np.diagflat(ev[idx]) ❿
             pdf_mp = mp_pdf(1., q=corr_mat.shape[1] / corr_mat.shape[0],
                             obs=1000) ⓫
             kde_pdf = kde_fit(0.01, np.diag(eigen_val)) ⓬
             ax = pdf_mp.plot(title="Marchenko-Pastur Theorem",
                             lahel="M-P", style='r--')
             kde_pdf.plot(label="Empirical Density", style='o-', alpha=0.3)
             ax.set(xlabel="Eigenvalue", ylabel="Frequency")
             ax.legend(loc="upper right")
             plt.show()
             return plt
```

```
In [28]: plotting(corr_coef, q);
```

❶ 計算最大預期特徵值

❷ 計算最小預期特徵值

❸ 產生 Marchenko-Pastur 分佈的機率密度函數

❹ 啟動核心密度估計

❺ 將核心密度擬合到觀察值

❻ 評估觀察值的對數密度模型

❼ 從常態分佈產生隨機樣本

❽ 將共變異數矩陣轉換為相關性矩陣

❾ 計算相關性矩陣的特徵值

❿ 將 NumPy 陣列轉換為對角矩陣

⓫ 呼叫 `mp_pdf` 來估計 Marchenko–Pastur 分佈的機率密度函數

⓬ 呼叫 `kde_fit` 以將核心分佈擬合到資料

生成的圖 5-3 顯示出 Marchenko-Pastur 分佈將資料擬合的很好。藉由 Marchenko-Pastur 定理，我們能夠區分雜訊和信號了；我們現在會將已過濾雜訊的資料稱為去雜訊（*denoised*）資料。

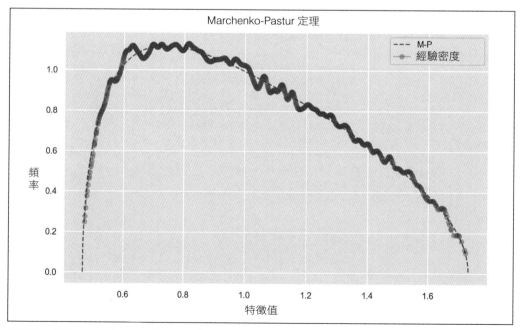

圖 5-3　擬合 Marchenko-Pastur 分佈

到目前為止，我們已經討論了對共變異數矩陣進行去雜訊的主要步驟，以便我們可以將其插入 VaR 模型，這稱為**去雜訊 *VaR***（*denoised VaR*）估計。對共變異數矩陣進行去雜訊無非就是要從資訊中取出不必要的資訊（雜訊）。因此，我們就可以利用來自市場的信號，並只關注重要的事件。

對共變異數矩陣進行去雜訊包含了以下階段：[1]

1. 根據相關性矩陣計算特徵值和特徵向量。

2. 使用核心密度估計，找到特定特徵值的特徵向量。

3. 將 Marchenko-Pastur 分佈擬合到核心密度估計。

4. 使用 Marchenko-Pastur 分佈來求出理論上的最大特徵值。

5. 計算所有大於理論值的特徵值的平均值。

6. 使用這些新的特徵值和特徵向量來計算去雜訊相關性矩陣。

7. 透過新的相關性矩陣計算去雜訊共變異數矩陣。

讓我們看一下只透過幾行程式碼來使用 Python 中的 `portfoliolab` 程式庫來找出去雜訊共變異數矩陣是多麼的容易：

```
In [29]: import portfoliolab as pl

In [30]: risk_estimators = pl.estimators.RiskEstimators()

In [31]: stock_prices = stocks.copy()

In [32]: cov_matrix = stocks_returns.cov()
         cov_matrix
Out[32]:           IBM       MSFT      INTC
         IBM    0.000672  0.000465  0.000569
         MSFT   0.000465  0.000770  0.000679
         INTC   0.000569  0.000679  0.001158

In [33]: tn_relation = stock_prices.shape[0] / stock_prices.shape[1] ❶
         kde_bwidth = 0.25 ❷
         cov_matrix_denoised = risk_estimators.denoise_covariance(cov_matrix,
                                                     tn_relation,
                                                     kde_bwidth) ❸
```

---

1 可以在 Hudson 與 Thames（*https://oreil.ly/gkQjX*）找到該程序的詳細資訊。

```
        cov_matrix_denoised = pd.DataFrame(cov_matrix_denoised,
                                        index=cov_matrix.index,
                                        columns=cov_matrix.columns)
        cov_matrix_denoised
Out[33]:          IBM       MSFT      INTC
        IBM   0.000672  0.000480  0.000589
        MSFT  0.000480  0.000770  0.000638
        INTC  0.000589  0.000638  0.001158

In [34]: def VaR_parametric_denoised(initial_investment, conf_level):
            port_std = np.sqrt(weights.T.dot(cov_matrix_denoised)
                            .dot(weights)) ❹
            alpha = norm.ppf(1 - conf_level, stocks_returns_mean, port_std)
            for i, j in zip(stocks.columns,range(len(stocks.columns))):
                print("Parametric VaR result for {} is {} ".format(i,VaR_param))
            VaR_params = (initial_investment - initial_investment * (1 + alpha))
            print('--' * 25)
            return VaR_params

In [35]: VaR_parametric_denoised(initial_investment, conf_level)
        Parametric VaR result for IBM is [42606.16125893 41024.50194349
         43109.25240852]
        Parametric VaR result for MSFT is [42606.16125893 41024.50194349
         43109.25240852]
        Parametric VaR result for INTC is [42606.16125893 41024.50194349
         43109.25240852]
        -------------------------------------------------

Out[35]: array([42519.03744155, 40937.37812611, 43022.12859114])

In [36]: symbols = ["IBM", "MSFT", "INTC"]
        stock3 = []
        for symbol in symbols:
            stock3.append(getDailyData(symbol)[::-1]['close']
                        ['2007-04-01': '2009-02-01'])
        stocks_crisis = pd.DataFrame(stock3).T
        stocks_crisis.columns = symbols

In [37]: stocks_crisis
Out[37]:             IBM    MSFT    INTC
        timestamp
        2007-04-02  95.21  27.74  19.13
        2007-04-03  96.10  27.87  19.31
        2007-04-04  96.21  28.50  19.38
        2007-04-05  96.52  28.55  19.58
        2007-04-09  96.62  28.57  20.10
        ...          ...    ...    ...
```

```
        2009-01-26   91.60   17.63   13.38
        2009-01-27   91.66   17.66   13.81
        2009-01-28   94.82   18.04   14.01
        2009-01-29   92.51   17.59   13.37
        2009-01-30   91.65   17.10   12.90

        [463 rows x 3 columns]

In [38]: stock_prices = stocks_crisis.copy()

In [39]: stocks_returns = (np.log(stocks) - np.log(stocks.shift(1))).dropna()

In [40]: cov_matrix = stocks_returns.cov()

In [41]: VaR_parametric(initial_investment, conf_level)
        Parametric VaR result for IBM is 42606.16125893139
        Parametric VaR result for MSFT is 41024.50194348814
        Parametric VaR result for INTC is 43109.25240851776
        --------------------------------------------------

Out[41]: array([42606.16125893, 41024.50194349, 43109.25240852])

In [42]: VaR_parametric_denoised(initial_investment, conf_level)
        Parametric VaR result for IBM is [42606.16125893 41024.50194349
         43109.25240852]
        Parametric VaR result for MSFT is [42606.16125893 41024.50194349
         43109.25240852]
        Parametric VaR result for INTC is [42606.16125893 41024.50194349
         43109.25240852]
        --------------------------------------------------

Out[42]: array([42519.03744155, 40937.37812611, 43022.12859114])
```

❶ 將觀察值數量 T 與變數數量 N 聯繫起來

❷ 指明核心密度估計的頻寬

❸ 產生去雜訊共變異數矩陣

❹ 將去雜訊共變異數矩陣納入 VaR 公式

傳統上用的 VaR 與去雜訊 VaR 之間的差異在發生危機期間更加明顯。在危機期間，資產之間的相關性變得更高，這有時被稱為相關性崩潰（*correlation breakdown*）。我們將會評估危機的影響來檢查這種現象，為此，我們將使用 2017-2018 年間發生的危機。然而，危機的確切開始和結束日期對於進行此分析是必要的；我們將從會公佈商業週期的美國全國經濟研究所（National Bureau of Economic Research, NBER）來獲得此資訊。[2]

結果證實，相關性以及 VaR 在危機期間變得更高。

現在，我們設法使用去雜訊共變異數矩陣來代替我們直接從資料計算出來的經驗矩陣以獲得基於 ML 的 VaR。儘管 VaR 具有吸引力和易用性，但它並不是一個一貫的（coherent）風險度量，而那需要滿足某些條件或公理。您可以將這些公理視為風險度量的技術需求。

令 $\alpha \in (0, 1)$ 為固定的信賴水準，$(\omega, \mathscr{F}, P)$ 為機率空間，其中 ω 表示樣本空間，$\mathscr{F}$ 表示樣本空間的子集合，P 為機率度量。

 舉例來說，假設 ω 是拋硬幣時所有可能結果的集合，$\omega = \{H, T\}$。$\mathscr{F}$ 可以視為拋兩次硬幣，$\mathscr{F} = 2^{\omega} = 2^2$。最後，機率度量 P 是得到反面的機率 (0.5)。

以下是一貫的風險度量的四個公理：

平移不變性（*translation invariance*）

　　對於所有結果 Y 和常數 $a \in \mathbb{R}$，我們會得到

　　　　$VaR(Y + a) = VaR(Y) + a$

　　這意味著如果將無風險金額 a 添加到投資組合中，則會導致 VaR 降低 a。

次可加性（*subadditivity*）

　　對於所有的 Y_1 和 Y_2，我們可以得到

　　　　$VaR(Y_1 + Y_2) \le VaR(Y_1) + VaR(Y_2)$

這一公理強調了風險管理中多樣化的重要性。將 Y_1 和 Y_2 視為兩種資產：如果它們都包含在投資組合中，這會導致 VaR 比分別擁有它們時的 VaR 還低。讓我們檢查 VaR 是否滿足次可加性假設：

2　相關詳細資訊請參閱 NBER 的網站（*https://oreil.ly/07s71*）。

```
In [43]: asset1 = [-0.5, 0, 0.1, 0.4] ❶
         VaR1 = np.percentile(asset1, 90)
         print('VaR for the Asset 1 is {:.4f}'.format(VaR1))
         asset2 = [0, -0.5, 0.01, 0.4] ❷
         VaR2 = np.percentile(asset2, 90)
         print('VaR for the Asset 2 is {:.4f}'.format(VaR2))
         VaR_all = np.percentile(asset1 + asset2, 90)
         print('VaR for the portfolio is {:.4f}'.format(VaR_all))
         VaR for the Asset 1 is 0.3100
         VaR for the Asset 2 is 0.2830
         VaR for the portfolio is 0.4000

In [44]: asset1 = [-0.5, 0, 0.05, 0.03] ❶
         VaR1 = np.percentile(asset1, 90)
         print('VaR for the Asset 1 is {:.4f}'.format(VaR1))
         asset2 = [0, -0.5, 0.02, 0.8] ❷
         VaR2 = np.percentile(asset2,90)
         print('VaR for the Asset 2 is {:.4f}'.format(VaR2))
         VaR_all = np.percentile(asset1 + asset2 , 90)
         print('VaR for the portfolio is {:.4f}'.format(VaR_all))
         VaR for the Asset 1 is 0.0440
         VaR for the Asset 2 is 0.5660
         VaR for the portfolio is 0.2750
```

❶ 第一項資產的資產報酬

❷ 第二項資產的資產報酬

事實證明，投資組合的 VaR 小於單一 VaR 的總和，由於透過多樣化可以緩解風險，因此這並沒有任何意義。說的更詳細點，透過多樣化，投資組合的 VaR 應該要低於單一 VaR 的總和，因為多樣化降低了風險，進而降低了投資組合的 VaR。

正同質性（*positive homogeneity*）

對於所有的結果 Y 以及 $a > 0$，我們可以得到

$$VaR(aY) = aVaR(Y)$$

這意味著投資組合的風險和價值是同步的 —— 也就是說，如果投資組合的價值增加 a 的量，那麼風險也會增加 a。

單調性（*monotonicity*）

對於任意兩個結果 Y_1 和 Y_2，如果 $Y_1 \leq Y_2$，則：

$$VaR(Y_2) \leq VaR(Y_1)$$

一開始這似乎令人費解，但其實它很直覺，因為在某種意義上，單調性意味著在較高資產報酬的情況下會得到較低的 VaR。

我們現在知道 VaR 不是一個一貫的風險度量。然而，VaR 並不是我們估計市場風險的唯一工具。預期損失是另一種一貫的市場風險度量。

預期損失

與 VaR 不同，ES 關注的是分佈的尾部。更具體的說，ES 讓我們能夠考慮市場中的非預期風險。然而，這並不意味著 ES 和 VaR 是兩個完全不同的概念。相反地，它們是相關的——也就是說，我們可以使用 VaR 來表達 ES。

假設損失分佈是連續的；那麼 ES 在數學上可以定義為：

$$ES_\alpha = \frac{1}{1-\alpha}\int_\alpha^1 q_u du$$

其中 q 表示損失分佈的分位數（quantile）。ES 公式表明它只是 $(1 - \alpha)\%$ 損失的機率加權平均值。

讓我們用 VaR 來替代 q_u，得到以下等式：

$$ES_\alpha = \frac{1}{1-\alpha}\int_\alpha^1 VaR_u du$$

另一種寫法是，它是超過 VaR 的損失的平均值：

$$ES_\alpha = \mathsf{E}\big(L \,|\, L > VaR_\alpha\big)$$

損失分佈可以是連續的或離散的，正如您可以想像的到的那樣，如果採用離散形式，則 ES 會有所不同，使得

$$ES_\alpha = \frac{1}{1-\alpha}\sum_{n=0}^1 \max(L_n)\,\Pr(L_n)$$

其中 $max(L_n)$ 表示第 n 高的損失，而 $\Pr(L_n)$ 表示第 n 高損失的機率。在程式碼中，我們可以將其表述為：

```
In [45]: def ES_parametric(initial_investment , conf_level):
             alpha = - norm.ppf(1 - conf_level,stocks_returns_mean,port_std)
             for i, j in zip(stocks.columns, range(len(stocks.columns))):
```

```
                        VaR_param = (initial_investment * alpha)[j] ❶
                        ES_param = (1 / (1 - conf_level)) \
                                    * initial_investment \
                                    * norm.expect(lambda x: x,
                                                  lb = norm.ppf(conf_level,
                                                                stocks_returns_mean[j],
                                                                port_std),
                                                  loc = stocks_returns_mean[j],
                                                  scale = port_std) ❷
                        print(f"Parametric ES result for {i} is {ES_param}")

In [46]: ES_parametric(initial_investment, conf_level)
         Parametric ES result for IBM is 52776.42396231898
         Parametric ES result for MSFT is 54358.083277762125
         Parametric ES result for INTC is 52273.33281273264
```

❶ 估計變異數－共變異數的 VaR

❷ 給定信賴區間，根據 VaR 來估計 ES

ES 也可以根據歷史觀察值來進行計算。與歷史模擬 VaR 方法一樣，我們可以放寬參數的假設。為了如此，會找到對應於 95% 的第一筆報酬（或損失），然後大於 95% 的觀測值的平均值提供了我們結果。

這是我們在程式碼中所做的：

```
In [47]: def ES_historical(initial_investment, conf_level):
             for i, j in zip(stocks_returns.columns,
                             range(len(stocks_returns.columns))):
                 ES_hist_percentile95 = np.percentile(stocks_returns.loc[:, i],
                                                      5) ❶
                 ES_historical = stocks_returns[str(i)][stocks_returns[str(i)] <=
                                                        ES_hist_percentile95]\
                                                        .mean() ❷
                 print("Historical ES result for {} is {:.4f} "
                       .format(i, initial_investment * ES_historical))

In [48]: ES_historical(initial_investment, conf_level)
         Historical ES result for IBM is -64802.3898
         Historical ES result for MSFT is -65765.0848
         Historical ES result for INTC is -88462.7404
```

❶ 計算報酬的 95%

❷ 根據歷史觀察值來估計 ES

到目前為止，我們已經瞭解了如何以傳統方式對預期損失進行建模。現在，是時候引入一種基於 ML 的方法來進一步提高 ES 模型的估計效能和可靠性了。

流動性擴增的預期損失

如前所述，ES 為我們提供了一種一貫的風險度量來衡量市場風險。然而，儘管我們將金融風險區分為市場風險、信用風險、流動性風險和營運風險，但這並不一定意味著這些風險彼此之間完全無關。相反地，它們在某種程度上是相關的。也就是說，一旦金融危機衝擊市場時，市場風險會隨著信貸額度的下降而激增，進而增加流動性風險。

Antoniades（2014, p. 6）支持這一事實，指出：

> 流動資產的公共池是流動性風險影響抵押信貸供給的資源限制。
>
> 在 2007-2008 年金融危機期間，銀行融資狀況的主要壓力來源來自於批發融資市場的融資流動性不足。

忽視風險的流動性維度可能導致低估了市場風險。因此，增加流動性風險的 ES 可能會做出更準確和可靠的估計。好吧，這聽起來很吸引人，但我們如何才能找到流動性的代理呢？

在文獻中，買賣價差度量通常用於對流動性進行建模。簡而言之，買賣價差（*bid-ask spread*）是買方願意支付的最高可用價格（買入價）與賣方願意接受的最低價格（賣出價）之間的差額。因此買賣價差提供了衡量交易成本的工具。

 流動性（liquidity）可以定義為在很短的時間內出售資產而不會對市場價格產生重大影響的交易的容易程度。流動性有兩個主要度量：

市場流動性（*market liquidity*）
資產交易的難易程度。

資金流動性（*funding liquidity*）
投資者獲得資金的難易程度。

第 7 章中將更詳細的討論流動性及其帶來的風險。

就買賣價差而言，它是交易成本的一個很好的指標，它也是流動性的一個很好的代理，因為交易成本是流動性的成分之一。價差可以根據其焦點而以多種方式定義。以下是我們將會用來將流動性風險納入 ES 模型的買賣價差：

有效價差（effective spread）

有效價差 $= 2|(P_t - P_{mid})|$

其中 P_t 是時間 t 的交易價格，P_{mid} 是發生在時間 t 的買賣報價的中間點（$(P_{ask} - P_{bid}) / 2$）。

相對報價價差（proportional quoted spread）

相對報價價差 $= (P_{ask} - P_{bid})/P_{mid}$

其中 P_{ask} 是賣價，P_{bid} 和 P_{mid} 分別是買價和中間價。

報價價差（quoted spread）

報價價差 $= P_{ask} - P_{bid}$

相對有效價差（proportional effective spread）

相對有效價差 $= 2(|P_t - P_{mid}|)/P_{mid}$

有效成本

當交易以高於報價中間價的價格執行時，就會發生買方發起的（buyer-initiated）交易。同樣的，當交易以低於報價的中間價的價格執行時，就會發生賣方發起的（seller initiated）交易。然後，我們可以將有效成本（effective cost）描述如下：

$$有效成本 = \begin{cases} (P_t - P_{mid})/P_{mid} & 當買方發起時 \\ (P_{mid} - P_t)/P_{mid} & 當賣方發起時 \end{cases}$$

現在我們需要找到一種方法將這些買賣價差納入 ES 模型，以便我們能夠考量流動性風險和市場風險。我們將採用兩種不同的方法來完成這項任務。我們將使用的第一種方法是採用 Chordia 等人（2000）以及 Pástor 和 Stambaugh（2003）所建議的買賣價差的橫截面平均值（cross-sectional mean）。第二種方法是應用 Mancini 等人（2013）提出的主成分分析（principal component analysis, PCA）。

橫截面平均值其實就是買賣價差的逐行平均。使用這種方法，我們能夠產生一個衡量整個市場流動性的指標。平均公式如下：

$$L_{M,t} = \frac{1}{N} \Sigma_i^N L_{i,t}$$

其中 $L_{M,t}$ 是市場流動性度量，$L_{i,t}$ 是個體流動性度量，在我們的例子中就是買賣價差。然後我們可以計算

$$ES_L = ES + 流動性成本$$

$$ES_L = \frac{1}{1-\alpha}\int_\alpha^1 VaR_u du + \frac{1}{2}P_{last}(\mu + k\sigma)$$

其中

- P_{last} 是收盤價

- μ 是價差的平均值

- k 是適應肥尾的縮放因子

- σ 是價差的標準差

要將這些方法轉換為程式碼，我們將執行以下動作：

```
In [49]: bid_ask = pd.read_csv('bid_ask.csv') ❶

In [50]: bid_ask['mid_price'] = (bid_ask['ASKHI'] + bid_ask['BIDLO']) / 2 ❷
         buyer_seller_initiated = []
         for i in range(len(bid_ask)):
             if bid_ask['PRC'][i] > bid_ask['mid_price'][i]: ❸
                 buyer_seller_initiated.append(1) ❹
             else:
                 buyer_seller_initiated.append(0) ❺

         bid_ask['buyer_seller_init'] = buyer_seller_initiated

In [51]: effective_cost = []
         for i in range(len(bid_ask)):
             if bid_ask['buyer_seller_init'][i] == 1:
                 effective_cost.append((bid_ask['PRC'][i] -
                                        bid_ask['mid_price'][i]) /
                                        bid_ask['mid_price'][i]) ❻
             else:
                 effective_cost.append((bid_ask['mid_price'][i] -
                                        bid_ask['PRC'][i])/
```

```
                                        bid_ask['mid_price'][i]) ❼
          bid_ask['effective_cost'] = effective_cost

In [52]: bid_ask['quoted'] = bid_ask['ASKHI'] - bid_ask['BIDLO'] ❽
          bid_ask['prop_quoted'] = (bid_ask['ASKHI'] - bid_ask['BIDLO']) /\
                              bid_ask['mid_price'] ❽
          bid_ask['effective'] = 2 * abs(bid_ask['PRC'] - bid_ask['mid_price']) ❽
          bid_ask['prop_effective'] = 2 * abs(bid_ask['PRC'] -
                                     bid_ask['mid_price']) /\
                                     bid_ask['PRC'] ❽

In [53]: spread_meas = bid_ask.iloc[:, -5:]
          spread_meas.corr()
Out[53]:                  effective_cost    quoted  prop_quoted   effective  \
          effective_cost        1.000000  0.441290     0.727917    0.800894
          quoted                0.441290  1.000000     0.628526    0.717246
          prop_quoted           0.727917  0.628526     1.000000    0.514979
          effective             0.800894  0.717246     0.514979    1.000000
          prop_effective        0.999847  0.442053     0.728687    0.800713

                            prop_effective
          effective_cost          0.999847
          quoted                  0.442053
          prop_quoted             0.728687
          effective               0.800713
          prop_effective          1.000000

In [54]: spread_meas.describe()
Out[54]:       effective_cost       quoted  prop_quoted    effective  prop_effective
      count    756.000000   756.000000   756.000000   756.000000      756.000000
      mean       0.004247     1.592583     0.015869     0.844314        0.008484
      std        0.003633     0.921321     0.007791     0.768363        0.007257
      min        0.000000     0.320000     0.003780     0.000000        0.000000
      25%        0.001517     0.979975     0.010530     0.300007        0.003029
      50%        0.003438     1.400000     0.013943     0.610000        0.006874
      75%        0.005854     1.962508     0.019133     1.180005        0.011646
      max        0.023283     8.110000     0.055451     6.750000        0.047677

In [55]: high_corr = spread_meas.corr().unstack()\
                    .sort_values(ascending=False).drop_duplicates() ❾
          high_corr[(high_corr > 0.80) & (high_corr != 1)] ❿
Out[55]: effective_cost  prop_effective    0.999847
          effective       effective_cost    0.800894
          prop_effective  effective         0.800713
          dtype: float64

In [56]: sorted_spread_measures = bid_ask.iloc[:, -5:-2]
```

```
In [57]: cross_sec_mean_corr = sorted_spread_measures.mean(axis=1).mean() ⓫
         std_corr = sorted_spread_measures.std().sum() / 3 ⓬

In [58]: df = pd.DataFrame(index=stocks.columns)
         last_prices = []
         for i in symbols:
             last_prices.append(stocks[i].iloc[-1]) ⓭
         df['last_prices'] = last_prices

In [59]: def ES_parametric(initial_investment, conf_level):
             ES_params = [ ]
             alpha = - norm.ppf(1 - conf_level, stocks_returns_mean, port_std)
             for i,j in zip(stocks.columns,range(len(stocks.columns))):
                 VaR_param = (initial_investment * alpha)[j]
                 ES_param = (1 / (1 - conf_level)) \
                             * norm.expect(lambda x: VaR_param, lb = conf_level)
                 ES_params.append(ES_param)
             return ES_params

In [60]: ES_params = ES_parametric(initial_investment, conf_level)
         for i in range(len(symbols)):
             print(f'The ES result for {symbols[i]} is {ES_params[i]}')
         The ES result for IBM is 145760.89803654602
         The ES result for MSFT is 140349.84772375744
         The ES result for INTC is 147482.03450111256

In [61]: k = 1.96

         for i, j in zip(range(len(symbols)), symbols):
             print('The liquidity Adjusted ES of {} is {}'
                     .format(j, ES_params[i] + (df.loc[j].values[0] / 2) *
                             (cross_sec_mean_corr + k * std_corr))) ⓮
         The liquidity Adjusted ES of IBM is 145833.08767607837
         The liquidity Adjusted ES of MSFT is 140477.40110495212
         The liquidity Adjusted ES of INTC is 147510.60526566216
```

❶ 匯入 bid_ask 資料

❷ 計算中間價

❸ 為買方和賣方發起的交易定義條件

❹ 如果上述條件成立,則傳回 1,並將其附加到 buyer_seller_initiated 串列中

❺　如果上述條件不成立，則傳回 0，並附加到 buyer_seller_initiated 串列中

❻　如果 buyer_seller_initiated 變數的值為 1，則執行對應的有效成本公式

❼　如果 buyer_seller_initiated 變數的值為 0，則執行對應的有效成本公式

❽　計算報價、相對報價、有效、相對有效價差

❾　獲取相關性矩陣並逐行列出它們

❿　整理出大於 80% 的相關性

⓫　計算價差度量的橫截面平均值

⓬　獲得價差的標準差

⓭　從 stocks 資料中過濾出最後觀察到的股票價格

⓮　估計經流動性調整後的 ES

PCA 是一種用於降低維度的方法。它是用來使用盡可能少的組件來萃取盡可能多的資訊。如果我們以圖 5-4 為例，在五個特徵中，我們可能只會選擇其中兩個組件。因此，我們是以丟失資訊為代價來降低維度，因為我們根據選出來的切斷（cut-off）點，來選擇組件的數量並丟失了我們沒選擇的組件所包含的資訊。

更具體的說，在圖 5-4 中變得較平坦的點意味著我們保留的資訊較少，這就是 PCA 的切斷點。然而，這並不是一個簡單的決定，因為在切斷點和保留的資訊之間需要進行取捨。一方面，切斷點越高（我們擁有的組件數量越多），我們保留的資訊越多（我們減少的維度會越少）。另一方面，切斷點越低（我們擁有的組件數量越少），我們保留的資訊就越少（我們減少的維度就越高）。獲得更平坦的陡坡圖並不是選擇組件的合適數量的唯一標準，那麼選擇組件的合適數量的可能標準是什麼呢？以下是 PCA 可能的切斷準則：

- 大於 80% 的已解釋變異數

- 超過一個特徵值

- 陡坡圖變得更平坦的點

請注意，流動性調整也可以應用於 VaR。同樣的程序也適用於 VaR。
數學上，

$$VaR_L = \sigma_p \sqrt{t} Z_\alpha + \frac{1}{2} P_{last}(\mu + k\sigma)$$

這個應用程式留給讀者來完成。

然而，降低維度並不是我們唯一可以利用的東西。在這個例子中，我們應用 PCA
是為了獲得流動性的特殊特徵，因為 PCA 會幫我們過濾出資料中最重要的資訊：

```
In [62]: from sklearn.decomposition import PCA
         from sklearn.preprocessing import StandardScaler

In [63]: scaler = StandardScaler()
         spread_meas_scaled = scaler.fit_transform(np.abs(spread_meas)) ❶
         pca = PCA(n_components=5) ❷
         prin_comp = pca.fit_transform(spread_meas_scaled) ❸

In [64]: var_expl = np.round(pca.explained_variance_ratio_, decimals=4) ❹
         cum_var = np.cumsum(np.round(pca.explained_variance_ratio_,
                                      decimals=4)) ❺
         print('Individually Explained Variances are:\n{}'.format(var_expl))
         print('=='*30)
         print('Cumulative Explained Variances are: {}'.format(cum_var))
         Individually Explained Variances are:
         [0.7494 0.1461 0.0983 0.0062 0.    ]
         ============================================================
         Cumulative Explained Variances are: [0.7494 0.8955 0.9938 1.    1.    ]

In [65]: plt.plot(pca.explained_variance_ratio_) ❻
         plt.xlabel('Number of Components')
         plt.ylabel('Variance Explained')
         plt.title('Scree Plot')
         plt.show()
In [66]: pca = PCA(n_components=2) ❼
         pca.fit(np.abs(spread_meas_scaled))
         prin_comp = pca.transform(np.abs(spread_meas_scaled))
         prin_comp = pd.DataFrame(np.abs(prin_comp), columns = ['Component 1',
                                                                'Component 2'])
         print(pca.explained_variance_ratio_*100)
         [65.65640435 19.29704671]

In [67]: def myplot(score, coeff, labels=None):
             xs = score[:, 0]
             ys = score[:, 1]
             n = coeff.shape[0]
```

```
             scalex = 1.0 / (xs.max() - xs.min())
             scaley = 1.0 / (ys.max() - ys.min())
             plt.scatter(xs * scalex * 4, ys * scaley * 4, s=5)
             for i in range(n):
                 plt.arrow(0, 0, coeff[i, 0], coeff[i, 1], color = 'r',
                           alpha=0.5)
                 if labels is None:
                     plt.text(coeff[i, 0], coeff[i, 1], "Var"+str(i),
                             color='black')
                 else:
                     plt.text(coeff[i,0 ], coeff[i, 1], labels[i],
                             color='black')

             plt.xlabel("PC{}".format(1))
             plt.ylabel("PC{}".format(2))
             plt.grid()

In [68]: spread_measures_scaled_df = pd.DataFrame(spread_meas_scaled,
                                        columns=spread_meas.columns)

In [69]: myplot(np.array(spread_measures_scaled_df)[:, 0:2],
             np.transpose(pca.components_[0:2,:]),
             list(spread_measures_scaled_df.columns)) ❽
       plt.show()
```

❶ 標準化價差度量

❷ 指明主成分的數量為 5

❸ 將主成分應用於 *spread_measures_scaled*

❹ 觀察五個主成分的已解釋變異數

❺ 觀察五個主成分的累積已解釋變異數

❻ 繪製陡坡圖（*scree plot*）（圖 5-4）

❼ 根據陡坡圖，決定 2 是我們的 PCA 分析中要使用的組件數量

❽ 繪製雙標圖（*biplot*）（圖 5-5）以觀察組件與特徵的關係

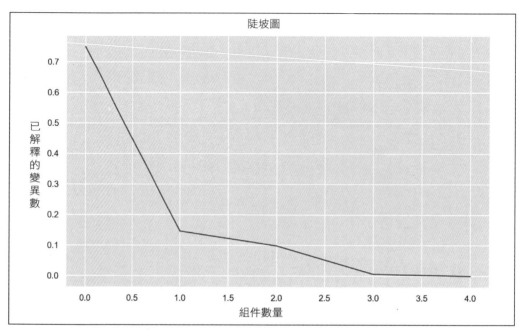

圖 5-4　PCA 陡坡圖

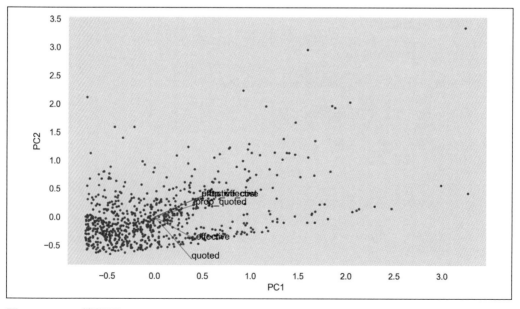

圖 5-5　PCA 雙標圖

我們現在擁有所有必要的資訊了，並且透過結合這些資訊，我們能夠計算經過流動性調整後的 ES。不出所料，以下的程式碼顯示，與標準 ES 應用程式相比，經過流動性調整的 ES 提供了更大的值。這意味著在我們的 ES 估計中包含流動性維度會導致更高的風險：

```
In [70]: prin_comp1_rescaled = prin_comp.iloc[:,0] * prin_comp.iloc[:,0].std()\
                             + prin_comp.iloc[:, 0].mean() ❶
         prin_comp2_rescaled = prin_comp.iloc[:,1] * prin_comp.iloc[:,1].std()\
                             + prin_comp.iloc[:, 1].mean() ❷
         prin_comp_rescaled = pd.concat([prin_comp1_rescaled,
                                         prin_comp2_rescaled],
                                        axis=1)

         prin_comp_rescaled.head()
Out[70]:    Component 1  Component 2
         0     1.766661     1.256192
         1     4.835170     1.939466
         2     3.611486     1.551059
         3     0.962666     0.601529
         4     0.831065     0.734612

In [71]: mean_pca_liq = prin_comp_rescaled.mean(axis=1).mean() ❸
         mean_pca_liq
Out[71]: 1.0647130086973815

In [72]: k = 1.96
         for i, j in zip(range(len(symbols)), symbols):
             print('The liquidity Adjusted ES of {} is {}'
                   .format(j, ES_params[i] + (df.loc[j].values[0] / 2) *
                           (mean_pca_liq + k * std_corr))) ❹
         The liquidity Adjusted ES of IBM is 145866.2662997893
         The liquidity Adjusted ES of MSFT is 140536.02510785797
         The liquidity Adjusted ES of INTC is 147523.7364940803
```

❶ 計算第一個主成分的流動性調整後 ES 公式的流動性部分

❷ 計算第二個主成分的流動性調整後 ES 公式的流動性部分

❸ 計算兩個主成分的橫截面平均值

❹ 估計流動性調整後的 ES

結論

市場風險一直受到密切關注，因為它讓我們知道公司會多容易受到市場事件所引發的風險的影響。在金融風險管理教科書中，常常會看到 VaR 和 ES 模型，這兩個模型在理論和實務中都是很突出且普遍應用的模型。在本章中，在介紹了這些模型之後，我們引入了模型以重新審視和改進模型的估計。為此，我們首先嘗試以雜訊和信號兩種形式來區分資訊流，這個過程稱為去雜訊。然後，我們採用去雜訊共變異數矩陣來改進 VaR 的估計。

接下來，我們討論了將 ES 模型當作是一貫的風險度量。我們用來改進此模型的方法是基於流動性的方法，透過該方法，我們重新審視了 ES 模型並使用流動性成分對其進行了擴增，以便在估計 ES 時考慮流動性風險。

要進一步改進市場風險的估計是可能的，但我們的目標是給出一個整體概念和必要的工具，以為基於機器學習的市場風險方法提供良好的基礎。但是，您還可以更進一步並應用不同的工具。在下一章中，我們將討論巴塞爾銀行監管委員會（Basel Committee on Banking Supervision, BCBS）等監管機構所建議的信用風險建模，然後使用基於機器學習的方法來豐富該模型。

參考文獻

本章引用的論文：

Antoniades, Adonis. 2016. "Liquidity Risk and the Credit Crunch of 2007-2008: Evidence from Micro-Level Data on Mortgage Loan Applications." *Journal of Financial and Quantitative Analysis* 51 (6): 1795-1822.

Bzdok, D., N. Altman, and M. Krzywinski. 2018. "Points of Significance: Statistics Versus Machine Learning." *Nature Methods* 15 (4): 233-234.

BIS, Calculation of RWA for Market Risk, 2020.

Chordia, Tarun, Richard Roll, and Avanidhar Subrahmanyam. 2000. "Commonality in Liquidity." *Journal of Financial Economics* 56 (1): 3-28.

Mancini, Loriano, Angelo Ranaldo, and Jan Wrampelmeyer. 2013. "Liquidity in the Foreign Exchange Market: Measurement, Commonality, and Risk Premiums." *The Journal of Finance* 68 (5): 1805-1841.

Pástor, Ľuboš, and Robert F. Stambaugh. 2003. "Liquidity Risk and Expected Stock Returns." *Journal of Political Economy* 111 (3): 642-685.

本章引用的書籍：

Dowd, Kevin. 2003. *An Introduction to Market Risk Measurement*. Hoboken, NJ: John Wiley and Sons.

Glasserman, Paul. *Monte Carlo Methods in Financial Engineering*. 2013. Stochastic Modelling and Applied Probability Series, Volume 53. New York: Springer Science & Business Media.

M. López De Prado. 2020. *Machine Learning for Asset Managers*. Cambridge: Cambridge University Press.

第六章

信用風險估計

> 儘管對市場風險的研究比較徹底，但大部分的銀行經濟資本通常是用在信用風險上。因此，信用風險計量、分析和管理的傳統標準方法的複雜性可能與其意義不符。
>
> — Uwe Wehrspohn（2002）

金融機構的主要作用是創造一個管道，讓資金從盈餘的實體轉移到赤字的實體。因此，金融機構確保了金融體系中的資本配置，以及換取這些交易以獲得利潤。

然而，金融機構需要處理一個重要的風險，那就是信用風險。這是一個巨大的風險，如果沒有它，資本配置可能會成本更低且效率更高。信用風險（*credit risk*）是借款人無法償還債務時所產生的風險。換句話說，當借款人違約時，他們無法償還債務，從而讓金融機構造成損失。

信用風險及其目標可以用更正式的方式定義（BCBS 和 BIS 2000）：

> 信用風險最簡單的定義為銀行借款人或交易對手無法按照約定條款來履行義務的可能性。信用風險管理的目標是透過將信用風險曝險保持在可接受的參數範圍內來最大化銀行的依風險調整後報酬率。

估計信用風險是一項艱鉅的任務，以至於監管機構巴塞爾（Basel）密切關注金融市場的最新發展，並制定法規以加強銀行的資本要求。對銀行要有嚴格的資本要求的重要性在於，銀行應該在動盪時期擁有資本上的緩衝。

政策制定者一致認為，金融機構應該要有最低資本要求，以確保金融體系的穩定，一系列違約可能會導致金融市場崩潰，因為金融機構間互相提供了抵押品。在 2007 年至 2008 年的抵押貸款危機期間，那些尋求解決這一資本要求的方法的人飽受教訓（*https://oreil.ly/OjDw9*）。

當然，確保至少有最低資本要求對金融機構來說是一種負擔，因為資本是一種資產，它們無法引導赤字實體來獲利。因此，管理信用風險相當於有利可圖和有效率的交易。

在這方面，本章展示了如何使用尖端的機器學習模型來估計信用風險。我們從信用風險的理論背景開始討論。不用說，信用風險分析有很多主題，但我們只關注違約機率以及如何導入 ML 方法來估計違約機率。為了如此，我們將透過分群方法對客戶進行切割，以便模型可以個別的擬合此資料。從不同客戶群的信用風險資料分佈會變化的這層意義上說，這樣的作法提供了更好的擬合結果。給定所獲得的群集，本章將引入包括貝氏方法在內的機器學習和深度學習模型，來對信用風險進行建模。

估計信用風險

除了違約機率（也就是借款人未能償還債務的可能性）之外，信用風險還具有三個定義它的特徵：

曝險（*exposure*）

這是指可能違約或履約能力發生不利變化的一方。

似然（*likelihood*）

該方違約的可能性。

恢復率（*recovery rate*）

如果發生違約，可以取回多少。

BCBS 提出了全球金融信用管理標準，也就是**巴塞爾協議**（*Basel Accord*）。目前共有三個巴塞爾協議。1988 年巴塞爾協議 I 制定的最獨特的規則是，要求持有至少 8% 的依風險加權後資產的資本。

巴塞爾協議 I 包括了第一個資本計量系統，該系統是在拉丁美洲債務危機爆發後建立的（*https://oreil.ly/K15vs*）。在巴塞爾協議 I 中，將資產分類如下：

- 0% 無風險資產

- 20% 用於向其他銀行貸款

- 50% 用於住宅抵押貸款

- 100% 用於公司債務

1999 年，巴塞爾協議 II 基於三個主要支柱發布了對巴塞爾協議 I 的修訂：

- 最低資本要求，旨在制定和擴充 1988 年協議中規定的標準化規則

- 對機構的資本適足率（capital adequacy）和內部評估過程進行監督審查

- 有效利用披露作為加強市場紀律和鼓勵穩健銀行實務的槓桿

最後一個協議——也就是 2010 年的巴塞爾協議 III——的出現是無法避免的。隨著 2007-2008 年抵押貸款危機的加劇，它推出了一套新措施，以進一步加強流動性和治理不善的做法。例如，引入股權要求是為了防止金融系統在金融動盪和危機期間出現系列性的失敗，也就是**骨牌效應**（*domino effect*）。巴塞爾協議 III 所要求的銀行財務比率（financial ratio）請參見表 6-1。

表 6-1 巴塞爾協議 III 要求的財務比率

財務比率	公式
一級資本適足率 （tier 1 capital ratio）	$\dfrac{股本}{風險加權資產} >= 4.5\%$
槓桿比率 （leverage ratio）	$\dfrac{一級資本}{平均總資本} >= 3\%$
流動性覆蓋比率 （liquidity coverage ratio）	$\dfrac{優質流動資產存量}{未來30個日曆天的總淨現金流出} >= 100\%$

巴塞爾協議 II 建議銀行採用標準化方法或基於內部評級（internal ratings–based, IRB）的方法來估計信用風險。標準化方法超出了本書的範圍，感興趣的讀者可以參考 BIS 的〈信用風險標準化方法（Standardized Approach to Credit Risk）〉諮詢文件（*https://oreil.ly/0Mj7J*）。

現在讓我們來關注 IRB 方法；這種內部評估的關鍵參數是：

預期損失 = EAD × LGD × PD

其中 *PD* 是違約機率（probability of default），*LGD* 是違約時的預期損失（expected loss given default），其值是在 0 和 1 之間，*EAD* 則是違約曝險（exposure at default）。

估計信用風險最重要和最具挑戰性的部分是對違約機率進行建模，本章的目的主要是提出一個機器學習模型來解決這個問題。在繼續前進之前，在估計信用風險時，還有一個有時會被忽視或忽略的更重要的問題：風險分桶（*risk bucketing*）。

風險分桶

風險分桶只不過是將具有相似信譽的借款人進行分組。風險分桶的幕後故事是獲得同質性的群組或集群，以便我們更能正確的估計信用風險。用同樣的標準來對待不同風險的借款人，可能會導致預測結果不佳，因為該模型無法一次捕獲完全不同的資料特徵。因此，透過根據風險來將借款人分成不同的群組，風險分桶使我們能夠做出準確的預測。

風險分桶可以透過不同的統計方法來完成，但我們將應用分群（clustering）技術以使用 K-means 來得到同質性的群集。

我們生活在資料時代，但這並不一定意味著我們總能找到正在找尋的資料。相反地，如果不應用資料整理和清理技術，我們很難找到它。

當然，具有因變數的資料易於使用，也有助於我們獲得更準確的結果。然而，有時我們需要揭示資料的隱藏特徵——也就是說，如果借款人的風險尚未知時，我們應該想出一個解決方案，來根據他們的風險對他們進行分組。

分群是被提出來建立這些群組或**群集**（*cluster*）的方法。最佳的分群是具有在空間上彼此遠離的群集：

> 分群將資料實例分組為子集合，其特性為相似的實例會被分組在一起，而不同的實例則會屬於不同的群組。因此，這些實例被組織成一個有效率的表達法，而此表達法將表現出被採樣的總體的特性。
>
> — Rokach 和 Maimon（2005）

有不同的分群方法可以使用，但 K-means 演算法適合我們的目的，也就是為信用風險分析建立風險分桶。在 K-means 中，群集內的觀察值的距離是根據群集中心（即質心（*centroid*））來計算的。根據到質心的距離，觀察值被進行分群。這個距離可以透過不同的方法來測量。在其中，最知名的指標如下：

歐基里德（*Euclidean*）

$$\sqrt{\Sigma_{i=1}^{n}(p_i - q_i)^2}$$

閔可夫斯基（*Minkowski*）

$$\left(\Sigma_{i=1}^{n}|p_i - q_i|^p\right)^{1/p}$$

曼哈頓（*Manhattan*）

$$\sqrt{\Sigma_{i=1}^{n}|p_i - q_i|}$$

分群的目的是最小化質心和觀察值之間的距離，以便相似的觀察值被分在同一個群集上。這個邏輯建立在直覺上，也就是觀察值越相似，它們之間的距離就越小。所以我們正在尋求能夠最小化觀察值和質心之間的距離，另一種說法是，我們正在最小化質心和觀察值之間的平方誤差之和（sum of the squared error）：

$$\sum_{i=1}^{K}\sum_{x \in C_i}(C_i - x)^2$$

其中 x 是觀察值，C_i 是第 i 個群集的質心。然而，考慮到觀察值的數量和群集的組合，搜尋區域可能會太大而無法處理。這聽起來可能令人生畏，但請不要擔心：我們的分群背後有著期望最大化（*expectation-maximization, E-M*）演算法。由於 K-means 沒有閉合解，因此我們會尋找一個近似的解，而 E-M 則提供了這個解。在 E-M 演算法中，E 是指將觀察值指派到最近的質心，M 表示透過更新參數來完成資料產生的程序。

在 E-M 演算法中，觀察值和質心之間的距離被以迭代的方式進行最小化。該演算法的工作原理如下：

1. 選擇 k 個隨機點作為質心。

2. 根據所選的距離度量，計算觀察值與 n 個質心之間的距離。根據這些距離，將每個觀察值指派給最靠近的群集。

3. 根據指派結果更新的群集中心。

4. 重複步驟 2 的過程,直到質心不變為止。

現在,我們使用 K-means 分群來進行風險分桶。這裡將採用不同的技術來確定群集的最佳數量。首先,我們使用基於慣性(*inertia*)的手肘法(*elbow method*)。

慣性的計算為觀察值到其最近質心的距離平方和。其次,導入剪影分數(*Silhouette score*)以作為確定最佳群集數量的工具。它的值介於 1 和 -1 之間。值是 1 表示觀察值接近正確的質心並被正確分類。但是,-1 則表示觀察值未被正確的分群。剪影分數的強度取決於群集內(intracluster)距離和群集間(intercluster)距離。剪影分數的公式如下:

$$剪影分數 = \frac{x - y}{\max(x, y)}$$

其中 x 是群集之間的平均集群間距離,y 是平均集群內距離。

第三種方法是 *Calinski-Harabasz*(*CH*),稱為變異數比率準則(*variance ratio criterion*)。CH 方法的公式如下:

$$CH = \frac{SS_B}{SS_W} \times \frac{N - k}{k - 1}$$

其中 SS_B 表示群集間變異數,SS_W 表示群集內變異數,N 是觀察數,k 是群集數。給定此資訊,我們要尋求的是較高的 CH 分數,因為群集間方差(群集內方差)越大(越低)的話,就越有利於找到最佳群集數。

最後一種方法是差距分析(*gap analysis*)。Tibshirani 等人(2001)提出了一個獨特的想法,透過它我們能夠根據參考分佈來找到最佳的群集數量。遵照 Tibshirani 等人所使用的類似符號,令 d_{ii^e} 為 x_{ij} 和 $x_{i^e j}$ 之間的歐基里德距離,且令 C_r 為第 r 個群集,表示群集 r 中的觀測數:

$$\sum_j \left(x_{ij} - x_{i^e j} \right)^2$$

群集 r 中所有觀測值的逐對(pairwise)距離之和為:

$$D_r = \sum_{i, i^e \in C_r} d_{i, i^e}$$

群集內平方和 W_k 為：

$$W_k = \sum_{r=1}^{k} \frac{1}{2 n_r} D_r$$

其中 n 是樣本量，W_k 的期望是：

$$W_k = log(pn/12) - (2/p)log(k) + constant$$

其中 p 和 k 分別是維度和質心。讓我們使用德國信用風險資料來練習一下。資料來自 Kaggle 平台（*https://oreil.ly/4NgIy*），其中的變數說明如下：

- 年齡：數值

- 性別：男、女

- 工作：0：非技術人員且非居民，1：非技術人員且為居民，2： 技術人員，3：高級技術人員

- 住房：自有、出租、免費

- 儲蓄帳戶：很少、中等、小康、富有

- 支票帳戶：數值

- 信用額度：數值

- 承擔期間：數值

- 用途：汽車、家具 / 設備、收音機 / 電視、家用電器、維修、教育、商務、度假 / 其他

所估計的最佳群集將是會最大化差距統計的值，因為差距統計是不同 k 值的群集內總變化與其各自的空參考分佈下的期望值之間的差異。當我們獲得最高的差距值時結果就出來了。

在下面的程式碼區塊中，我們會匯入德國信用資料集並刪除不必要的行。資料集包括類別型（categorical）和數值型（numerical）資料，它們需要以不同的方式對待，而我們也會這樣做：

```
In [1]: import pandas as pd

In [2]: credit = pd.read_csv('credit_data_risk.csv')

In [3]: credit.head()
Out[3]:  Unnamed: 0  Age     Sex  Job Housing Saving accounts Checking account  \
       0          0   67    male    2    own             NaN           little

       1          1   22  female    2    own          little         moderate

       2          2   49    male    1    own          little              NaN

       3          3   45    male    2   free          little           little

       4          4   53    male    2   free          little           little

         Credit amount  Duration              Purpose  Risk

       0          1169         6             radio/TV  good

       1          5951        48             radio/TV  bad

       2          2096        12            education  good

       3          7882        42  furniture/equipment  good

       4          4870        24                  car  bad

In [4]: del credit['Unnamed: 0']  ❶
```

❶ 刪除名稱為 Unnamed: 0 的非必要行

匯總統計資訊會在下面的程式碼中給出。根據結果，客戶的平均年齡約為 35 歲，平均工作類型為技術人員，平均信用額度和承擔期間分別接近 3.271 和 21。此外，匯總統計資訊告訴我們，credit amount 變數顯示出如預期般的相對高的標準差。duration 和 age 變數具有非常相似的標準差，但承擔期間在更窄的區間內移動，因為其最小值和最大值分別為 4 和 72。由於 job 是一個離散變數，因此我們很自然的會期望它不會太離散，的確如此：

```
In [5]: credit.describe()
Out[5]:                Age          Job  Credit amount     Duration
        count  1000.000000  1000.000000    1000.000000  1000.000000
        mean     35.546000     1.904000    3271.258000    20.903000
        std      11.375469     0.653614    2822.736876    12.058814
        min      19.000000     0.000000     250.000000     4.000000
```

25%	27.000000	2.000000	1365.500000	12.000000
50%	33.000000	2.000000	2319.500000	18.000000
75%	42.000000	2.000000	3972.250000	24.000000
max	75.000000	3.000000	18424.000000	72.000000

接下來,我們將透過直方圖來檢視資料集中數值變數的分佈,結果顯示沒有一個變數是遵守常態分佈的。如以下程式碼所產生的圖 6-1 所示,age、credit amount、和 duration 變數呈正偏態(positively skewed)分佈:

```
In [6]: import matplotlib.pyplot as plt
        import seaborn as sns; sns.set()
        plt.rcParams["figure.figsize"] = (10,6)  ❶

In [7]: numerical_credit = credit.select_dtypes(exclude='O')  ❷

In [8]: plt.figure(figsize=(10, 8))
        k = 0
        cols = numerical_credit.columns
        for i, j in zip(range(len(cols)), cols):
            k +=1
            plt.subplot(2, 2, k)
            plt.hist(numerical_credit.iloc[:, i])
            plt.title(j)
```

❶ 設定固定的圖形大小

❷ 刪除物件型別變數以獲取所有數值型變數

圖 6-1 顯示了年齡、工作、信用額度和承擔期間變數的分佈。除了本身是離散變數的 job 變數之外,所有其他變數都具有偏態分佈。

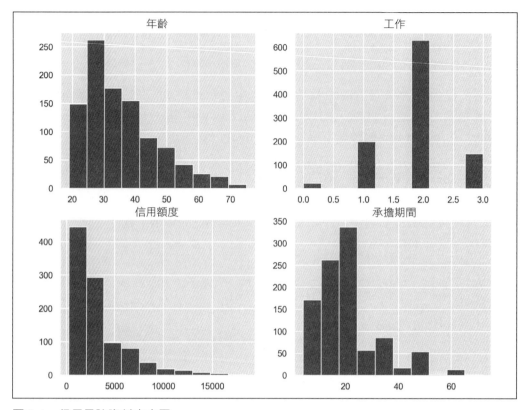

圖6-1　信用風險資料直方圖

我們所用的第一種方法，手肘法，在下面的程式碼片段和所生成的圖 6-2 中會進行介紹。為了找到最佳群集數，我們觀察曲線的斜率並確定曲線變平處 —— 也就是曲線的斜率變小 —— 的截斷點。當它變得更平坦時，會告訴我們群集內的點位於多遠時慣性就會減小，這對於群集來說是很好的。另一方面，當我們允許慣性減少時，群集的數量就會增加，這會使得分析更加複雜。考慮到這種取捨，停止的準則就是曲線變得更平坦時的點。用程式碼來說明如下：

```
In [9]: from sklearn.preprocessing import StandardScaler
        from sklearn.cluster import KMeans
        import numpy as np

In [10]: scaler = StandardScaler()
         scaled_credit = scaler.fit_transform(numerical_credit) ❶

In [11]: distance = []
         for k in range(1, 10):
```

```
            kmeans = KMeans(n_clusters=k) ❷
            kmeans.fit(scaled_credit)
            distance.append(kmeans.inertia_) ❸

  In [12]: plt.plot(range(1, 10), distance, 'bx-')
           plt.xlabel('k')
           plt.ylabel('Inertia')
           plt.title('The Elbow Method')
           plt.show()
```

❶ 為了縮放目的而應用標準化

❷ 執行 K-means 演算法

❸ 計算 inertia 並儲存到名為 distance 的串列中

圖 6-2 顯示，經過四個群集後曲線會變得更平坦。因此，手肘法建議我們在四個群集處停止。

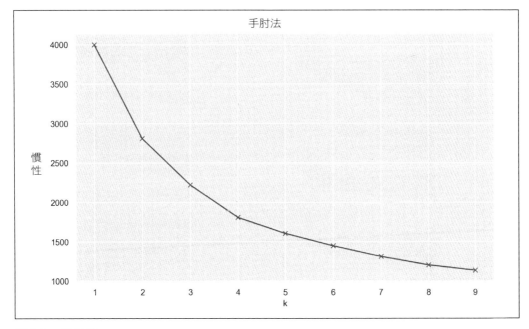

圖6-2　手肘法

下面的程式碼將生成圖 6-3，它會在 x 軸上顯示群集 2 到 10 的輪廓分數。給定由虛線表達的平均輪廓分數時，群集的最佳數量可以是二：

```
In [13]: from sklearn.metrics import silhouette_score ❶
         from yellowbrick.cluster import SilhouetteVisualizer ❷

In [14]: fig, ax = plt.subplots(4, 2, figsize=(25, 20))
         for i in range(2, 10):
             km = KMeans(n_clusters=i)
             q, r = divmod(i, 2) ❸
             visualizer = SilhouetteVisualizer(km, colors='yellowbrick',
                                               ax=ax[q - 1][r]) ❹
             visualizer.fit(scaled_credit)
             ax[q - 1][r].set_title("For Cluster_"+str(i))
             ax[q - 1][r].set_xlabel("Silhouette Score")
```

❶ 匯入 silhouette_score 模組以計算剪影分數

❷ 匯入 SilhouetteVisualizer 模組以繪製輪廓圖

❸ 使用 divmod 來配置標籤，因為它會傳回商（q）和餘數（r）

❹ 繪製輪廓分數

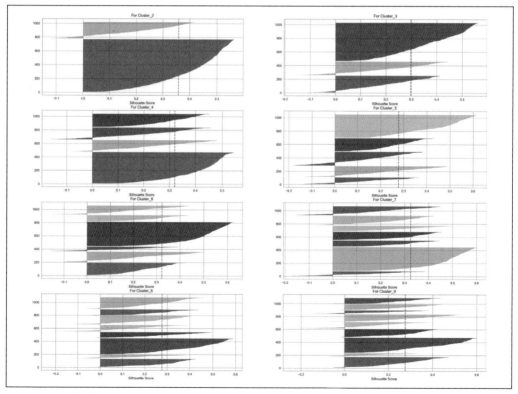

圖 6-3　剪影分數

如前所述，CH 方法是尋找最佳分群結果的便捷工具，下面的程式碼展示了我們如何在 Python 中使用該方法，結果如圖 6-4 所示。我們要尋找的是最高的 CH 分數，而我們將會看到它是從群集 2 中獲得的：

```
In [15]: from yellowbrick.cluster import KElbowVisualizer ❶
         model = KMeans()
         visualizer = KElbowVisualizer(model, k=(2, 10),
                                       metric='calinski_harabasz',
                                       timings=False) ❷
         visualizer.fit(scaled_credit)
         visualizer.show()
Out[]: <Figure size 576x396 with 0 Axes>
```

❶ 匯入 KElbowVisualizer 以繪製 CH 分數

❷ 視覺化 CH 度量

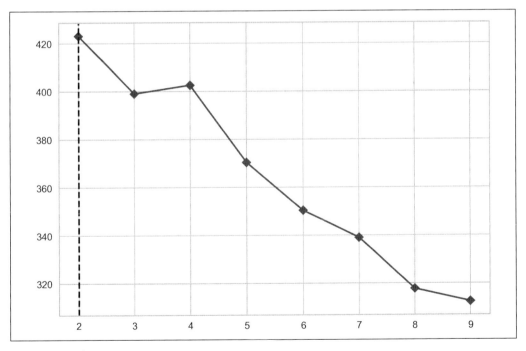

圖 6-4　CH法

圖 6-4 顯示肘部出現在第二個群集，指出停在兩個群集將是最佳的決策。

尋找最佳群集數的最後一步是差距分析，結果如圖 6-5：

```
In [16]: from gap_statistic.optimalK import OptimalK ❶

In [17]: optimalK = OptimalK(n_jobs=8, parallel_backend='joblib') ❷
         n_clusters = optimalK(scaled_credit, cluster_array=np.arange(1, 10)) ❸

In [18]: gap_result = optimalK.gap_df ❹
         gap_result.head()
Out[18]:    n_clusters  gap_value         gap*  ref_dispersion_std        sk  \
         0         1.0   0.889755  5738.286952           54.033596  0.006408
         1         2.0   0.968585  4599.736451          366.047394  0.056195
         2         3.0   1.003974  3851.032471           65.026259  0.012381
         3         4.0   1.044347  3555.819296          147.396138  0.031187
         4         5.0   1.116450  3305.617917           27.894622  0.006559

                    sk*      diff        diff*
         0  6626.296782 -0.022635  6466.660374
         1  5328.109873 -0.023008  5196.127130
         2  4447.423150 -0.009186  4404.645656
         3  4109.432481 -0.065543  4067.336067
         4  3817.134689  0.141622  3729.880829

In [19]: plt.plot(gap_result.n_clusters, gap_result.gap_value)
         min_ylim, max_ylim = plt.ylim()
         plt.axhline(np.max(gap_result.gap_value), color='r',
                     linestyle='dashed', linewidth=2)
         plt.title('Gap Analysis')
         plt.xlabel('Number of Cluster')
         plt.ylabel('Gap Value')
         plt.show()
```

❶ 匯入用於計算差距統計的 OptimalK 模組

❷ 使用平行化來執行差距統計

❸ 根據差距統計來識別群集的數量

❹ 儲存差距分析的結果

我們在圖 6-5 中觀察到急遽增加的現象直到差距值達到峰值的那個點，分析建議在我們停在最大值處，因為那就是最佳群集數。在此案例中，我們在群集 5 處找到此值，因此這就是截斷點。

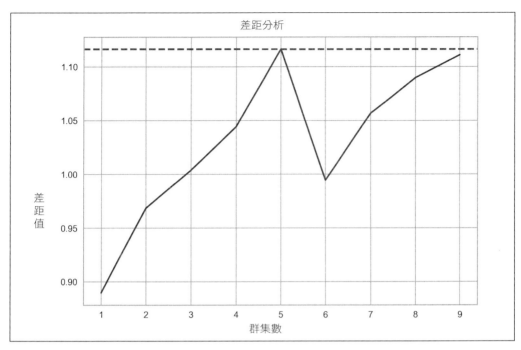

圖6-5　差距分析

根據這些討論，我們選擇兩個群集作為最佳群集數，並據此進行 K-means 分群分析。為了說明，在給定分群分析的情況下，讓我們使用以下程式碼來視覺化二維群集，並得到圖 6-6：

```
In [20]: kmeans = KMeans(n_clusters=2)
         clusters = kmeans.fit_predict(scaled_credit)

In [21]: plt.figure(figsize=(10, 12))
         plt.subplot(311)
         plt.scatter(scaled_credit[:, 0], scaled_credit[:, 2],
                     c=kmeans.labels_, cmap='viridis')
         plt.scatter(kmeans.cluster_centers_[:, 0],
                     kmeans.cluster_centers_[:, 2], s = 80,
                     marker= 'x', color = 'k')
         plt.title('Age vs Credit')
         plt.subplot(312)
         plt.scatter(scaled_credit[:, 0], scaled_credit[:, 2],
                     c=kmeans.labels_, cmap='viridis')
         plt.scatter(kmeans.cluster_centers_[:, 0],
                     kmeans.cluster_centers_[:, 2], s = 80,
                     marker= 'x', color = 'k')
         plt.title('Credit vs Duration')
```

```
plt.subplot(313)
plt.scatter(scaled_credit[:, 2], scaled_credit[:, 3],
            c=kmeans.labels_, cmap='viridis')
plt.scatter(kmeans.cluster_centers_[:, 2],
            kmeans.cluster_centers_[:, 3], s = 120,
            marker= 'x', color = 'k')
plt.title('Age vs Duration')
plt.show()
```

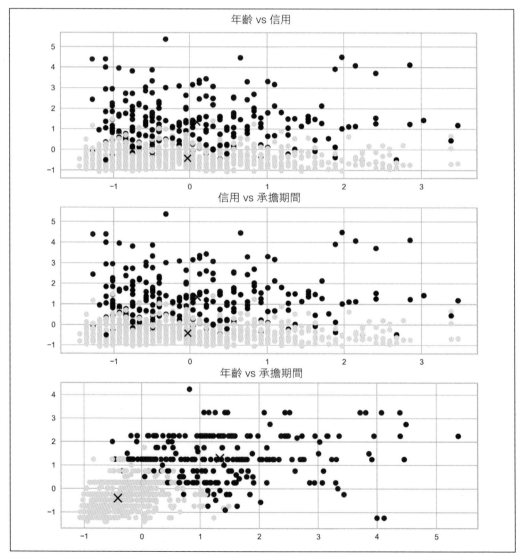

圖 6-6　K-means 分群

圖 6-6 顯示了觀察值的行為，叉號 x 表示群集的中心，也就是質心。年齡是比較分散的資料，age 變數的質心位於 credit 變數的上方。圖 6-6 的第二個子圖中顯示了兩個連續變數，也就是 credit 和 duration，我們在其中觀察到明顯分離的群集。該圖表明，與信用變數相比，承擔期間變數的波動率更大。在最後一個子圖中，透過散佈分析檢查 age 和 duration 之間的關係。事實證明，這兩個變數有許多重疊的觀察值。

使用羅吉斯迴歸估計違約機率

獲得群集後，我們就能夠以相同的方式來對待具有相似特徵的客戶 —— 也就是說，如果提供了具有相似分佈的資料，模型會以更容易和更穩定的方式進行學習。相反地，使用來自整個樣本的所有客戶可能會導致預測不佳且不穩定。

本節終極目標是使用貝氏估計來計算違約機率，但為了比較，我們首先看一下羅吉斯迴歸（logistic regression）[1]。

羅吉斯迴歸是一種分類演算法，被廣泛應用於金融行業上。換句話說，它提出了一種分類問題的迴歸方法。羅吉斯迴歸想要在考慮一些自變數的情況下預測離散的輸出。

令 X 為自變數集合，Y 為二元（或多元）輸出。那麼，條件機率變成：

$$\Pr (Y = 1 | X = x)$$

這可以理解成：當給定 X 的值時，Y 為 1 的機率是多少？由於羅吉斯迴歸的因變數屬於機率類型，我們需要確保因變數的值一定要落在 0 到 1 之間。

為了這個目標，我們應用了一種稱為羅吉斯轉換（*logistic (logit) transformation*）的修改，此轉換其實只是勝算比（odds ratio, p / 1 - p）的對數：

$$log\left(\frac{p}{1-p}\right)$$

羅吉斯迴歸模型的形式如下：

$$log\left(\frac{p}{1-p}\right) = \beta_0 + \beta_1 x$$

1　執行羅吉斯迴歸以初始化貝氏估計中的先驗結果很有用。

求解 p 可得到：

$$p = \frac{e^{\beta_0 + \beta_1 x}}{1 + e^{\beta_0 + \beta_1 x}}$$

讓我們從準備資料來開始我們的應用程式。首先，我們將群集區分為 0 和 1。信用資料中有一個名為 risk 的行，表示客戶的風險等級。接下來，檢視群集 0 和群集 1 中每種風險的觀察次數；結果顯示，群集 0 和群集 1 中分別有 571 和 129 個好客戶。以程式碼表達如下：

```
In [22]: clusters, counts = np.unique(kmeans.labels_, return_counts=True) ❶

In [23]: cluster_dict = {}
         for i in range(len(clusters)):
             cluster_dict[i] = scaled_credit[np.where(kmeans.labels_==i)] ❷

In [24]: credit['clusters'] = pd.DataFrame(kmeans.labels_) ❸

In [25]: df_scaled = pd.DataFrame(scaled_credit)
         df_scaled['clusters'] = credit['clusters']

In [26]: df_scaled['Risk'] = credit['Risk']
         df_scaled.columns = ['Age', 'Job', 'Credit amount',
                              'Duration', 'Clusters', 'Risk']

In [27]: df_scaled[df_scaled.Clusters == 0]['Risk'].value_counts() ❹
Out[27]: good    571
         bad     193
         Name: Risk, dtype: int64

In [28]: df_scaled[df_scaled.Clusters == 1]['Risk'].value_counts() ❺
Out[28]: good    129
         bad     107
         Name: Risk, dtype: int64
```

❶ 獲取群集編號

❷ 根據群集編號來區分群集並將它們儲存在名為 cluster_dict 的字典中

❸ 使用 K-means 標籤來建立 clusters 行

❹ 觀察群集內每個類別的觀察次數

❺ 找尋每個類別的觀察次數

接下來，我們繪製幾個長條圖來顯示每個風險等級類別的觀察次數的差異（圖 6-7 和 6-8）：

```
In [29]: df_scaled[df_scaled.Clusters == 0]['Risk'].value_counts()\
                                    .plot(kind='bar',
                                    figsize=(10, 6),
                                    title="Frequency of Risk Level");
In [30]: df_scaled[df_scaled.Clusters == 1]['Risk'].value_counts()\
                                    .plot(kind='bar',
                                    figsize=(10, 6),
                                    title="Frequency of Risk Level");
```

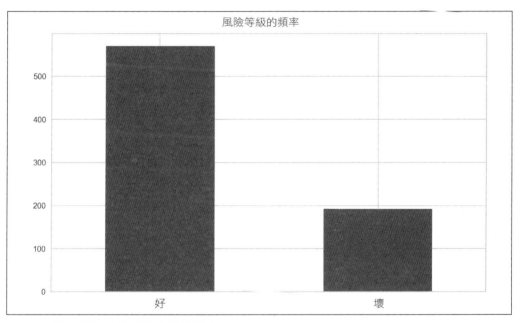

圖 6-7　第一個群集的風險等級的頻率

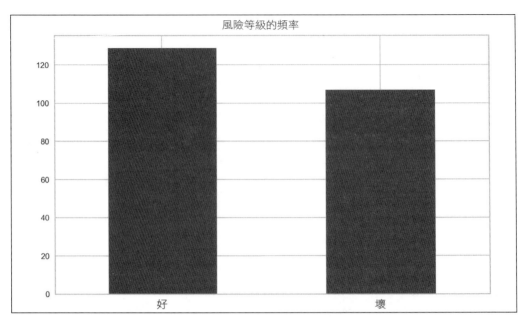

圖 6-8　第二個群集的風險等級的頻率

根據我們之前所定義的群集，我們可以透過直方圖來分析風險等級的頻率。
圖 6-7 顯示了在第一個群集中存在跨越風險等級的不平衡分佈（imbalance
distribution），而在圖 6-8 中，好的和壞的風險等級的頻率即使不是完全平衡的，
相較之下還是比較平衡的。

現在讓我們往後退一步，關注一個完全不同的問題：**類別不平衡**（*class
imbalance*）。在信用風險分析中，類別不平衡問題並不少見。當一個類別凌駕於另
一個類別之上時，就會出現類別不平衡。為了說明這個情況，在我們的案例中，給
定第一個群集中所獲得的資料，我們會有 571 個信用記錄良好的客戶和 193 個信
用記錄不良的客戶。可以很容易的觀察到，信用記錄良好的客戶遠超過信用記錄不
良的客戶；這基本上就是我們所說的類別不平衡。

有很多方法可以處理這個問題：向上採樣（up-sampling）、向下採樣（down-
sampling）、合成少數過採樣技術（synthetic minority oversampling technique,
SMOTE）和編輯最近鄰（edited nearest neighbor, ENN）規則。為了善用混合方
法，我們將結合 SMOTE 和 ENN，以便我們可以清除類別之間不需要的重疊性觀
察值，這有助於我們偵測最佳平衡比率，進而提高預測效能（Tuong 等 2018）。將
不平衡資料轉換為平衡資料將是我們預測違約機率的第一步，但請注意，我們只會
將此技術應用在從第一個群集獲得的資料。

接下來我們將運用訓練－測試拆分（train-test split）。為此，我們需要將類別型變數 Risk 轉換為離散變數。令類別 good 的值為 1，bad 類別的值為 0。在訓練－測試拆分中，80% 的資料是用來當作訓練樣本，20% 的資料用來當作測試樣本：

```
In [31]: from sklearn.model_selection import train_test_split

In [32]: df_scaled['Risk'] = df_scaled['Risk'].replace({'good': 1, 'bad': 0}) ❶

In [33]: X = df_scaled.drop('Risk', axis=1)
         y = df_scaled.loc[:, ['Risk', 'Clusters']]

In [34]: X_train, X_test, y_train, y_test = train_test_split(X, y,
                                                            test_size=0.2,
                                                            random_state=42)

In [35]: first_cluster_train = X_train[X_train.Clusters == 0].iloc[:, :-1] ❷
         second_cluster_train = X_train[X_train.Clusters == 1].iloc[:, :-1] ❸
```

❶   將變數離散化

❷   根據第一個群集來建立資料並刪除 X_train 的最後一行

❸   根據第二個群集來建立資料並刪除 X_train 的最後一行

做完這些準備工作之後，我們準備好繼續前進了並執行羅吉斯迴歸來預測違約機率。我們將使用的程式庫的名稱為 statsmodels，它會有一個匯總表。以下結果是根據第一個群集資料而來。結果顯示，age、credit amount 和 job 變數與客戶的信用度呈正相關，而它和 dependent 和 duration 變數則呈負相關。這一發現表明，所有估計的係數都在 1% 的顯著水平（significance level）上呈現出具有統計意義的結果。一般的解釋是，承擔期間的下滑以及信用額度、年齡和工作的激增意味著違約的可能性很高：

```
In [36]: import statsmodels.api as sm
         from sklearn.linear_model import LogisticRegression
         from sklearn.metrics import roc_auc_score, roc_curve
         from imblearn.combine import SMOTEENN ❶
         import warnings
         warnings.filterwarnings('ignore')

In [37]: X_train1 = first_cluster_train
         y_train1 = y_train[y_train.Clusters == 0]['Risk'] ❷
         smote = SMOTEENN(random_state = 2) ❸
         X_train1, y_train1 = smote.fit_resample(X_train1, y_train1.ravel()) ❹
```

```
logit = sm.Logit(y_train1, X_train1) ❺
logit_fit1 = logit.fit() ❻
print(logit_fit1.summary())
Optimization terminated successfully.
Current function value: 0.479511
Iterations 6
```

```
                        Logit Regression Results
==============================================================================
Dep. Variable:                      y   No. Observations:                  370
Model:                          Logit   Df Residuals:                      366
Method:                           MLE   Df Model:                            3
Date:                Wed, 01 Dec 2021   Pseudo R-squ.:                  0.2989
Time:                        20:34:31   Log-Likelihood:                -177.42
converged:                       True   LL-Null:                       -253.08
Covariance Type:            nonrobust   LLR p-value:                 1.372e-32
==============================================================================
                 coef    std err          z      P>|z|      [0.025      0.975]
------------------------------------------------------------------------------
Age            1.3677      0.164      8.348      0.000       1.047       1.689
Job            0.4393      0.153      2.873      0.004       0.140       0.739
Credit amount  1.3290      0.305      4.358      0.000       0.731       1.927
Duration      -1.2709      0.246     -5.164      0.000      -1.753      -0.789
==============================================================================
```

❶ 匯入 SMOTEENN 以處理類別不平衡問題

❷ 根據群集 0 和風險等級來建立 y_train

❸ 執行隨機狀態為 2 的 SMOTEENN 方法

❹ 將不平衡資料轉換為平衡資料

❺ 配置羅吉斯迴歸模型

❻ 執行羅吉斯迴歸模型

在下文中,我們將透過根據群集所建立的不同資料集來執行預測分析。為了測試之故,以下的分析是使用測試資料來進行的,結果如圖 6-9 所示:

```
In [38]: first_cluster_test = X_test[X_test.Clusters == 0].iloc[:, :-1] ❶
         second_cluster_test = X_test[X_test.Clusters == 1].iloc[:, :-1] ❷

In [39]: X_test1 = first_cluster_test
         y_test1 = y_test[y_test.Clusters == 0]['Risk']
         pred_prob1 = logit_fit1.predict(X_test1) ❸
```

```
In [40]: false_pos, true_pos, _ = roc_curve(y_test1.values,  pred_prob1) ❹
         auc = roc_auc_score(y_test1, pred_prob1) ❺
         plt.plot(false_pos,true_pos, label="AUC for cluster 1={:.4f} "
                     .format(auc))
         plt.plot([0, 1], [0, 1], linestyle = '--', label='45 degree line')
         plt.legend(loc='best')
         plt.title('ROC-AUC Curve 1')
         plt.show()
```

❶ 根據群集 0 建立第一個測試資料

❷ 根據群集 1 建立第二個測試資料

❸ 使用 X_test1 來執行預測

❹ 使用 roc_curve 函數來獲得偽陽性和真陽性

❺ 計算 roc-auc 分數

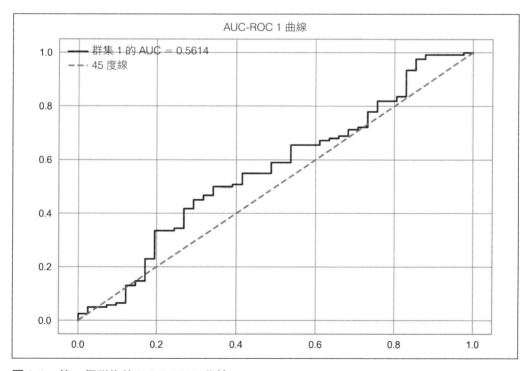

圖 6-9　第一個群集的 ROC-AUC 曲線

在存在著不平衡資料的情況下，ROC-AUC 曲線是一種方便好用的工具。圖 6-9 中的 ROC-AUC 曲線表明模型的效能不是很好，因為它移動到了 45 度線的上面一點點的地方。一般來說，給定某個測試結果時，一個好的 ROC-AUC 曲線應該要接近 1，那意味著有一個近乎完美的切割。

繼續前進到從第二個群集所獲得的第二組訓練樣本，job、duration 和 age 的估計係數的符號為正，表明 job 的類型為 1 且承擔期間較長的客戶傾向於違約，credit amount 變數則與因變數呈負相關。然而，所有估計的係數在 95% 的信賴區間上均不顯著；因此，進一步解釋這些發現是沒有意義的。

和我們對第一組測試資料所做的一樣，我們將建立第二組測試資料來執行預測以繪製 ROC-AUC 曲線，結果如圖 6-10：

```
In [41]: X_train2 = second_cluster_train
         y_train2 = y_train[y_train.Clusters == 1]['Risk']
         logit = sm.Logit(y_train2, X_train2)
         logit_fit2 = logit.fit()
         print(logit_fit2.summary())
         Optimization terminated successfully.
         Current function value: 0.688152
         Iterations 4
                           Logit Regression Results
==============================================================================
Dep. Variable:                   Risk   No. Observations:                 199
Model:                          Logit   Df Residuals:                     195
Method:                           MLE   Df Model:                           3
Date:                Wed, 01 Dec 2021   Pseudo R-squ.:              -0.0008478
Time:                        20:34:33   Log-Likelihood:                -136.94
converged:                       True   LL-Null:                       -136.83
Covariance Type:            nonrobust   LLR p-value:                     1.000
==============================================================================
                 coef    std err          z      P>|z|      [0.025      0.975]
------------------------------------------------------------------------------
Age            0.0281      0.146      0.192      0.848      -0.259       0.315
Job            0.1536      0.151      1.020      0.308      -0.142       0.449
Credit amount -0.1090      0.115     -0.945      0.345      -0.335       0.117
Duration       0.1046      0.126      0.833      0.405      -0.142       0.351
==============================================================================

In [42]: X_test2 = second_cluster_test
         y_test2 = y_test[y_test.Clusters == 1]['Risk']
         pred_prob2 = logit_fit2.predict(X_test2)

In [43]: false_pos, true_pos, _ = roc_curve(y_test2.values,  pred_prob2)
```

```
auc = roc_auc_score(y_test2, pred_prob2)
plt.plot(false_pos,true_pos,label="AUC for cluster 2={:.4f} "
         .format(auc))
plt.plot([0, 1], [0, 1], linestyle = '--', label='45 degree line')
plt.legend(loc='best')
plt.title('ROC-AUC Curve 2')
plt.show()
```

對於所給定的測試資料，圖 6-10 所顯示的結果比之前的應用還差，這可以透過 0.4064 的 AUC 分數獲得證實。考慮到這些資料，我們實在無法說羅吉斯迴歸在使用德國信用風險資料集來對違約機率進行建模這方面做得很好。

我們現在將使用不同的模型來看看羅吉斯迴歸在對此類問題進行建模這方面相對於其他方法的效果如何。因此，在接下來的部分中，我們將研究具有最大後驗（maximum a posteriori, MAP）機率的貝氏估計和馬可夫鏈蒙地卡羅（Markov Chain Monte Carlo, MCMC）方法。然後，我們將使用一些著名的 ML 模型（SVM、隨機森林和使用 MLPRegressor 的神經網路）來探索這些方法，並使用 TensorFlow 來測試深度學習模型。此應用程式將向我們展示哪種模型在對違約機率進行建模時效果更好。

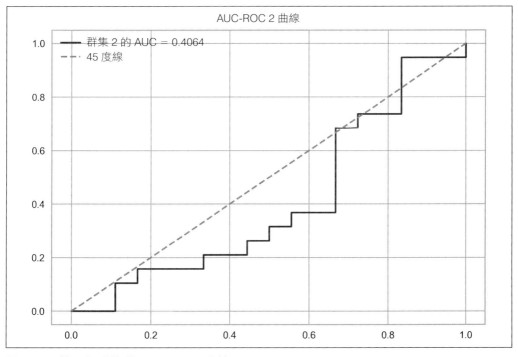

圖 6-10　第二個群集的 ROC-AUC 曲線

使用貝氏模型估計違約機率

在這一部分中，我們將使用 PYMC3 套件來預測違約機率，PYMC3 是一個用於貝氏估計的 Python 套件。然而，使用 PYMC3 執行貝氏分析有多種方法，對於第一個應用程式，我們將使用第 4 章中討論的 MAP 分佈。快速的提醒一下，給定具有代表性的後驗分佈，MAP 在此案例中成為一個有效率的模型。此外，我們選擇了具有確定性變數（p）的貝氏模型，而 p 是完全由其父母決定的，也就是 age、job、credit amount 和 duration。

讓我們比較一下貝氏分析和羅吉斯迴歸的結果：

```
In [44]: import pymc3 as pm ❶
         import arviz as az ❷

In [45]: with pm.Model() as logistic_model1: ❸
             beta_age = pm.Normal('coeff_age', mu=0, sd=10) ❹
             beta_job = pm.Normal('coeff_job', mu=0, sd=10)
             beta_credit = pm.Normal('coeff_credit_amount', mu=0, sd=10)
             beta_dur = pm.Normal('coeff_duration', mu=0, sd=10)
             p = pm.Deterministic('p', pm.math.sigmoid(beta_age *
                                   X_train1['Age'] + beta_job *
                                   X_train1['Job'] + beta_credit *
                                   X_train1['Credit amount'] + beta_dur *
                                   X_train1['Duration'])) ❺
         with logistic_model1:
             observed = pm.Bernoulli("risk", p, observed=y_train1) ❻
             map_estimate = pm.find_MAP() ❼
Out[]: <IPython.core.display.HTML object>

In [46]: param_list = ['coeff_age', 'coeff_job',
                     'coeff_credit_amount', 'coeff_duration']
         params = {}
         for i in param_list:
             params[i] = [np.round(map_estimate[i], 6)] ❽

         bayesian_params = pd.DataFrame.from_dict(params)
         print('The result of Bayesian estimation:\n {}'.format(bayesian_params))
         The result of Bayesian estimation:
            coeff_age  coeff_job  coeff_credit_amount  coeff_duration
         0   1.367247   0.439128              1.32721       -1.269345
```

❶ 匯入 PYMC3

❷ 匯入 arviz 以對貝氏模型進行探索性分析

- ❸ 將貝氏模型指明為 `logistic_model1`
- ❹ 使用此處定義的 `mu` 和 `sigma` 參數來將變數分佈假設為常態分佈
- ❺ 使用第一個樣本來執行定性模型
- ❻ 執行伯努利分佈（Bernoulli distribution）來對因變數進行建模
- ❼ 將 MAP 模型擬合到資料
- ❽ 將估計係數的所有結果以小數點後六位的精準度儲存到 `params` 中

觀察後最引人注目的結果是估計係數之間的差異非常小，小到可以忽略不計。它們之間的差異只出現在小數中。以信用額度變數的估計係數為例，我們在羅吉斯迴歸中的估計係數為 1.3290，在貝氏分析中的估計為 1.3272。

在根據第二個群集資料的分析結果進行比較時，情況是差不多的：

```
In [47]: with pm.Model() as logistic_model2:
             beta_age = pm.Normal('coeff_age', mu=0, sd=10)
             beta_job = pm.Normal('coeff_job', mu=0, sd=10)
             beta_credit = pm.Normal('coeff_credit_amount', mu=0, sd=10)
             beta_dur = pm.Normal('coeff_duration', mu=0, sd=10)
             p = pm.Deterministic('p', pm.math.sigmoid(beta_age *
                                   second_cluster_train['Age'] +
                                   beta_job * second_cluster_train['Job'] +
                                   beta_credit *
                                   second_cluster_train['Credit amount'] +
                                   beta_dur *
                                   second_cluster_train['Duration']))

         with logistic_model2:
             observed = pm.Bernoulli("risk", p,
                                   observed=y_train[y_train.Clusters == 1]
                                   ['Risk'])
             map_estimate = pm.find_MAP()
Out[]: <IPython.core.display.HTML object>

In [48]: param_list = [ 'coeff_age', 'coeff_job',
                       'coeff_credit_amount', 'coeff_duration']
         params = {}
         for i in param_list:
             params[i] = [np.round(map_estimate[i], 6)]

         bayesian_params = pd.DataFrame.from_dict(params)
         print('The result of Bayesian estimation:\n {}'.format(bayesian_params))
         The result of Bayesian estimation:
```

```
           coeff_age  coeff_job  coeff_credit_amount  coeff_duration
0          0.028069   0.153599             -0.109003        0.104581
```

最值得注意的差異發生在 duration 變數中。在羅吉斯迴歸和貝氏估計中，此變數的估計係數分別為 0.1046 和 0.1045。

與其尋找有時難以獲得的區域最大值，我們要尋找的是基於採樣過程的近似期望值。這在貝氏的設定中被稱為 MCMC。正如我們在第 4 章中所討論的，其中最著名的方法之一是 Metropolis-Hastings (M-H) 演算法。

基於 M-H 演算法來應用貝氏估計的 Python 程式碼如下所示，結果如圖 6-11 所示。因此，我們抽取了 10,000 個後驗樣本來模擬兩個獨立馬可夫鏈的後驗分佈。程式碼中還提供了估計係數的匯總表：

```
In [49]: import logging ❶
         logger = logging.getLogger('pymc3') ❷
         logger.setLevel(logging.ERROR) ❸

In [50]: with logistic_model1:
             step = pm.Metropolis() ❹
             trace = pm.sample(10000, step=step,progressbar = False) ❺
         az.plot_trace(trace) ❻
         plt.show()
In [51]: with logistic_model1:
             display(az.summary(trace, round_to=6)[:4]) ❼
Out[]:                            mean        sd     hdi_3%    hdi_97%  mcse_mean  \
         coeff_age           1.392284  0.164607   1.086472   1.691713   0.003111
         coeff_job           0.448694  0.155060   0.138471   0.719332   0.002925
         coeff_credit_amount 1.345549  0.308100   0.779578   1.928159   0.008017
         coeff_duration     -1.290292  0.252505  -1.753565  -0.802707   0.006823

                            mcse_sd     ess_bulk     ess_tail     r_hat
         coeff_age          0.002200  2787.022099  3536.314548  1.000542
         coeff_job          0.002090  2818.973167  3038.790307  1.001246
         coeff_credit_amount 0.005670 1476.746667  2289.532062  1.001746
         coeff_duration     0.004826  1369.393339  2135.308468  1.001022
```

❶ 匯入 logging 套件以抑制警告消息

❷ 為日誌記錄套件命名

❸ 抑制錯誤而不引發異常

❹ 啟動 M-H 模型

❺ 使用 10,000 個樣本來執行模型並忽略進度條（progress bar）

❻ 使用 plot_trace 來建立一個簡單的後驗分佈圖

❼ 列印匯總結果的前四列

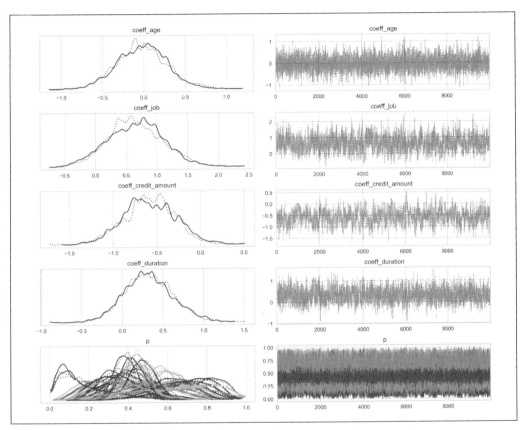

圖6-11 對第一個群集使用 M-H 的貝氏估計

結果表明，這裡的預測效能應該非常接近羅吉斯迴歸的預測效能，因為這兩個模型的估計係數非常相似。

在圖 6-11 中，我們看到了虛線和實線。給定第一個群集的資料，位於圖 6-11 左側的圖顯示了相關參數的樣本值。雖然這不是我們目前的重點，但我們可以觀察一下位於最後一張圖中的確定性變數 p。

同樣的，基於第二個群集的 M-H 貝氏估計結果與羅吉斯迴歸非常接近。但是，應用 MAP 所獲得的結果更好，這主要是因為 M-H 採用隨機採樣。然而，這並不是我們將要討論的這種小偏差的唯一潛在原因。

對於從第二個群集中所獲得的資料，我們使用 M-H 來進行貝氏估計的結果可以用下面的程式碼來觀看，它同時也建立了圖 6-12：

```
In [52]: with logistic_model2:
             step = pm.Metropolis()
             trace = pm.sample(10000, step=step,progressbar = False)
         az.plot_trace(trace)
         plt.show()
In [53]: with logistic_model2:
             display(az.summary(trace, round_to=6)[:4])
Out[]:                        mean         sd      hdi_3%     hdi_97%   mcse_mean  \
         coeff_age           0.029953   0.151466  -0.262319   0.309050   0.002855
         coeff_job           0.158140   0.153030  -0.125043   0.435734   0.003513
         coeff_credit_amount -0.108844  0.116542  -0.328353   0.105858   0.003511
         coeff_duration      0.103149   0.128264  -0.142609   0.339575   0.003720

                            mcse_sd      ess_bulk      ess_tail     r_hat
         coeff_age          0.002019  2823.255277  3195.005913   1.000905
         coeff_job          0.002485  1886.026245  2336.516309   1.000594
         coeff_credit_amount 0.002483 1102.228318  1592.047959   1.002032
         coeff_duration     0.002631  1188.042552  1900.179695   1.000988
```

現在讓我們討論一下 M-H 模型的侷限性，而這可能會揭示模型結果之間的差異。M-H 演算法的一個缺點是它對步長（step size）的敏感性。小的步長阻礙了收斂過程。相反地，大的步長可能會導致高拒絕率。此外，M-H 可能會受到罕見事件的影響 —— 因為這些事件的機率很低，需要大的樣本才能獲得可靠的估計 —— 而那正是我們目前的重點。

現在，讓我們考慮一下如果我們使用 SVM 來預測違約機率會如何，並將其效能與羅吉斯迴歸進行比較。

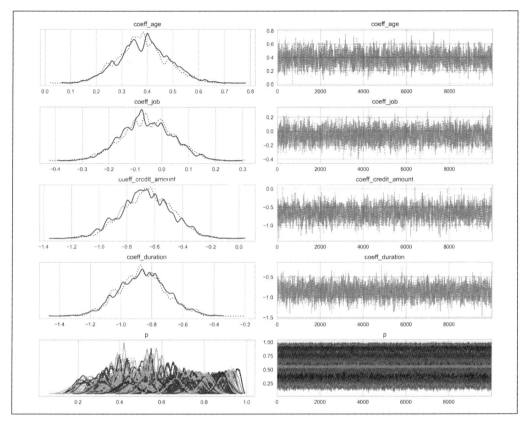

圖 6-12　使用 M-H 和第二個群集進行貝氏估計

運用支撐向量機於違約機率估計

SVM 被認為是一種參數模型，它適用於高維度資料。在多變量設定下的
違約案例的機率可以為執行 SVM 提供極佳的環境。在繼續前進之前，我
們最好先簡要的討論一種我們即將用來執行超參數調整的新方法，也就是
HalvingRandomSearchCV。

HalvingRandomSearchCV 是和迭代式選擇一起使用，因此它使用的資源更少，從
而提高效能並節省您一些時間。HalvingRandomSearchCV 嘗試使用持續的減半來
識別候選參數，以找到最佳參數。這個過程背後的邏輯如下：

1. 在第一次迭代時利用一定數量的訓練樣本來評估所有的參數組合。

2. 在第二次迭代中對大量的訓練樣本使用一些選出來的參數。

3. 只在模型中包含得分最高的候選參數，直到最後一次迭代。

我們使用信用資料集以及支撐向量分類（SVC）來預測違約機率。同樣的，我們會使用根據本章第一部分的分群結果所產生出來的兩個不同的資料集。預測結果如下：

```
In [54]: from sklearn.svm import SVC
         from sklearn.experimental import enable_halving_search_cv ❶
         from sklearn.model_selection import HalvingRandomSearchCV ❷
         import time

In [55]: param_svc = {'gamma': [1e-6, 1e-2],
                      'C':[0.001,.09,1,5,10],
                      'kernel':('linear','rbf')}

In [56]: svc = SVC(class_weight='balanced')
         halve_SVC = HalvingRandomSearchCV(svc, param_svc,
                                            scoring = 'roc_auc', n_jobs=-1) ❸
         halve_SVC.fit(X_train1, y_train1)
         print('Best hyperparameters for first cluster in SVC {} with {}'.
               format(halve_SVC.best_score_, halve_SVC.best_params_))
         Best hyperparameters for first cluster in SVC 0.8273860106443562 with
         {'kernel': 'rbf', 'gamma': 0.01, 'C': 1}

In [57]: y_pred_SVC1 = halve_SVC.predict(X_test1) ❹
         print('The ROC AUC score of SVC for first cluster is {:.4f}'.
               format(roc_auc_score(y_test1, y_pred_SVC1)))
         The ROC AUC score of SVC for first cluster is 0.5179
```

❶ 匯入程式庫以啟用持續減半搜尋

❷ 匯入程式庫以執行減半搜尋

❸ 使用平行處理來執行減半搜尋

❹ 執行預測分析

在 SVM 中會採取的一個重要步驟是超參數調整（hyperparameter tuning）。使用減半搜尋方法，我們將嘗試找出 kernel、gamma 和 C 的最佳組合。事實證明，兩個不同樣本的唯一差異出現在 gamma 和 C 超參數中。在第一個群集中，最佳的 C 分數為 1，而在第二個群集中為 0.001。C 值越高表明我們應該選擇更小的邊距來得到更好的分類。至於 gamma 超參數，兩個群集都採用相同的值。具有較低的

gamma 值意味著支撐向量對決策的影響更大。最佳的核心是高斯的,而兩個群集的 gamma 值都是 0.01。

AUC 效能準則指出 SVC 的預測效能略低於羅吉斯迴歸的預測效能。更明確的說, SVC 的 AUC 為 0.5179,這意味著 SVC 在第一個群集中的表現比羅吉斯迴歸還差。

第二個群集顯示出 SVC 的效能甚至比第一個群集略差,這指出 SVC 在該資料上的表現不佳,因為它並不是明顯可分離的資料,這意味著 SVC 對低維空間表現不佳:

```
In [58]: halve_SVC.fit(X_train2, y_train2)
         print('Best hyperparameters for second cluster in SVC {} with {}'.
             format(halve_SVC.best_score_, halve_SVC.best_params_))
         Best hyperparameters for second cluster in SVC 0.5350758636788049 with
         {'kernel': 'rbf', 'gamma': 0.01, 'C': 0.001}

In [59]: y_pred_SVC2 = halve_SVC.predict(X_test2)
         print('The ROC AUC score of SVC for first cluster is {:.4f}'.
             format(roc_auc_score(y_test2, y_pred_SVC2)))
         The ROC AUC score of SVC for first cluster is 0.5000
```

好吧,也許我們已經受夠了參數方法 —— 讓我們接下來討論非參數方法吧。非參數(*nonparametric*)這個詞現在可能聽起來令人困惑,但它只不過是一個具有無限量參數的模型,並且會隨著觀察次數的增加而變得更加複雜。隨機森林是機器學習中最好用的非參數模型之一,接下來我們將討論它。

運用隨機森林於違約機率估計

隨機森林分類器是我們可以用來模擬違約機率的另一種模型。雖然隨機森林對高維度資料表現不佳,但我們的資料並沒有那麼複雜,而隨機森林的美妙之處在於它在具有大量樣本的情況下的良好預測效能,因此我們可以認為隨機森林模型可能優於 SVC 模型。

使用減半搜尋方法,我們嘗試找出 n_estimators、criteria、max_features、max_depth、min_samples_split 的最佳組合。結果建議我們對第一個群集使用值為 300 的 n_estimators、值為 10 的 min_samples_split、值為 6 且使用 gini 準則的 max_depth ,以及 sqrt max_features。至於第二個群集,我們有兩組不同的最佳超參數,如下所示。在樹狀結構的模型中擁有更大的深度,相當於擁有更複雜的模型。因此，為第二個群集而提出的模型會複雜一些。`max_features` 超參數似乎在不同樣本中會有所不同；在第一個群集中，我們選擇特徵數量的平方根作為特徵的最大數量。

對於第一個群集的資料來說，0.5387 的 AUC 分數指出隨機森林與其他模型相比具有更好的效能：

```
In [60]: from sklearn.ensemble import RandomForestClassifier

In [61]: rfc = RandomForestClassifier(random_state=42)

In [62]: param_rfc = {'n_estimators': [100, 300],
                      'criterion' :['gini', 'entropy'],
                      'max_features': ['auto', 'sqrt', 'log2'],
                      'max_depth' : [3, 4, 5, 6],
                      'min_samples_split':[5, 10]}

In [63]: halve_RF = HalvingRandomSearchCV(rfc, param_rfc,
                                          scoring = 'roc_auc', n_jobs=-1)
         halve_RF.fit(X_train1, y_train1)
         print('Best hyperparameters for first cluster in RF {} with {}'.
               format(halve_RF.best_score_, halve_RF.best_params_))
         Best hyperparameters for first cluster in RF 0.8890871444218126 with
         {'n_estimators': 300, 'min_samples_split': 10, 'max_features': 'sqrt',
         'max_depth': 6, 'criterion': 'gini'}

In [64]: y_pred_RF1 = halve_RF.predict(X_test1)
         print('The ROC AUC score of RF for first cluster is {:.4f}'.
               format(roc_auc_score(y_test1, y_pred_RF1)))
         The ROC AUC score of RF for first cluster is 0.5387
```

以下的程式碼顯示了根據第二個群集來執行隨機森林的結果：

```
In [65]: halve_RF.fit(X_train2, y_train2)
         print('Best hyperparameters for second cluster in RF {} with {}'.
               format(halve_RF.best_score_, halve_RF.best_params_))
         Best hyperparameters for second cluster in RF 0.6565 with
         {'n_estimators': 100, 'min_samples_split': 5, 'max_features': 'auto',
         'max_depth': 5, 'criterion': 'entropy'}

In [66]: y_pred_RF2 = halve_RF.predict(X_test2)
         print('The ROC AUC score of RF for first cluster is {:.4f}'.
               format(roc_auc_score(y_test2, y_pred_RF2)))
         The ROC AUC score of RF for first cluster is 0.5906
```

隨機森林在第二個群集中的預測效能更好，其 AUC 得分為 0.5906。根據隨機森林的預測效能，我們可以得出結論，隨機森林在擬合資料這方面做得比較好。這有部分原因是因為資料具有低維度特徵，因為當資料的維度低且具有大量觀察值時，隨機森林將是一個不錯的選擇。

運用神經網路於違約機率估計

有鑑於違約機率估計的複雜性，揭示資料的隱藏結構將是一項艱鉅的任務，但 NN 結構在處理這一問題上做得很好，因此它將是此類任務的理想候選模型。在建立 NN 模型時，`GridSearchCV` 被用來優化隱藏層的數量、優化技術以及學習率。

在執行模型時，我們首先使用了 `MLP` 程式庫，它允許我們去控制許多參數，包括隱藏層大小、優化技術（求解器）和學習率。比較兩個群集優化後的超參數指出，唯一的區別在於隱藏層中的神經元數量。因此，群集一的第一個隱藏層中包含了更多的神經元。然而，第二個群集的第二個隱藏層的神經元數量更多。

以下的程式碼說明使用第一個群集的資料只會產生微幅改進。換句話說，AUC 變成 0.5263，僅比隨機森林略差：

```
In [67]: from sklearn.neural_network import MLPClassifier

In [68]: param_NN = {"hidden_layer_sizes": [(100, 50), (50, 50), (10, 100)],
                     "solver": ["lbfgs", "sgd", "adam"],
                     "learning_rate_init": [0.001, 0.05]}

In [69]: MLP = MLPClassifier(random_state=42)

In [70]: param_halve_NN = HalvingRandomSearchCV(MLP, param_NN,
                                                scoring = 'roc_auc')
         param_halve_NN.fit(X_train1, y_train1)
         print('Best hyperparameters for first cluster in NN are {}'.
               format(param_halve_NN.best_params_))
         Best hyperparameters for first cluster in NN are {'solver': 'lbfgs',
         'learning_rate_init': 0.05, 'hidden_layer_sizes': (100, 50)}

In [71]: y_pred_NN1 = param_halve_NN.predict(X_test1)
         print('The ROC AUC score of NN for first cluster is {:.4f}'.
               format(roc_auc_score(y_test1, y_pred_NN1)))
         The ROC AUC score of NN for first cluster is 0.5263
```

從第二個群集所獲得的 ROC-AUC 得分為 0.6155，它的兩個隱藏層分別具有 10 個和 100 個神經元。此外，最佳優化技術是 adam，最佳初始學習率為 0.05。這是我們目前所獲得的最高 AUC 分數，這意味著 NN 能夠捕獲複雜和非線性資料的動態，如下所示：

```
In [72]: param_halve_NN.fit(X_train2, y_train2)
         print('Best hyperparameters for first cluster in NN are {}'.
             format(param_halve_NN.best_params_))
         Best hyperparameters for first cluster in NN are {'solver': 'lbfgs',
         'learning_rate_init': 0.05, 'hidden_layer_sizes': (10, 100)}

In [73]: y_pred_NN2 = param_halve_NN.predict(X_test2)
         print('The ROC AUC score of NN for first cluster is {:.4f}'.
             format(roc_auc_score(y_test2, y_pred_NN2)))
         The ROC AUC score of NN for first cluster is 0.6155
```

運用深度學習於違約機率估計

現在讓我們透過 KerasClassifier 來看看使用了 TensorFlow 的深度學習模型的效能，KerasClassifier 允許我們能夠控制超參數。

我們在這個模型中調整的超參數是批次大小（batch size）、週期（epoch）和丟棄率（dropout rate）。由於違約機率是一個分類問題，因此 sigmoid 激發函數似乎是最適合使用的函數。深度學習是基於 NN 的結構，但提供了更複雜的結構，因此有望更能捕捉到資料的動態，因而讓我們得到更好的預測效能。

然而，正如我們在下面的程式碼中看到的那樣，第二個樣本的預測效能很差，其 AUC 得分為 0.5628：

```
In [74]: from tensorflow import keras
         from tensorflow.keras.wrappers.scikit_learn import KerasClassifier ❶
         from tensorflow.keras.layers import Dense, Dropout
         from sklearn.model_selection import GridSearchCV
         import tensorflow as tf
         import logging ❷
         tf.get_logger().setLevel(logging.ERROR) ❸

In [75]: def DL_risk(dropout_rate,verbose=0):
             model = keras.Sequential()
             model.add(Dense(128,kernel_initializer='normal',
                 activation = 'relu', input_dim=4))
             model.add(Dense(64, kernel_initializer='normal',
```

```
                activation = 'relu'))
    model.add(Dense(8,kernel_initializer='normal',
        activation = 'relu'))
    model.add(Dropout(dropout_rate))
    model.add(Dense(1, activation="sigmoid"))
    model.compile(loss='binary_crossentropy', optimizer='rmsprop')
    return model
```

❶ 匯入 KerasClassifier 以執行網格搜尋（grid search）

❷ 匯入 logging 以抑制警告消息

❸ 對 TensorFlow 進行日誌記錄

給定丟棄率、批次大小和週期的優化後超參數，深度學習模型產生了在我們迄今為止所使用的模型中的最佳效能，其 AUC 得分為 0.5614。本章所使用的 MLPClassifier 和深度學習模型的區別在於隱藏層中的神經元數量。技術上，這兩個模型只是具有不同結構的深度學習模型。

```
In [76]: parameters = {'batch_size':  [10, 50, 100],
                    'epochs':  [50, 100, 150],
                        'dropout_rate':[0.2, 0.4]}
        model = KerasClassifier(build_fn = DL_risk) ❶
        gs = GridSearchCV(estimator = model,
                                param_grid = parameters,
                                    scoring = 'roc_auc') ❷

In [77]: gs.fit(X_train1, y_train1, verbose=0)
        print('Best hyperparameters for first cluster in DL are {}'.
                format(gs.best_params_))
        Best hyperparameters for first cluster in DL are {'batch_size': 10,
        'dropout_rate': 0.2, 'epochs': 50}
```

❶ 呼叫名為 DL_risk 的預定義函數以使用優化的超參數來執行

❷ 應用網格搜尋

```
In [78]: model = KerasClassifier(build_fn = DL_risk,                         ❶
                                dropout_rate = gs.best_params_['dropout_rate'],
                                verbose = 0,
                                batch_size = gs.best_params_['batch_size'], ❷
                                epochs = gs.best_params_['epochs']) ❸
        model.fit(X_train1, y_train1)
        DL_predict1 = model.predict(X_test1)                               ❹
        DL_ROC_AUC = roc_auc_score(y_test1, pd.DataFrame(DL_predict1.flatten()))
```

```
print('DL_ROC_AUC is {:.4f}'.format(DL_ROC_AUC))
DL_ROC_AUC is 0.5628
```

❶ 執行具有最佳丟棄率超參數的深度學習演算法

❷ 執行具有最佳批次大小超參數的深度學習演算法

❸ 執行具有最佳週期數超參數的深度學習演算法

❹ 在展平預測後計算 ROC-AUC 分數

```
In [79]: gs.fit(X_train2.values, y_train2.values, verbose=0)
         print('Best parameters for second cluster in DL are {}'.
               format(gs.best_params_))
         Best parameters for second cluster in DL are {'batch_size': 10,
         'dropout_rate': 0.2, 'epochs': 150}

In [80]: model = KerasClassifier(build_fn = DL_risk,
                                 dropout_rate= gs.best_params_['dropout_rate'],
                                 verbose = 0,
                                 batch_size = gs.best_params_['batch_size'],
                                 epochs = gs.best_params_['epochs'])
         model.fit(X_train2, y_train2)
         DL_predict2 =  model.predict(X_test2)
         DL_ROC_AUC = roc_auc_score(y_test2, DL_predict2.flatten())
         print('DL_ROC_AUC is {:.4f}'.format(DL_ROC_AUC))
         DL_ROC_AUC is 0.5614
```

這個發現證實了深度學習模型在金融建模中變得越來越流行。然而,在產業中,由於網路結構的不透明性本質,建議將此方法與傳統模型結合使用。

結論

信用風險分析有著悠久的傳統,但仍然是一項具有挑戰性的任務。本章試圖提出一種全新的基於 ML 的方法來解決這個問題以獲得更好的預測效能。本章第一部分提供了與信用風險相關的主要概念。然後,我們將著名的參數模型羅吉斯迴歸應用於德國信用風險資料。然後再將羅吉斯迴歸的效能與基於 MAP 和 M-H 的貝氏估計進行比較。最後,我們使用了核心的機器學習模型 —— 也就是 SVC、隨機森林和具有深度學習的 NN —— 並比較了所有模型的效能。

下一章將介紹一個被忽視的風險維度:流動性風險。自 2007-2008 年金融危機以來,流動性風險受注目程度顯著的增加,並已成為風險管理的重要組成部分。

參考文獻

本章引用的論文：

Basel Committee on Banking Supervision, and Bank for International Settlements. 2000. "Principles for the Management of Credit Risk." Bank for International Settlements.

Le, Tuong, Mi Young Lee, Jun Ryeol Park, and Sung Wook Baik. 2018. "Oversampling Techniques for Bankruptcy Prediction: Novel Features from a Transaction Dataset." *Symmetry* 10 (4): 79.

Tibshirani, Robert, Guenther Walther, and Trevor Hastie. 2001. "Estimating the Number of Clusters in a Data Set via the Gap Statistic." *Journal of the Royal Statistical Society: Series B* (*Statistical Methodology*) 63 (2): 411-423.

本章引用的書籍與博士論文：

Rokach, Lior, and Oded Maimon. 2005. "Clustering methods." In *Data Mining and Knowledge Discovery Handbook*, 321-352. Boston: Springer.

Wehrspohn, Uwe. 2002. "Credit Risk Evaluation: Modeling-Analysis-Management." PhD dissertation. Harvard.

第七章

流動性建模

就流動性而言，當音樂停止時，事情會變得複雜。但只要音樂還在播放，
您就必須起身跳舞。我們還在跳舞。

— Chuck Prince（2007）

流動性是金融風險的另一個重要來源。然而，它長期以來一直被忽視，金融業在
不考慮流動性的情況下為風險建模付出了巨大的代價。

流動性風險的成因是背離了完整市場和對稱資訊範式，可能導致道德風險和反向
選擇。在這種情況持續存在的情況下，流動性風險在金融體系中普遍存在，並可
能導致資金與市場流動性之間的惡性聯繫，從而引發系統性流動性風險（Nikolaou
2009）。

利用變數的變化值與其對實際市場的影響之間的時間滯後（time lag），結果證明
會是建模的一種成功準則。例如，利率在一定程度上會不時的偏離真實市場動態，
而需要一些時間來解決。在此同時，不確定性是傳統資產定價模型中唯一的風險
來源；然而，這與現實相去甚遠。為了填補金融模型和真實市場動態之間的差距，
流動性維度脫穎而出。具有流動性的模型更能適應金融市場的發展，因為流動性
會影響資產的要求報酬和不確定性等級。因此，流動性是估計違約機率的一個非
常重要的維度（Gaygisiz、Karasan 和 Hekimoglu 2021）。

自 2007 年至 2008 年全球抵押貸款危機爆發以來，流動性的重要性已被突顯出來並備受關注。在這場危機中，大多數金融機構受到流動性壓力的沉重打擊，導致監管部門和央行採取了多項嚴厲措施。從那時起，由於缺乏可交易證券之故，關於是否需要包括流動性的爭論愈演愈烈。

流動性的概念是多方面的。總體而言，*流動資產*（*liquid asset*）的定義是它被大量出售而不會產生相當大的價格影響。這也稱為*交易成本*（*transaction cost*）。然而，這並不是流動性的唯一重要面向。相反地，在壓力期，當投資者尋求迅速的價格發現（price discovery）時，彈性會脫穎而出（Sarr and Lybek 2002）。Kyle（1985）指出了這一點：「流動性是一個不穩定且難以捉摸的概念，部分原因是它包含了市場的許多交易屬性。」

話雖如此，流動性是一個模稜兩可的概念，要定義它，我們需要關注它的不同維度。在文獻中，不同的研究人員提出了不同的流動性維度，但為了符合本書的目的，我們將定義流動性的四種特徵：

緊密性（*tightness*）

在同一時間以相同價格交易資產的能力。這是指交易過程中發生的交易成本。如果交易成本很高，則買賣價格之間的差價就會很高，反之亦然。因此，狹小的交易成本定義了市場的緊密程度。

即時性（*immediacy*）

可以交易大量買入或賣出訂單的速度。這一流動性維度為我們提供了有關金融市場的寶貴資訊，因為低即時性是指市場有部分已經故障了，例如結算（clearing）、清算（settlement）等。

深度（*depth*）

大量的買家和賣家的出現，他們能夠以各種價格滿足大量訂單。

彈性（*resiliency*）

市場從非均衡狀態反彈的能力。可以將其視為訂單的不平衡會迅速消失的價格恢復過程。

給定流動性的定義和相互關聯性，不難看出對流動性建模是一項艱鉅的任務。在文獻中，提出了許多不同類型的流動性模型，但是，考慮到流動性的多維性，根據資料所捕獲的維度來對資料進行分群可能是明智的。為此，我們將提出不同的流動性度量來表達所有的四個維度。這些流動性度量是基於成交量的（volume-based）度量、基於交易成本的（transaction cost–based）度量、基於價格影響的（price impact-based）度量以及市場影響（market-impact）度量。對於所有的這些維度，我們將使用幾種不同的流動性代理。

使用了分群分析，這些流動性度量將被分群，這有助於我們瞭解投資者應該關注流動性的哪一部分，因為眾所周知，不同時期的經濟體中存在著不同維度的流動性。因此，一旦我們完成了分群分析，我們最終會得到較少數量的流動性度量。為了分群分析，我們將使用高斯混合模型（Gaussian mixture model, GMM）和高斯混合關聯結構模型（Gaussian mixture copula model, GMCM）來解決這個問題。GMM 是一種被廣泛認可的分群模型，當資料是橢圓形分佈時運作良好。GMCM 是 GMM 的延伸，因為我們包括一個關聯結構分析以將相關性考慮進來。我們將詳細討論這些模型，因此讓我們首先指明基於不同流動性維度的流動性度量。

流動性度量

流動性的作用終於得到金融從業者和經濟學家的認可，這使得理解和發展流動性度量變得更加重要。現有的文獻集中在一個單一的度量上，我們很難透過這個度量來概念化一個難以捉摸的概念，就像是流動性。相反地，我們將涵蓋四個維度來開發更全面的應用程式：

- 成交量
- 交易成本
- 價格影響
- 市場影響

讓我們開始使用基於成交量的流動性度量。

基於成交量的流動性度量

當市場有深度時，大訂單就會被滿足，也就是說有深度的金融市場將有能力滿足大量訂單。而這反過來又提供了有關市場的資訊，如果市場缺乏深度時，市場就會出現訂單不平衡和不連續性。給定市場的深度，基於成交量的流動性度量可用來區分流動資產和非流動資產。此外，基於成交量的流動性度量與買賣價差密切相關：買賣價差大意味著成交量低，而買賣價差小意味著成交量高（Huong and Gregoriou 2020）。

我們可以想像，流動性的很大一部分變化來自於交易活動。Blume、Easley 和 O'Hara（1994） 強調了基於成交量的方法的重要性，他們說成交量所產生的資訊無法從替代性的統計資料中萃取出來。

為了正確表達流動性的深度維度，我們將介紹以下基於成交量的度量：

- 流動性比率（liquidity ratio）
- Hui-Heubel 比率（Hui-Heubel ratio）
- 周轉率（Turnover ratio）

流動性比率

該比率將衡量會引起價格變化 1% 所需的成交量的幅度：

$$LR_{it} = \frac{\Sigma_{t=1}^{T} P_{it} V_{it}}{\Sigma_{t=1}^{T} |PC_{it}|}$$

其中 P_{it} 是股票 i 在 t 日的總價格，V_{it} 代表股票 i 在 t 日的成交量，最後，$|PC_{it}|$ 是時間 t 與 t-1 的價格之間的差的絕對值。

LR_{it} 越高，資產 i 的流動性就越高。這意味著較高的成交量 $P_{it}V_{it}$ 和較低的價格差異 $|PC_{it}|$ 會相當於較高的流動性等級。相反地，如果需要低成交量來啟動價格變化時，則該資產被稱為非流動性資產。顯然地，這個概念框架更關注於價格層面，而不是時間問題或市場中通常存在的執行成本（Gabrielsen、Marzo 和 Zagaglia 2011）。

我們先匯入資料並透過以下程式碼來進行觀察。我們很容易就可以觀察到，資料集中的主要變數是買入價（ASKHI）、賣出價（BIDLO）、開盤價（OPENPRC）和成交價（PRC）以及成交量（VOL）、報酬（RET）、成交量加權後的報酬（vwretx）和流通股數 （SHROUT）：

```
In [1]: import pandas as pd
        import numpy as np
        import matplotlib.pyplot as plt
```

```
import warnings
warnings.filterwarnings("ignore")
plt.rcParams['figure.figsize'] = (10, 6)
pd.set_option('use_inf_as_na', True)
```

In [2]: `liq_data = pd.read_csv('bid_ask.csv')`

In [3]: `liq_data.head()`
Out[3]:
```
        Unnamed: 0        Date  EXCHCD TICKER      COMNAM  BIDLO   ASKHI     PRC
   \
     0     1031570  2019-01-02     3.0   INTC  INTEL CORP  45.77  47.470
        47.08
     1     1031571  2019-01-03     3.0   INTC  INTEL CORP  44.39  46.280
        44.49
     2     1031572  2019-01-04     3.0   INTC  INTEL CORP  45.54  47.570
        47.22
     3     1031573  2019-01-07     3.0   INTC  INTEL CORP  46.75  47.995
        47.44
     4     1031574  2019-01-08     3.0   INTC  INTEL CORP  46.78  48.030
        47.74

                 VOL       RET      SHROUT  OPENPRC    vwretx

     0  18761673.0  0.003196  4564000.0   45.960   0.001783

     1  32254097.0 -0.055013  4564000.0   46.150  -0.021219

     2  35419836.0  0.061362  4564000.0   45.835   0.033399

     3  22724997.0  0.004659  4564000.0   47.100   0.009191

     4  22721240.0  0.006324  4564000.0   47.800   0.010240
```

計算某些流動性度量需要滾動視窗（rolling-window）估計，例如計算五天的出價。為完成此任務，我們使用以下程式碼來產生名為 rolling_five 的串列：

In [4]: `rolling_five = []`

```
        for j in liq_data.TICKER.unique():
            for i in range(len(liq_data[liq_data.TICKER == j])):
                rolling_five.append(liq_data[i:i+5].agg({'BIDLO': 'min',
                                                         'ASKHI': 'max',
                                                         'VOL': 'sum',
                                                         'SHROUT': 'mean',
                                                         'PRC': 'mean'})) ❶
```

In [5]: `rolling_five_df = pd.DataFrame(rolling_five)`

```
rolling_five_df.columns = ['bidlo_min', 'askhi_max', 'vol_sum',
                           'shrout_mean', 'prc_mean']
liq_vol_all = pd.concat([liq_data,rolling_five_df], axis=1)

In [6]: liq_ratio = []

        for j in liq_vol_all.TICKER.unique():
            for i in range(len(liq_vol_all[liq_vol_all.TICKER == j])):
                liq_ratio.append((liq_vol_all['PRC'][i+1:i+6] *
                                  liq_vol_all['VOL'][i+1:i+6]).sum()/
                                 (np.abs(liq_vol_all['PRC'][i+1:i+6].mean() -
                                         liq_vol_all['PRC'][i:i+5].mean())))
```

❶ 為五天的視窗計算所需的統計度量

現在,我們有了最低買入價、最高賣出價、成交量總和、流通股票數量的平均值以及每五天的交易價格的平均值。

Hui-Heubel 比率

另一個衡量深度的度量是 Hui-Heubel 流動性比率,在此稱為 L_{HH}:

$$L_{HH} = \frac{\frac{P_{max} - P_{min}}{P_{min}}}{V/\bar{P} \times \text{shrout}}$$

其中 P_{max} 和 P_{min} 分別顯示某確定期間內的最高和最低價格。$\bar{P}$ 是確定期間的平均收盤價。我們在分子中得到的是股價變化的百分比,而且成交量會被除以市值,即分母中的 $\bar{P} \times \text{shrout}$(流通股數)。Hui-Heubel 流動性度量最顯著的特點之一是它適用於單一股票,而不僅僅是投資組合。

正如 Gabrielsen、Marzo 和 Zagaglia(2011 年)所討論的,P_{max} 和 P_{min} 可以用買賣價差來代替,但由於買賣價差的低波動率,它往往會向下偏斜。

為了計算 Hui-Heubel 流動性比率,我們首先將流動性度量放在一個串列中,然後將全部的度量添加到 dataframe 中,以獲得包含所有東西的資料:

```
In [7]: Lhh = []

        for j in liq_vol_all.TICKER.unique():
            for i in range(len(liq_vol_all[liq_vol_all.TICKER == j])):
                Lhh.append((liq_vol_all['PRC'][i:i+5].max() -
                            liq_vol_all['PRC'][i:i+5].min()) /
                           liq_vol_all['PRC'][i:i+5].min() /
```

```
(liq_vol_all['VOL'][i:i+5].sum() /
 liq_vol_all['SHROUT'][i:i+5].mean() *
 liq_vol_all['PRC'][i:i+5].mean()))
```

周轉率

長期以來，周轉率一直被視為流動性的代表。它基本上是波動率（volatility）與流通股數的比率：

$$LR_{it} = \frac{1}{D_{it}} \frac{\Sigma_{t=1}^{T} Vol_{it}}{\Sigma_{t=1}^{T} \text{shrout}_{it}}$$

其中 D_{it} 代表交易日數，Vol_{it} 代表在時間 t 所成交的股票數量，而 $shrout_{it}$ 代表在時間 t 流通的股票數量。較大的周轉率指出高度的流動性，因為周轉意味著交易頻率。由於周轉率包含流通的股票數量，因此它是流動性的一種更微妙的度量。

周轉率是根據每天的資料來計算的，然後再將所有基於成交量的流動性度量都轉換為 dataframe 並包含在 `liq_vol_all` 中：

```
In [8]: turnover_ratio = []

        for j in liq_vol_all.TICKER.unique():
            for i in range(len(liq_vol_all[liq_vol_all.TICKER == j])):
                turnover_ratio.append((1/liq_vol_all['VOL'].count()) *
                                      (np.sum(liq_vol_all['VOL'][i:i+1]) /
                                       np.sum(liq_vol_all['SHROUT'][i:i+1])))

In [9]: liq_vol_all['liq ratio'] = pd.DataFrame(liq_ratio)
        liq_vol_all['Lhh'] = pd.DataFrame(Lhh)
        liq_vol_all['turnover_ratio'] = pd.DataFrame(turnover_ratio)
```

基於交易成本的流動性度量

在現實世界中，買家和賣家不會在無交集的環境中神奇的相遇。相反地，需要中介（經紀人和交易商）、設備（電腦及其相似品）、耐心（交易無法立即實現）、以及規定如何處理訂單並將其轉化為交易的規則手冊。此外，大型機構投資者的訂單大到足以影響市場價格。所有這些都意味著交易成本的存在，而如何建構一個市場（以及更寬廣的市集）來控制這些成本，是一個微妙且複雜的挑戰（Baker 和 Kiyimaz（2013 年））。

交易成本（*transaction cost*）是投資者在交易過程中必須承擔的成本。它是指與執行交易有關的任何費用。我們可以將交易成本區分為顯性成本和隱性成本。前者涉及訂單處理、稅收和經紀費用，而後者包括更多的潛在成本，例如買賣價差、成交時間等。

交易成本與流動性的緊密性和即時性維度有關。高昂的交易成本阻礙了投資者進行交易，而這反過來又減少了市場上買賣雙方的數量，從而使交易場所從更集中的市場分化為分散的市場，從而導致淺碟市場（Sarr 和 Lybek 2002）。在交易成本低的情況下，投資者願意進行交易，這將導致了市場會更加集中的繁榮交易環境。

同樣的，低交易成本環境下的大量買家和賣家指出了在短時間內交易大量訂單的這個事實。因此，即時性是流動性的另一個維度，而它與交易成本密切相關。

儘管對於買賣價差的好處以及這些模型所能提供的保證一直存在著爭議，但買賣價差是交易成本的一個廣泛被認可的代表。就買賣價差而言，它是對交易成本的良好分析，它也是流動性的良好指標，透過該指標可以確定將資產轉換為現金（或現金的等價物）的難易程度。我們省略掉過於詳細說明，買賣價差可以透過報價價差（quoted spread）、有效價差（effective spread）和實現價差（realized spread）方法來衡量。所以乍看之下，要計算買賣價差這件事可能看起來很奇怪，因為透過這些方法可以很容易的把它計算出來。但實際情況並非如此。當交易無法在報價內實現時，價差不再是這些方法所使用的觀察到的價差。

報價和有效買賣價差百分比

另外兩個著名的買賣價差是報價百分比（*percentage quoted*）和有效百分比（*percentage effective*）買賣價差。報價價差衡量完成交易的成本，即買賣價差的差異。有不同形式的報價價差，但為了擴展性，我們將選擇報價百分比價差：

$$報價百分比價差 = \frac{P_{ask} - P_{bid}}{P_{mid}}$$

其中 P_{ask} 是股票的賣出價，P_{bid} 是股票的買入價。

有效價差會衡量交易價格與中間價之間的偏差，中間價有時被稱為股票的真實基本價值。當交易發生在報價之內或之外時，交易成本的更好衡量標準是有效百分比半價差（percentage effective half spread），它是基於實際交易價格，並以百分比計算（Bessembinder 和 Venkataraman 2010）：

$$有效價差 = \frac{2|P_t - P_{mid}|}{P_{mid}}$$

其中 P_t 是股票的交易價格，P_{mid} 是交易時普遍的買賣報價的中間價。

要計算報價百分比和有效買賣價差是相對容易的，如下所示：

```
In [10]: liq_vol_all['mid_price'] = (liq_vol_all.ASKHI + liq_vol_all.BIDLO) / 2
         liq_vol_all['percent_quoted_ba'] = (liq_vol_all.ASKHI -
                                             liq_vol_all.BIDLO) / \
                                             liq_vol_all.mid_price
         liq_vol_all['percent_effective_ba'] = 2 * abs((liq_vol_all.PRC -
                                               liq_vol_all.mid_price)) / \
                                               liq_vol_all.mid_price
```

Roll 的價差估計

Roll（1984）提出了最重要的價差度量之一。*Roll 價差*（*Roll spread*）可以定義成：

$$\text{Roll} = \sqrt{-\text{cov}(\Delta p_t, \Delta p_{t-1})}$$

其中 Δp_t 和 Δp_{t-1} 是時間 t 和時間 $t - 1$ 的價格差異，cov 表示這些價格差異之間的共變異數。

假設市場是有效率的 [1] 並且所觀察到的價格變化的分佈機率是平穩的，Roll 價差的動機來自一個事實，也就是價格變化的序列相關性會是流動性的良好代表。

在計算 Roll 價差時要注意的最重要的事情之一是正的共變異數在此並沒有明確定義，而它卻包含了幾乎一半的情況。文獻提出了幾種彌補這一缺點的方法，我們將在以下內容中採用 Harris（1990）的方法：

```
In [11]: liq_vol_all['price_diff'] = liq_vol_all.groupby('TICKER')['PRC']\
                                     .apply(lambda x:x.diff())
         liq_vol_all.dropna(inplace=True)
         roll = []

         for j in liq_vol_all.TICKER.unique():
             for i in range(len(liq_vol_all[liq_vol_all.TICKER == j])):
```

1　有效率市場（*efficient market*）是指當前價格能夠多好和多快的反映出有關標的資產價值的所有可用資訊。

```
roll_cov = np.cov(liq_vol_all['price_diff'][i:i+5],
                  liq_vol_all['price_diff'][i+1:i+6]) ❶
if roll_cov[0,1] < 0: ❷
    roll.append(2 * np.sqrt(-roll_cov[0, 1]))
else:
    roll.append(2 * np.sqrt(np.abs(roll_cov[0, 1]))) ❸
```

❶ 計算五日視窗的價格差異之間的共變異數

❷ 檢查共變異數為負的情況

❸ 在正共變異數的情況下,應用 Harris 的方法

Corwin-Schultz 價差

Corwin-Schultz 價差(*Corwin-Schultz spread*)相當直觀且容易應用。它主要是基於以下假設:假設每日最高價和最低價通常分別由買賣雙方來發起,觀察到的價格變化可以區分為有效價格波動率和買賣價差。因此,一天的價格高低比反映了股票的變異數和買賣價差(Corwin 和 Schultz 2012;Abdi 和 Ranaldo 2017)。

這種價差提出了一種僅基於每日最高價和最低價的全新方法,其背後的邏輯被 Corwin 和 Schultz(2012)總結為「連續 2 天的價格範圍之和反映了 2 天的波動率和價差的兩倍,而一個 2 天期間的價格範圍反映了 2 天的波動率和一個價差」:

$$S = \frac{2(e^\alpha - 1)}{1 + e^\alpha}$$

$$\alpha = \frac{\sqrt{2\beta} - \sqrt{\beta}}{3 - 2\sqrt{2}} - \sqrt{\frac{\gamma}{3 - 2\sqrt{2}}}$$

$$\beta = \mathbb{E}\left(\Sigma_{j=0}^{1}\left[ln\left(\frac{H_{t+j}^0}{L_{t+j}^0}\right)\right]^2\right)$$

$$\gamma = \mathbb{E}\left(\Sigma_{j=0}^{1}\left[ln\left(\frac{H_{t+1}^0}{L_{t+1}^0}\right)\right]^2\right)$$

其中 $H_t^A\left(L_t^A\right)$ 表示 t 日的實際高(低)價,H_t^o 或 L_t^o 表示 t 日觀察到的高(低)股價。

Corwin-Schultz 價差的計算需要多個步驟，因為它包含了許多變數。以下程式碼展示了我們進行此計算的方式：

```
In [12]: gamma = []

         for j in liq_vol_all.TICKER.unique():
             for i in range(len(liq_vol_all[liq_vol_all.TICKER == j])):
                 gamma.append((max(liq_vol_all['ASKHI'].iloc[i+1],
                               liq_vol_all['ASKHI'].iloc[i]) -
                           min(liq_vol_all['BIDLO'].iloc[i+1],
                               liq_vol_all['BIDLO'].iloc[i])) ** 2)
                 gamma_array = np.array(gamma)

In [13]: beta = []

         for j in liq_vol_all.TICKER.unique():
             for i in range(len(liq_vol_all[liq_vol_all.TICKER == j])):
                 beta.append((liq_vol_all['ASKHI'].iloc[i+1] -
                           liq_vol_all['BIDLO'].iloc[i+1]) ** 2 +
                           (liq_vol_all['ASKHI'].iloc[i] -
                           liq_vol_all['BIDLO'].iloc[i]) ** 2)
                 beta_array = np.array(beta)

In [14]: alpha = ((np.sqrt(2 * beta_array) - np.sqrt(beta_array)) /
                 (3 - (2 * np.sqrt(2)))) - np.sqrt(gamma_array /
                                             (3 - (2 * np.sqrt(2))))
         CS_spread = (2 * np.exp(alpha - 1)) / (1 + np.exp(alpha))

In [15]: liq_vol_all = liq_vol_all.reset_index()
         liq_vol_all['roll'] = pd.DataFrame(roll)
         liq_vol_all['CS_spread'] = pd.DataFrame(CS_spread)
```

基於價格影響的流動性度量

在本節中，我們將介紹基於價格影響的流動性度量，透過這些度量我們能夠衡量價格對成交量和周轉率的敏感程度。回想一下，彈性是指市場對新訂單的反應能力。如果市場對新訂單有反應——也就是說，新訂單糾正了市場的不平衡——那麼它就被認為是有彈性的。因此，考慮到成交量和／或周轉率的變化，高的價格調整就相當於彈性，反之亦然。

我們要討論三個基於價格影響的流動性度量：

- Amihud 不流動性（Amihud illiquidity）度量

- Florackis、Andros 和 Alexandros（2011）價格影響比率（price impact ratio）

- 交易彈性係數（coefficient of elasticity of trading, CET）

Amihud 不流動性

這種流動性的代表是一種著名且被廣泛認可的度量。Amihud 不流動性（2002）基本上衡量了報酬對成交量的敏感性。更具體的說，當成交量變化 1 美元時，它讓我們瞭解絕對報酬的變化。Amihud 不流動性度量（簡稱 ILLIQ）在學術界和從業者中廣為人知：

$$ILLIQ = \frac{1}{D_{it}} \Sigma_{d=1}^{D_{it}} \frac{|R_{itd}|}{V_{itd}}$$

其中 R_{itd} 是 t 月 d 日的股票報酬，V_{itd} 代表 t 月 d 日的美元成交量（dollar volume），D 是 t 月的觀察天數。

與許多其他流動性度量相比，Amihud 度量有兩個優勢。首先，Amihud 度量的結構很簡單，它使用了每日報酬與成交量比率的絕對值來捕捉價格的影響。其次，該度量與預期股票報酬有很強的正相關關係（Lou 與 Tao 2017）。

Amihud 不流動性度量並不難計算。但是，在直接計算 Amihud 度量之前，需要計算股票的美元成交量：

```
In [16]: dvol = []

         for j in liq_vol_all.TICKER.unique():
             for i in range(len(liq_vol_all[liq_vol_all.TICKER == j])):
                 dvol.append((liq_vol_all['PRC'][i:i+5] *
                             liq_vol_all['VOL'][i:i+5]).sum())
         liq_vol_all['dvol'] = pd.DataFrame(dvol)

In [17]: amihud = []

         for j in liq_vol_all.TICKER.unique():
             for i in range(len(liq_vol_all[liq_vol_all.TICKER == j])):
                 amihud.append((1 / liq_vol_all['RET'].count()) *
                             (np.sum(np.abs(liq_vol_all['RET'][i:i+1])) /
                                 np.sum(liq_vol_all['dvol'][i:i+1])))
```

價格影響比率

Florackis、Andros 和 Alexandros（2011 年）想要改善 Amihud 的不流動性比率，提出了一種新的流動性度量，也就是報酬周轉比（Return-to-Turnover, RtoTR）。作者將 Amihud 的不流動性度量的缺點列為：

- 不同市值的股票之間沒有可比性。

- 它忽略了投資者的持有期間。

為了解決這些缺點，Florackis、Andros 和 Alexandros 提出了一種新的度量 RtoTR，它用周轉率代替了 Amihud 模型的成交量比率，以便新的度量能夠捕獲到交易頻率：

$$\text{RtoTR} = \frac{1}{D_{it}} \Sigma_{d=1}^{D_{it}} \frac{|R_{itd}|}{TR_{itd}}$$

其中 TR_{itd} 是 t 月 d 日股票 i 的成交量幣值，其餘部分與 Amihud 的不流動性度量相同。

該度量與 Amihud 的度量一樣容易計算，而且沒有大小偏差，因為它包含了用來捕獲交易頻率的周轉率。這也有助於我們檢視價格和大小的效應。

價格影響比率的計算如下：

```
In [18]: florackis = []

         for j in liq_vol_all.TICKER.unique():
             for i in range(len(liq_vol_all[liq_vol_all.TICKER == j])):
                 florackis.append((1 / liq_vol_all['RET'].count()) *
                                   (np.sum(np.abs(liq_vol_all['RET'][i:i+1]) /
                                       liq_vol_all['turnover_ratio'][i:i+1])))
```

交易彈性係數

CET 是一種流動性度量，它的提出是要彌補與時間相關的流動性度量的缺點，例如每單位時間的成交量和訂單。採用這些度量是為了評估市場即時性對流動性等級的影響程度。

市場即時性和 CET 齊頭並進，因為它衡量成交量的價格彈性，如果價格對成交量有反應（也就是有彈性）時，則意味著更高等級的市場即時性：

$$CET = \frac{\% \Delta V}{\% \Delta P}$$

其中 *%ΔV* 表示成交量的變化，*%ΔP* 表示價格的變化。

下面提供了 CET 公式的 Python 程式碼。該應用程式的第一部分會計算成交量和價格的百分比差異。然後所有基於價格影響的流動性度量都會被儲存在 `liq_vol_all` dataframe 中：

```
In [19]: liq_vol_all['vol_diff_pct'] = liq_vol_all.groupby('TICKER')['VOL']\
                           .apply(lambda x: x.diff()).pct_change() ❶
         liq_vol_all['price_diff_pct'] = liq_vol_all.groupby('TICKER')['PRC']\
                           .apply(lambda x: x.diff()).pct_change() ❷

In [20]: cet = []

         for j in liq_vol_all.TICKER.unique():
             for i in range(len(liq_vol_all[liq_vol_all.TICKER == j])):
                 cet.append(np.sum(liq_vol_all['vol_diff_pct'][i:i+1])/
                            np.sum(liq_vol_all['price_diff_pct'][i:i+1]))

In [21]: liq_vol_all['amihud'] = pd.DataFrame(amihud)
         liq_vol_all['florackis'] = pd.DataFrame(florackis)
         liq_vol_all['cet'] = pd.DataFrame(cet)
```

❶ 計算成交量百分比的差

❷ 計算價格百分比的差

基於市場影響的流動性度量

識別資訊來源在金融領域是一件大事，因為未知的資訊來源可能會誤導投資者並導致意想不到的後果。例如，由市場引起的價格飆漲所提供的資訊，和由單一股票引起的飆漲所提供的資訊並不相同。因此，我們應該以正確捕捉價格變動的方式來識別新的資訊來源。

為了完成這個任務，我們使用了資本資產定價模型（capital asset pricing model, CAPM），透過它我們可以區分系統性和非系統性風險。CAPM 中著名的斜率（slope）係數指出系統性風險，而只要去除市場風險之後，非系統性風險將歸究於個股。

正如 Sarr 和 Lybek（2002）中提到的，Hui-Heubel 採用以下方法：

$$R_i = \alpha + \beta R_m + u_i$$

其中 R_i 是股票的每日報酬，u_i 是特質的或非系統風險。

一旦我們從方程式中估計了殘差 u_i 之後，它就會對波動率 V_i 進行迴歸，而 V_i 的估計係數給出了相關股票的流動性等級，也稱為特質風險（idiosyncratic risk）：

$$u_i^2 = \gamma_1 + \gamma_2 V_i + e_i$$

其中 u_i^2 表示殘差的平方，V_i 是交易量的每日百分比變化，e_i 是殘差項。

更大的 γ_2 意味著更大的價格變動，這可以讓我們對股票的流動性有所瞭解。相反地，較小的 γ_2 會導致較小的價格變動，指出較高的流動性等級。以程式碼來表達如下：

```
In [22]: import statsmodels.api as sm

In [23]: liq_vol_all['VOL_pct_change'] = liq_vol_all.groupby('TICKER')['VOL']\
                                         .apply(lambda x: x.pct_change())
         liq_vol_all.dropna(subset=['VOL_pct_change'], inplace=True)
         liq_vol_all = liq_vol_all.reset_index()

In [24]: unsys_resid = []

         for i in liq_vol_all.TICKER.unique():
             X1 = liq_vol_all[liq_vol_all['TICKER'] == i]['vwretx'] ❶
             y = liq_vol_all[liq_vol_all['TICKER'] == i]['RET'] ❷
             ols = sm.OLS(y, X1).fit() ❸
             unsys_resid.append(ols.resid) ❹
```

❶ 將所有股票代碼的成交量加權後報酬指派為自變數

❷ 將所有股票代碼的報酬指派為因變數

❸ 使用定義的變數來執行線性迴歸模型

❹ 將來自線性迴歸的殘差儲存為非系統因素

然後我們就來計算基於市場影響的流動性比率：

```
In [25]: market_impact = {}

         for i, j in zip(liq_vol_all.TICKER.unique(),
                         range(len(liq_vol_all['TICKER'].unique()))):
```

```
X2 = liq_vol_all[liq_vol_all['TICKER'] == i]['VOL_pct_change'] ❶
ols = sm.OLS(unsys_resid[j] ** 2, X2).fit()
print('***' * 30)
print(f'OLS Result for {i}')
print(ols.summary())
market_impact[j] = ols.resid ❷
```
****
OLS Result for INTC
                            OLS Regression Results
==
Dep. Variable: y   R-squared (uncentered):   0.157
Model: OLS   Adj. R-squared (uncentered)   0.154
Method: Least Squares   F-statistic: 46.31
Date: Thu, 02 Dec 2021   Prob (F-statistic):   7.53e-11
Time: 15:33:38   Log-Likelihood: 1444.9
No. Observations: 249   AIC: -2888.
Df Residuals: 248   BIC: -2884.
Df Model: 1
Covariance Type: nonrobust
==
                   coef   std err   t   P>|t| [0.025   0.975]

VOL_pct_change   0.0008   0.000   6.805   0.000   0.001   0.001
==
Omnibus: 373.849   Durbin-Watson: 1.908
Prob(Omnibus):   0.000   Jarque-Bera (JB):   53506.774
Skew: 7.228   Prob(JB):   0.00
Kurtosis: 73.344   Cond. No.   1.00
==

Notes:
[1] R² is computed without centering (uncentered) since the model does not
contain a constant.
[2] Standard Errors assume that the covariance matrix of the errors is
correctly specified.
****
OLS Result for MSFT
                            OLS Regression Results
==
Dep. Variable: y   R-squared (uncentered):   0.044
Model: OLS   Adj. R-squared (uncentered):   0.040
Method: Least Squares   F-statistic: 11.45
Date: Thu, 02 Dec 2021   Prob (F-statistic):   0.000833
Time: 15:33:38   Log-Likelihood: 1851.0
No. Observations: 249   AIC: -3700.
Df Residuals: 248   BIC: -3696.
Df Model: 1
```
```

```
Covariance Type:            nonrobust
==============================================================================
                  coef    std err          t      P>|t|      [0.025      0.975]
------------------------------------------------------------------------------
VOL_pct_change  9.641e-05  2.85e-05      3.383      0.001    4.03e-05       0.000
==============================================================================
Omnibus:                      285.769   Durbin-Watson:                   1.533
Prob(Omnibus):                  0.000   Jarque-Bera (JB):            11207.666
Skew:                           4.937   Prob(JB):                         0.00
Kurtosis:                      34.349   Cond. No.                         1.00
==============================================================================
```

Notes:
[1] R² is computed without centering (uncentered) since the model does not contain a constant.
[2] Standard Errors assume that the covariance matrix of the errors is correctly specified.

```
********************************************************************************
OLS Result for IBM
                            OLS Regression Results
==============================================================================
Dep. Variable:                      y   R-squared (uncentered):           0.134
Model:                            OLS   Adj. R-squared (uncentered):      0.130
Method:                 Least Squares   F-statistic:                      38.36
Date:                Thu, 02 Dec 2021   Prob (F-statistic):            2.43e-09
Time:                        15:33:38   Log-Likelihood:                  1547.1
No. Observations:                 249   AIC:                             -3092.
Df Residuals:                     248   BIC:                             -3089.
Df Model:                           1
Covariance Type:            nonrobust
==============================================================================
                  coef    std err          t      P>|t|      [0.025      0.975]
------------------------------------------------------------------------------
VOL_pct_change   0.0005   7.43e-05      6.193      0.000       0.000       0.001
==============================================================================
Omnibus:                      446.818   Durbin-Watson:                   2.034
Prob(Omnibus):                  0.000   Jarque-Bera (JB):           156387.719
Skew:                           9.835   Prob(JB):                         0.00
Kurtosis:                     124.188   Cond. No.                         1.00
==============================================================================
```

Notes:
[1] R² is computed without centering (uncentered) since the model does not contain a constant.
[2] Standard Errors assume that the covariance matrix of the errors is correctly specified.

❶ 將所有代碼的成交量百分比變化指派為自變數

❷ 對這個線性迴歸的殘差進行市場影響計算

然後，我們將市場影響納入我們的 dataframe 中，並觀察我們迄今為止介紹過的所有流動性度量的匯總統計資料：

```
In [26]: append1 = market_impact[0].append(market_impact[1])
         liq_vol_all['market_impact'] = append1.append(market_impact[2]) ❶

In [27]: cols = ['vol_diff_pct', 'price_diff_pct', 'price_diff',
                  'VOL_pct_change', 'dvol', 'mid_price']
         liq_measures_all = liq_vol_all.drop(liq_vol_all[cols], axis=1)\
                             .iloc[:, -11:]
         liq_measures_all.dropna(inplace=True)
         liq_measures_all.describe().T
```

Out[27]:

	count	mean	std	min
liq_ratio	738.0	7.368514e+10	2.569030e+11	8.065402e+08
Lhh	738.0	3.340167e-05	5.371681e-05	3.966368e-06
turnover_ratio	738.0	6.491127e-03	2.842668e-03	1.916371e-03
percent_quoted_ba	738.0	1.565276e-02	7.562850e-03	3.779877e-03
percent_effective_ba	738.0	8.334177e-03	7.100304e-03	0.000000e+00
roll	738.0	8.190794e-01	6.066821e-01	7.615773e-02
CS_spread	738.0	3.305464e-01	1.267434e-01	1.773438e-40
amihud	738.0	2.777021e-15	2.319450e-15	0.000000e+00
florackis	738.0	2.284291e-03	1.546181e-03	0.000000e+00
cet	738.0	-1.113583e+00	3.333932e+01	-4.575246e+02
market_impact	738.0	8.614680e-05	5.087547e-04	-1.596135e-03

	25%	50%	75%	max
liq_ratio	1.378496e+10	2.261858e+10	4.505784e+10	3.095986e+12
Lhh	1.694354e-05	2.368095e-05	3.558960e-05	5.824148e-04
turnover_ratio	4.897990e-03	5.764112e-03	7.423111e-03	2.542853e-02
percent_quoted_ba	1.041887e-02	1.379992e-02	1.878123e-02	5.545110e-02
percent_effective_ba	3.032785e-03	6.851479e-03	1.152485e-02	4.656669e-02
roll	4.574986e-01	6.975982e-01	1.011879e+00	4.178873e+00
CS_spread	2.444225e-01	3.609800e-01	4.188028e-01	5.877726e-01
amihud	1.117729e-15	2.220439e-15	3.766086e-15	1.320828e-14
florackis	1.059446e-03	2.013517e-03	3.324181e-03	7.869841e-03
cet	-1.687807e-01	5.654237e-01	1.660166e+00	1.845917e+02
market_impact	-3.010645e-05	3.383862e-05	1.309451e-04	8.165527e-03

❶ 將市場影響附加到 liq_vol_all dataframe 中。

這些是我們在透過 GMM 對流動性建模的過程中會利用的流動性度量。現在讓我們透過機率性非監督學習（probabilistic unsupervised learning）演算法來討論這個問題。

高斯混合模型

如果我們的資料具有代表了資料不同面向的多種模式時會發生什麼呢？或者讓我們把它放在流動性度量的語境之下來討論，您如何對具有不同變異數平均值的流動性度量進行建模呢？我們可以想像的到，由流動性度量所組成的資料將是多模態的，這意味著會存在著幾種不同的高機率群體，我們的任務是找出哪種模型最適配此類資料。

很明顯的，這裡所提出的模型應該包括幾個組件的混合，並且在不知道具體的流動性度量的情況下，應該根據從度量中所獲得的值進行分群。簡而言之，我們將擁有一個包含所有流動性度量的大資料集，並且假設目前我們忘記為這些度量指派標籤。我們需要一個模型，在不知道標籤的情況下呈現這些度量的不同分佈。此模型就是 GMM，它使我們能夠在不知道變數名稱的情況下，對多模態資料進行建模。

考慮到之前介紹的流動性度量具有不同焦點，如果我們想要對這些資料進行建模時，這意味著我們可以在不同時間捕捉到不同的流動性等級。例如，高波動時期的流動性，不能以和低波動時期相同的方式進行建模。同樣的，給定市場的深度，我們需要聚焦於流動性的這些不同面向。GMM 為我們提供了解決這個問題的工具。

長話短說，如果市場正在爆發期，這會和高波動率相符，那麼基於成交量和交易成本的度量將是不錯的選擇，如果市場最終出現價格不連續，則基於價格的度量將是最佳選擇，當然，我們不是在談論全尺碼通用（one-size-fits-all）的度量 —— 在某些情況下，混合度量可能會更好。

正如 VanderPlas（2016）所說，要使 K-means 成功，群集模型必須具有圓形的特性。然而，許多金融變數會呈現出非圓形形狀，這使得透過 K-means 來建模變得困難。我們很容易就可以觀察到，流動性度量會重疊並且不是圓形形狀，因此具有機率性質的 GMM 將是對此類資料建模的不錯選擇，正如 Fraley 和 Raftery（1998）所述：

> 分群的混合模型方法的一個優點是它允許使用近似貝氏因子來比較模型。
> 這提供了一種系統化的方法，讓我們不僅可以選擇模型的參數化（以及分
> 群方法），還可以選擇群集的數量。

在本章的這一部分中，我們想匯入必要的程式庫以在 GMM 中使用。此外，還應用了縮放（scaling），這是分群中必不可少的步驟，因為我們在 dataframe 中混合

了不同的數值。在接下來的程式碼的最後一部分中,我們繪製了一個直方圖來觀察資料中的多模態(圖 7-1)。這是我們在本節的開始時討論過的現象。

```
In [28]: from sklearn.mixture import GaussianMixture
         from sklearn.preprocessing import StandardScaler

In [29]: liq_measures_all2 = liq_measures_all.dropna()
         scaled_liq = StandardScaler().fit_transform(liq_measures_all2)

In [30]: kwargs = dict(alpha=0.5, bins=50,  stacked=True)
         plt.hist(liq_measures_all.loc[:, 'percent_quoted_ba'],
                  **kwargs, label='TC-based')
         plt.hist(liq_measures_all.loc[:, 'turnover_ratio'],
                  **kwargs, label='Volume-based')
         plt.hist(liq_measures_all.loc[:, 'market_impact'],
                  **kwargs, label='Market-based')
         plt.title('Multi Modality of the Liquidity Measures')
         plt.legend()
         plt.show()
```

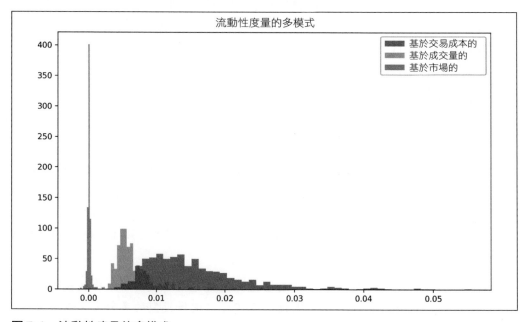

圖 7-1 流動性度量的多模式

現在，考慮到基於交易成本、成交量和市場的流動性度量，在圖 7-1 中可以很容易的觀察到多模態（也就是三個峰值）。由於縮放的問題，基於價格影響的流動性維度未被包含在直方圖中。

現在，讓我們執行一下 GMM，看看我們如何對流動性度量進行分群。但首先，這裡出現了一個常見問題：我們應該要有多少個群集呢？為了解決這個問題，我們將再次使用 BIC，並產生圖 7-2：

```
In [31]: n_components = np.arange(1, 10)
         clusters = [GaussianMixture(n, covariance_type='spherical',
                                     random_state=0).fit(scaled_liq)
                    for n in n_components] ❶
         plt.plot(n_components, [m.bic(scaled_liq) for m in clusters]) ❷
         plt.title('Optimum Number of Components')
         plt.xlabel('n_components')
         plt.ylabel('BIC values')
         plt.show()
```

❶ 根據不同的群集數產生不同的 BIC 值

❷ 給定組件數以繪製 BIC 值的折線圖

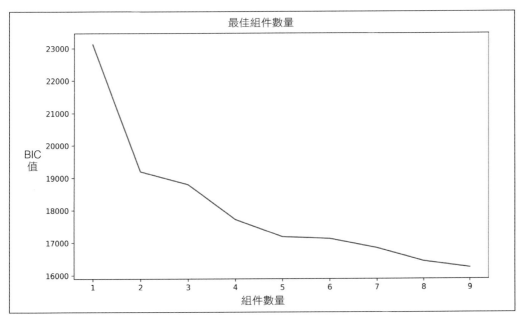

圖 7-2　最佳組件數量

圖 7-2 顯示，在第三個群集之後，這條線似乎變平了，這會是一個理想的停止點。

使用以下程式碼，我們能夠偵測出最能表達資料的狀態。狀態（*state*）一詞僅代表具有最高後驗機率的群集。這意味著這個特定的狀態最能解釋資料的動態。在此案例中，機率為 0.55 的狀態 3 是最有可能解釋資料動態的狀態：

```
In [32]: def cluster_state(data, nstates):
             gmm = GaussianMixture(n_components=nstates,
                                   covariance_type='spherical',
                                   init_params='kmeans') ❶
             gmm_fit = gmm.fit(scaled_liq) ❷
             labels = gmm_fit.predict(scaled_liq) ❸
             state_probs = gmm.predict_proba(scaled_liq) ❹
             state_probs_df = pd.DataFrame(state_probs,
                                           columns=['state-1','state-2',
                                                    'state-3'])
             state_prob_means = [state_probs_df.iloc[:, i].mean()
                                 for i in range(len(state_probs_df.columns))] ❺
             if np.max(state_prob_means) == state_prob_means[0]:
                 print('State-1 is likely to occur with a probability of {:4f}'
                       .format(state_prob_means[0]))
             elif np.max(state_prob_means) == state_prob_means[1]:
                 print('State-2 is likely to occur with a probability of {:4f}'
                       .format(state_prob_means[1]))
             else:
                 print('State-3 is likely to occur with a probability of {:4f}'
                       .format(state_prob_means[2]))
             return state_probs

In [33]: state_probs = cluster_state(scaled_liq, 3)
         print(f'State probabilities are {state_probs.mean(axis=0)}')

         State-3 is likely to occur with a probability of 0.550297
         State probabilities are [0.06285593 0.38684657 0.5502975 ]
```

❶ 配置 GMM

❷ 用縮放後的資料來擬合 GMM

❸ 執行預測

❹ 獲得狀態機率

❺ 計算所有三個狀態機率的平均值

好吧，用 GMM 來分群流動性度量萃取可能的狀態，並將其表達為一維資料這件事是否沒有意義呢？它確實能讓我們活的更輕鬆，因為在資料的最後，我們只會得出一個機率最高的群集。但是，如果我們應用 PCA 來充分瞭解哪些變數會與當前狀態相關，您又會怎麼想呢？在 PCA 中，我們能夠使用負荷量（loadings）在組件和特徵之間架起一座橋樑，以便我們可以分析哪些流動性度量具有特定時期所定義的特性。

我們的第一步是應用 PCA 並建立一個陡坡圖（圖 7-3），來決定我們要使用的組件數量：

```
In [34]: from sklearn.decomposition import PCA

In [35]: pca = PCA(n_components=11)
         components = pca.fit_transform(scaled_liq)
         plt.plot(pca.explained_variance_ratio_)
         plt.title('Scree Plot')
         plt.xlabel('Number of Components')
         plt.ylabel('% of Explained Variance')
         plt.show()
```

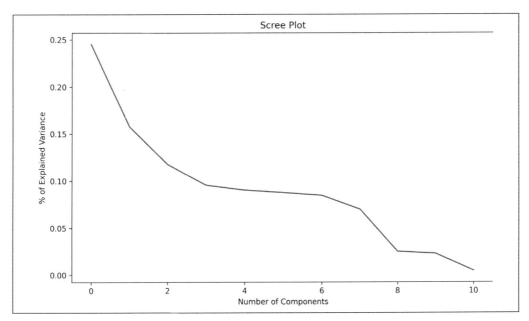

圖 7-3　陡坡圖

根據圖 7-3，我們決定在組件 3 之處停下來。

由於我們現在已經確定了組件的數量，讓我們用三個組件和 GMM 重新來執行 PCA。和之前的 GMM 應用程式類似，我們會計算後驗機率並將其指派給名為 state_probs 的變數：

```
In [36]: def gmm_pca(data, nstate):
             pca = PCA(n_components=3)
             components = pca.fit_transform(data)
             mxtd = GaussianMixture(n_components=nstate,
                                    covariance_type='spherical')
             gmm = mxtd.fit(components)
             labels = gmm.predict(components)
             state_probs = gmm.predict_proba(components)
             return state_probs,pca

In [37]: state_probs, pca = gmm_pca(scaled_liq, 3)
         print(f'State probabilities are {state_probs.mean(axis=0)}')
         State probabilities are [0.7329713  0.25076855 0.01626015]
```

接下來，我們將找出機率最高的狀態，結果會是狀態 1，其機率為 73%：

```
In [38]: def wpc():
             state_probs_df = pd.DataFrame(state_probs,
                                           columns=['state-1', 'state-2',
                                                    'state-3'])
             state_prob_means = [state_probs_df.iloc[:, i].mean()
                                 for i in range(len(state_probs_df.columns))]
             if np.max(state_prob_means) == state_prob_means[0]:
                 print('State-1 is likely to occur with a probability of {:4f}'
                       .format(state_prob_means[0]))
             elif np.max(state_prob_means) == state_prob_means[1]:
                 print('State-2 is likely to occur with a probability of {:4f}'
                       .format(state_prob_means[1]))
             else:
                 print('State-3 is likely to occur with a probability of {:4f}'
                       .format(state_prob_means[2]))
         wpc()
         State-1 is likely to occur with a probability of 0.732971
```

現在讓我們將注意力轉向使用負荷量分析來找出哪些流動性度量是最重要的。該分析指出，turnover_ratio、percent_quoted_ba、percent_effective_ba、amihud、以及 florackis 等比率是構成狀態 1 的流動性比率。以下程式碼顯示其結果：

```
In [39]: loadings = pca.components_.T * np.sqrt(pca.explained_variance_)  ❶
         loading_matrix = pd.DataFrame(loadings,
```

```
                                columns=['PC1', 'PC2', 'PC3'],
                                index=liq_measures_all.columns)
        loading_matrix
Out[39]:                            PC1        PC2        PC3
        liq_ratio              0.116701  -0.115791  -0.196355
        Lhh                   -0.211827   0.882007  -0.125890
        turnover_ratio         0.601041  -0.006381   0.016222
        percent_quoted_ba      0.713239   0.140103   0.551385
        percent_effective_ba   0.641527   0.154973   0.526933
        roll                  -0.070192   0.886080  -0.093126
        CS_spread              0.013373  -0.299229  -0.092705
        amihud                 0.849614  -0.020623  -0.488324
        florackis              0.710818   0.081948  -0.589693
        cet                   -0.035736   0.101575   0.001595
        market_impact          0.357031   0.095045   0.235266
```

❶ 從 PCA 計算負荷量

高斯混合關聯結構模型

鑑於金融市場的複雜性和精密性，不可能提出全尺碼通用的風險模型。因此，金融機構開發了自己的信用、流動性、市場和營運風險模型，以便他們能夠更有效率、更符合現實的管理所面臨的風險。然而，這些金融機構遇到的最大挑戰之一是風險間的相關性，也稱為聯合分佈，正如 Rachev 和 Stein（2009 年）所說：

> 隨著次貸危機的出現和隨後的信貸緊縮，學者、從業者、哲學家和記者開始尋找導致動盪和（幾乎）前所未有的市場惡化的原因和失敗⋯⋯在許多情況下，反對幾種在華爾街和世界各地所使用的方法和模型的論述其實是錯誤的。除了風險和議題被信貸市場中標的資產的證券化（securitization）、分批發行（tranching）和封裝（packaging）以及評級機構的不幸又不知何故的誤導作用所籠罩之外，數學模型被用於現在因為無法在極端市場階段中捕捉到風險而飽受抨擊的市場。

為「極端市場階段」建模的任務將我們引向聯合分佈的概念，透過此概念，我們可以使用單一分佈來對多種風險進行建模。

忽視風險間的相互作用的模型注定要失敗。在這方面，一種直觀而簡單的方法被提出了：關聯結構（copula）。

關聯結構是將個體風險的邊際分佈映射到多元分佈的函數，從而生成了許多標準均勻隨機變數的聯合分佈。如果我們使用了已知的分佈，例如常態分佈，則很容易對變數的聯合分佈進行建模，稱為雙變量常態（bivariate normal）分佈。然而，這裡的挑戰是定義這兩個變數之間的相關性結構，這就是關聯結構出馬之處（Hull 2012）。

根據 Sklar 定理，令 F 為 X^i 的邊際（marginal）連續累積分佈函數（cumulative distribution function, CDF）。CDF 轉換會將隨機變數映射到均勻分佈在 [0,1] 中的純量。然而，所有這些邊際 CDF 的聯合分佈並不會遵循均勻分佈和關聯結構函數（Kasa 和 Rajan 2020）：

$$C:[0,1]^i \to [0,1]$$

其中 i 顯示了邊際 CDF 的數量。換句話說，在雙變量的情況下，i 的值為 2 ，而函數變為：

$$C:[0,1]^2 \to [0,1]$$

因此：

$$F(x_1, x_2) \equiv C(F_1(x_1), \ldots, F_i(x_i))$$

其中 C 是關聯結構並且是唯一的，這是在 F_i 們的邊際分佈是連續的，而且 F 是聯合累積分佈下得到的。

或者，關聯結構函數可以用個別的邊際密度來描述：

$$f(x) = C(F_1(x_1), \ldots, F_i(x_i)) \Pi_{j=1}^i f_j(x_j)$$

其中 $f(x)$ 代表多變量 (multivariate) 密度，f_j 是第 j 個資產的邊際密度。

如果不說明一下我們需要滿足關聯結構的那些假設，我們就無法完成我們的討論。以下是來自 Bouye（2000）的假設：

1. $C = S_1 \times S_2$，其中 S_1 和 S_2 是 [0,1] 的非空子集合。

2. C 是一個遞增函數，使得 $0 \le u_1 \le u_2 \le 1$ 且 $0 \le v_1 \le v_2 \le 1$。

$$C([u_1, v_1] \times [u_2, v_2]) \equiv C(u_2, v_2) - C(u_2, v_2) - C(u_1, v_2) + C(u_1, u_1) \ge 0$$

3. 對於 S_1 中的每個 u 和 S_2 中的每個 v：$C(u, 1) = u$ 且 $C(1, v) = v$。

在對關聯結構進行了長時間的理論討論之後，您可能會考慮它在 Python 中程式設計的複雜性。不用擔心，我們有一個程式庫，它真的很容易應用。關聯結構的 Python 程式庫的名字叫做 Copulae，我們將在下面使用它：

```
In [40]: from copulae.mixtures.gmc.gmc import GaussianMixtureCopula ❶

In [41]: _, dim = scaled_liq.shape
         gmcm = GaussianMixtureCopula(n_clusters=3, ndim=dim) ❷

In [42]: gmcm_fit = gmcm.fit(scaled_liq,method='kmeans',
                             criteria='GMCM', eps=0.0001) ❸
         state_prob = gmcm_fit.params.prob
         print(f'The state {np.argmax(state_prob) + 1} is likely to occur')
         print(f'State probabilities based on GMCM are {state_prob}')
         The state 2 is likely to occur
         State probabilities based on GMCM are [0.3197832  0.34146341 0.
         33875339]
```

❶ 從 copulae 匯入 GaussianMixtureCopula

❷ 使用群集數量和維度來配置 GMCM

❸ 適配 GMCM

結果表明，當考慮相關性時，狀態 2 佔了上風，但彼此間的後驗機率非常接近，這意味著當流動性度量之間的相關性出現時，流動性的共通性（commonality）會突顯出來。

結論

流動性風險本身就是一個重要的風險來源，並且與其他金融風險具有高度相關性，因此十多年來一直被放大檢視。

本章介紹了一種基於 GMM 的流動性建模新方法，它允許我們對多變量資料進行建模並產生群集。給定這些群集的後驗機率，我們能夠確定哪個群集代表了資料的關鍵特性。然而，如果不考慮流動性度量的相關性結構，我們的模型可能無法成為現實的良好表達法。因此，為了解決這個問題，我們引入了 GMCM，並透過考慮變數之間的相關性結構重新定義了關鍵群集。

完成流動性建模後，我們現在準備討論另一個重要的財務風險來源：營運風險（operational risk）。營運風險的產生可能有多種原因，但我們將討論詐欺活動所帶來的營運風險。

參考文獻

本章引用的論文：

Abdi, Farshid, and Angelo Ranaldo. 2017. "A Simple Estimation of Bid-Ask Spreads from Daily Close, High, and Low Prices." *The Review of Financial Studies* 30 (12): 4437-4480.

Baker, H. Kent, and Halil Kiymaz, eds. 2013. *Market Microstructure in Emerging and Developed Markets: Price Discovery, Information Flows, and Transaction Costs.* Hoboken, New Jersey: John Wiley and Sons.

Bessembinder, Hendrik, and Kumar Venkataraman. 2010. "Bid–Ask Spreads." in *Encyclopedia of Quantitative Finance*, edited b. Rama Cont. Hoboken, NJ: John Wiley and Sons.

Blume, Lawrence, David Easley, and Maureen O'Hara. 1994 "Market Statistics and Technical Analysis: The Role of Volume." *The Journal of Finance* 49 (1): 153-181.

Bouyé, Eric, Valdo Durrleman, Ashkan Nikeghbali, Gaël Riboulet, and Thierry Roncalli. 2000. "Copulas for Finance: A Reading Guide and Some Applications." Available at SSRN 1032533.

Chuck, Prince. 2007. "Citigroup Chief Stays Bullish on Buy-Outs." *Financial Times.* https://oreil.ly/nKOZk.

Corwin, Shane A., and Paul Schultz. 2012. "A Simple Way to Estimate Bid-Ask Spreads from Daily High and Low Prices." *The Journal of Finance* 67 (2): 719-760.

Florackis, Chris, Andros Gregoriou, and Alexandros Kostakis. 2011. "Trading Fre-quency and Asset Pricing on the London Stock Exchange: Evidence from a New Price Impact Ratio." *Journal of Banking and Finance* 35 (12): 3335-3350.

Fraley, Chris, and Adrian E. Raftery. 1998. "How Many Clusters? Which Clustering Method? Answers via Model-Based Cluster Analysis." *The Computer Journal* 41(8): 578-588.

Gabrielsen, Alexandros, Massimiliano Marzo, and Paolo Zagaglia. 2011. "Measuring Market Liquidity: An Introductory Survey." *SRN Electronic Journal*.

Harris, Lawrence. 1990. "Statistical Properties of the Roll Serial Covariance Bid/Ask Spread Estimator." *The Journal of Finance* 45 (2): 579-590.

Gaygisiz, Esma, Abdullah Karasan, and Alper Hekimoglu. 2021. "Analyses of factors of Market Microstructure: Price impact, liquidity, and Volatility." *Optimization* (Forthcoming).

Kasa, Siva Rajesh, and Vaibhav Rajan. 2020. "Improved Inference of Gaussian Mixture Copula Model for Clustering and Reproducibility Analysis using Automatic Differentiation." arXiv preprint arXiv:2010.14359.

Kyle, Albert S. 1985. "Continuous Auctions and Insider Trading." *Econometrica* 53 (6): 1315-1335.

Le, Huong, and Andros Gregoriou. 2020. "How Do You Capture Liquidity? A Review of the Literature on Low-Frequency Stock Liquidity." *Journal of Economic Surveys* 34 (5): 1170-1186.

Lou, Xiaoxia, and Tao Shu. 2017. "Price Impact or Trading Volume: Why Is the Amihud (2002) measure Priced?." *The Review of Financial Studies* 30 (12): 4481-4520.

Nikolaou, Kleopatra. 2009. "Liquidity (Risk) concepts: Definitions and Interactions." European Central Bank Working Paper Series 1008.

Rachev, S. T., W. Sun, and M. stein. 2009. "Copula Concepts in Financial Markets." *Portfolio Institutionell* (4): 12-15.

Roll, Richard. 1984. "A Simple Implicit Measure of the Effective Bid-Ask Spread in an Efficient Market." *The Journal of Finance* 29 (4): 1127-1139.

Sarr, Abdourahmane, and Tonny Lybek. 2002. "Measuring liquidity in financial markets." IMF Working Papers (02/232): 1-64.

本書引用的書籍：

Hull, John. 2012. *Risk Management and Financial Institutions*. Hoboken, New Jersey: John Wiley and Sons.

VanderPlas, Jake. 2016. *Python Data Science Handbook: Essential Tools for Working with Data*. Sebastopol: O'Reilly.

第八章

營運風險建模

…帶來最大打擊的不一定是最大的失誤；即使是最小的事件，股價也會暴跌。

— Dunnett, Levy, 與 Simoes（2005）

到目前為止，我們已經討論了三種主要的金融風險：市場風險、信用風險和流動性風險。現在是討論營運風險的時候了，它比其他類型的金融風險具有更多歧義。這種歧義性源自於讓金融機構可能面臨巨大損失的各種風險來源。

營運風險是因區間程序（interval process）、人員和系統的不充分或失敗或者外部事件而導致直接或間接損失的風險（BIS 2019）。

請注意，損失可能是直接和 / 或間接的。一些直接損失將是：

* 司法程序產生的法律責任
* 因盜竊或資產減少而重估減值（write-down）
* 來自稅收、執照、罰款等的法遵（compliance）。
* 業務中斷

間接成本與機會成本有關，因為機構做出的決定可能會引發一系列事件，從而在未來不確定的時間導致損失。

通常，金融機構會撥出一定數額的資金來彌補營運風險所帶來的損失，這就是所謂的非預期損失（*unexpected loss*）。然而，分配適當數量的資金來彌補非預期損失並不像聽起來那麼容易。我們有必要確定正確的非預期損失金額；否則，要不然就是投入更多資金，讓資金閒置並產生機會成本，要不然就是分配少於所需的資金，從而導致流動性問題。

正如我們之前簡要提到的，營運風險可能具有多種形式。其中，我們將把注意力集中在詐欺（fraud）風險上，這被認為是最普遍和最具破壞性的營運風險類型。

詐欺通常可以被描述為設計來欺騙他人的故意行為、錯誤陳述或不作為，導致受害者遭受損失或犯罪者獲得收益（OCC 2019）。如果損失發生在金融機構內部，則為內部詐欺；如果是由第三方實施，則為外部詐欺。

哪些詐欺行為會是金融機構主要關注的問題？是什麼增加了進行詐欺活動的可能性？為了解決這些問題，我們可以參考三個重要因素：

- 全球化
- 缺乏適當的風險管理
- 經濟壓力

全球化導致金融機構在全球範圍內擴展其業務，隨著金融機構開始在沒有先驗知識的環境中營運，這帶來了更高的腐敗、賄賂和任何類型非法行為的可能性。

缺乏適當的風險管理一直是詐欺的最明顯原因。誤導性報告和非法、未經授權的交易為詐欺行為埋下種子。一個非常著名的例子是霸菱（Barings）案，在該案中，霸菱的年輕交易員 Nick Leeson 利用會計技巧進行投機交易和隨後的掩蓋行動，使霸菱銀行損失了巨額財富，總計 13 億美元。因此，當缺乏明確定義的風險管理政策以及完善的風險文化時，員工可能傾向於進行詐欺。

詐欺的另一個動機是員工不斷惡化的財務狀況。特別是在經濟低迷時期，員工可能會被引誘從事詐欺活動。此外，金融機構本身可能會採用非法操作（例如會計技巧）來尋找擺脫低迷的方法。

詐欺不僅會造成相當大的損失，還會對公司的聲譽構成威脅，進而可能破壞公司的長期永續性。以 2001 年爆發的會計詐欺的一個很好的例子恩隆（Enron）為例。恩隆成立於 1985 年，成為美國乃至世界最大的公司之一。讓我簡單的告訴您有關這次大崩潰的故事。

由於恩隆在能源市場面臨到壓力，高階主管們被鼓勵去依賴可疑的會計做法，從而導致因編製巨大的未實現期貨收益而虛增利潤。多虧了前企業發展副總裁、舉報人 Sherron Watkins，這個現代金融史上最大的詐欺案件之一才會曝光。這一事件也強調了防止詐欺活動的重要性，否則可能會導致個人或公司的聲譽受到巨大損害或財務崩潰。

在本章中，我們的目標是介紹一種基於機器學習的模型來偵測詐欺或可能的詐欺操作。這是而且也應該是一個不斷發展的領域，以能夠持續領先肇事者。與詐欺相關的資料集可能有兩種形式：已標記（*labeled*）或未標記資料（*unlabeled data*）。同時將兩者考慮進去，我們首先會應用監督式學習（supervised learning）演算法，然後再假裝我們並沒有標籤來使用非監督式學習（unsupervised learning）演算法，即使我們即將使用的資料集中的確有包含標籤。

我們將用於詐欺分析的資料集稱為信用卡交易詐欺偵測資料集（*Credit Card Transaction Fraud Detection Dataset*），是由 Brandon Harris 建立的。信用卡詐欺並非很少見的問題，其目標是偵測詐欺的可能性並通知銀行，以便銀行能夠盡職的調查狀況。這是銀行保護自己免受巨額損失的方式。根據 2020 年的尼爾森報告（Nilsen Report 2020），支付卡詐欺損失達到創紀錄的 320.4 億美元，而每 100 美元的總交易額就損失了 6.8 美分。

這個資料集是混合了各種類型屬性的一個很好的例子，因為我們有連續型、離散型和名詞型（nominal）的資料。您可以在 Kaggle（*https://oreil.ly/fxxFg*）上找到這份資料。資料的說明參見表 8-1。

表 8-1　屬性與解釋

屬性	解釋
trans_date_trans_time	交易日期
cc_num	客戶的信用卡號碼
merchant	交易發生的商家
amt	交易金額
first	客戶的名字
last	客戶的姓氏
gender	客戶的性別
street, city, state	客戶的地址
zip	交易處的郵遞區號
lat	客戶位置的緯度

屬性	解釋
long	客戶位置的經度
city_pop	城市人口數
job	客戶職業類型
dob	客戶的出生日期
trans_num	每筆交易的唯一性交易編號
unix_time	Unix 系統中的交易時間
merch_lat	商家的緯度
merch_long	商家的經度
is_fraud	交易是否是詐欺

熟悉詐欺資料

您可能已經注意到，如果不同類別之間的觀察數量差不多是相等的話，那麼 ML 演算法會運作的更好 —— 也就是說，它最適合用在平衡的資料上。在詐欺案例中我們並沒有平衡的資料，所以這種情況被稱為類別不平衡（*class imbalance*）。在第 6 章中，我們學習了如何處理類別不平衡問題，我們將在本章中再次使用這個技巧。

讓我們開始吧。首先，檢查一下信用卡交易詐欺偵測資料集中變數的資料型別會是有意義的：

```
In [1]: import pandas as pd
        import numpy as np
        import matplotlib.pyplot as plt
        import seaborn as sns
        from scipy.stats import zscore
        import warnings
        warnings.filterwarnings('ignore')

In [2]: fraud_data = pd.read_csv('fraudTrain.csv')
        del fraud_data['Unnamed: 0']

In [3]: fraud_data.info()
        <class 'pandas.core.frame.DataFrame'>
        RangeIndex: 1296675 entries, 0 to 1296674
        Data columns (total 22 columns):
         #   Column               Non-Null Count    Dtype
        ---  ------               --------------    -----
         0   trans_date_trans_time 1296675 non-null  object
         1   cc_num               1296675 non-null  int64
         2   merchant             1296675 non-null  object
```

```
  3   category              1296675 non-null   object
  4   amt                   1296675 non-null   float64
  5   first                 1296675 non-null   object
  6   last                  1296675 non-null   object
  7   gender                1296675 non-null   object
  8   street                1296675 non-null   object
  9   city                  1296675 non-null   object
  10  state                 1296675 non-null   object
  11  zip                   1296675 non-null   int64
  12  lat                   1296675 non-null   float64
  13  long                  1296675 non-null   float64
  14  city_pop              1296675 non-null   int64
  15  job                   1296675 non-null   object
  16  dob                   1296675 non-null   object
  17  trans_num             1296675 non-null   object
  18  unix_time             1296675 non-null   int64
  19  merch_lat             1296675 non-null   float64
  20  merch_long            1296675 non-null   float64
  21  is_fraud              1296675 non-null   int64
dtypes: float64(5), int64(5), object(12)
memory usage: 217.6+ MB
```

結果顯示，我們擁有所有型別的資料：物件（object）、整數（integer）和浮點數（float）。但是，大多數變數都是物件型別的，因此需要進行額外的分析才能將這些類別型（categorical）變數轉換為數值型（numerical）變數。

因變數在這類分析中非常重要，因為它通常具有需要我們注意的不平衡特性。這顯示在以下程式碼片段（以及生成的圖 8-1）中，其中指出觀察值的數量非常不成比例：

```
In [4]: plt.pie(fraud_data['is_fraud'].value_counts(), labels=[0, 1])
        plt.title('Pie Chart for Dependent Variable');
        print(fraud_data['is_fraud'].value_counts())
        plt.show()
        0    1289169
        1       7506
        Name: is_fraud, dtype: int64
```

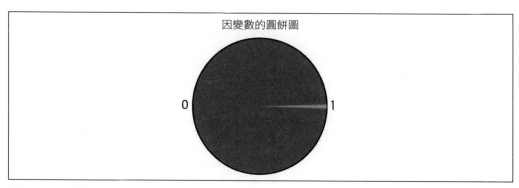

圖 8-1　因變數的圓餅圖

正如我們所見，非詐欺案例的觀察值數量為 1,289,169，而詐欺案例只有 7,506 筆，因此我們知道資料是高度不平衡的，正如我們所預期的那樣。

此時，我們可以使用一種完全不同的工具來偵測缺漏的（missing）觀察值的數量。這個工具被稱為 missingno，它還為我們提供了缺漏值的視覺化模組（如圖 8-2 所示）：

```
In [5]: import missingno as msno ❶

        msno.bar(fraud_data) ❷
```

❶　匯入 missingno

❷　為缺漏值建立長條圖

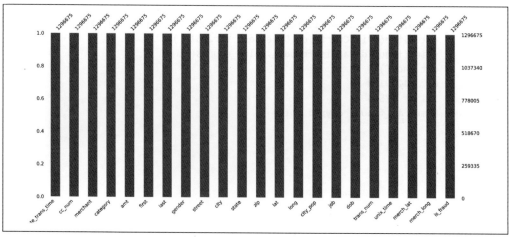

圖 8-2　缺漏的觀察值

在圖 8-2 的頂部顯示了每個變數的非缺漏觀察值的數量，在左側我們可以看到非缺漏值的百分比。這個分析指出資料並沒有缺漏值。

在下一步中，首先我們將日期變數 trans_date_trans_time 轉換為適當的格式，然後我們再將時間拆解為天和小時，這裡假設了詐欺活動會在特定的時段內激增。分析詐欺在不同類別的變數上的影響是有意義的。為此，我們將使用長條圖。很清楚可以看出對於某些變數的類別，詐欺案件的數量可能會發生變化。但它在性別變數中保持不變，這意味著性別對詐欺活動沒有影響。另一個引人注目且明顯的觀察結果是，詐欺案件每天和每小時都在發生巨大變化。這可以在生成的圖 8-3 中目視確認：

```
In [6]: fraud_data['time'] = pd.to_datetime(fraud_data['trans_date_trans_time'])
        del fraud_data['trans_date_trans_time']

In [7]: fraud_data['days'] = fraud_data['time'].dt.day_name()
        fraud_data['hour'] = fraud_data['time'].dt.hour

In [8]: def fraud_cat(cols):
            k = 1
            plt.figure(figsize=(20, 40))
            for i in cols:
                categ = fraud_data.loc[fraud_data['is_fraud'] == 1, i].\
                    value_counts().sort_values(ascending=False).\
                    reset_index().head(10) ❶
                plt.subplot(len(cols) / 2, len(cols) / 2, k)
                bar_plot = plt.bar(categ.iloc[:, 0], categ[i])
                plt.title(f'Cases per {i} Categories')
                plt.xticks(rotation='45')
                k+= 1
            return categ, bar_plot

In [9]: cols = ['job', 'state', 'gender', 'category', 'days', 'hour']
        _, bar_plot = fraud_cat(cols)
        bar_plot
```

❶　根據詐欺活動按遞增順序對 fraud_data 進行排序

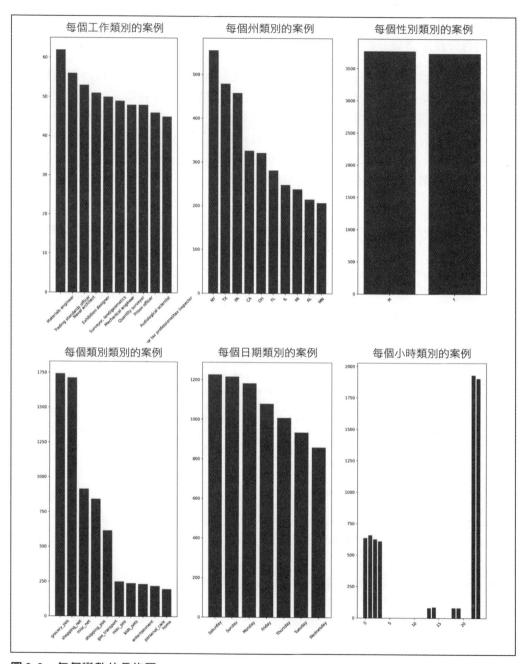

圖 8-3　每個變數的長條圖

根據以上的分析和我們之前對詐欺分析的瞭解，我們可以決定要在建模中使用的變數數量。我們將類別型變數挑選出來，以便使用 **pd.get_dummies** 來建立虛擬（dummy）變數：

```
In [10]: cols=['amt','gender','state','category',
               'city_pop','job','is_fraud','days','hour']
         fraud_data_df=fraud_data[cols]

In [11]: cat_cols=fraud_data[cols].select_dtypes(include='object').columns

In [12]: def one_hot_encoded_cat(data, cat_cols):
             for i in cat_cols:
                 df1 = pd.get_dummies(data[str(i)],
                                      prefix=i, drop_first=True)
                 data.drop(str(i), axis=1, inplace=True)
                 data = pd.concat([data, df1], axis=1)
             return data

In [13]: fraud_df = one_hot_encoded_cat(fraud_data_df, cat_cols)
```

在類別型變數分析之後，值得討論一下數值型變數 —— 也就是 amount、population、和 hour —— 之間的交互作用。相關性分析為我們提供了一個強大的工具來確定這些變數之間的交互作用，而由此產生的熱圖（heatmap）（圖 8-4）表明相關性非常低：

```
In [14]: num_col = fraud_data_df.select_dtypes(exclude='object').columns
         fraud_data_df = fraud_data_df[num_col]
         del fraud_data_df['is_fraud']

In [15]: plt.figure(figsize=(10,6))
         corrmat = fraud_data_df.corr()
         top_corr_features = corrmat.index
         heat_map = sns.heatmap(corrmat, annot=True, cmap="viridis")
```

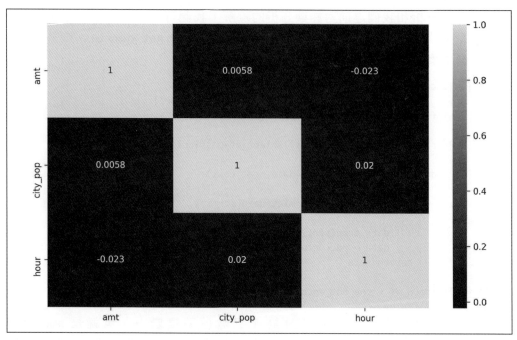

圖 8-4　熱圖

詐欺檢查的監督式學習建模

我們使用交互作用、缺漏值和建立虛擬變數來確定變數的特殊特性。現在我們已準備好繼續往前並執行機器學習模型以進行詐欺分析。我們即將執行的模型是：

- 羅吉斯迴歸

- 決策樹

- 隨機森林

- XGBoost

您可以想像，在進行建模之前擁有平衡的資料將會是關鍵。儘管有很多方法可以獲得平衡的資料，但我們會選擇向下採樣（undersampling）方法，因為它的效能很好。向下採樣是一種將多數類別匹配到少數類別的技術，如圖 8-5 所示。

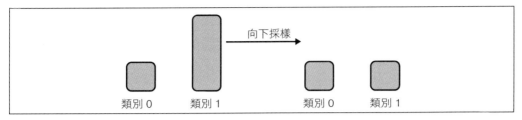

圖 8-5 向下採樣

另一種說法是,我們會從多數類別中刪除觀察值的數量,直到我們得到和少數類相同數量的觀察值。我們將在下面的程式碼區塊中應用向下採樣,其中我們將自變數和因變數分別命名為 X_under 和 y_under。在下文中,我們會以隨機方式來應用訓練-測試拆分(train-test split)過程以獲得訓練和測試拆分:

```
In [16]:  from sklearn.model_selection import train_test_split
          from sklearn.linear_model import LogisticRegression
          from sklearn.model_selection import train_test_split
          from sklearn.model_selection import GridSearchCV
          from sklearn.model_selection import RandomizedSearchCV
          from sklearn.metrics import (classification_report,
                                       confusion_matrix, f1_score)

In [17]:  non_fraud_class = fraud_df[fraud_df['is_fraud'] == 0]
          fraud_class = fraud_df[fraud_df['is_fraud'] == 1]

In [18]:  non_fraud_count,fraud_count=fraud_df['is_fraud'].value_counts()
          print('The number of observations in non_fraud_class:', non_fraud_count)
          print('The number of observations in fraud_class:', fraud_count)
          The number of observations in non_fraud_class: 1289169
          The number of observations in fraud_class: 7506

In [19]:  non_fraud_under = non_fraud_class.sample(fraud_count) ❶
          under_sampled = pd.concat([non_fraud_under, fraud_class], axis=0) ❷
          X_under = under_sampled.drop('is_fraud',axis=1) ❸
          y_under = under_sampled['is_fraud'] ❹

In [20]:  X_train_under, X_test_under, y_train_under, y_test_under =\
                  train_test_split(X_under, y_under, random_state=0)
```

❶ 對 fraud_count 進行採樣

❷ 將包括詐欺案件的資料與不包括詐欺案件的資料串接起來

❸ 透過刪除 is_fraud 來建立自變數

❹ 透過 is_fraud 來建立因變數

使用向下採樣方法後，現在讓我們執行我們之前描述的一些分類模型，並觀察這些模型在偵測詐欺方面的表現：

```
In [21]: param_log = {'C': np.logspace(-4, 4, 4), 'penalty': ['l1', 'l2']}
         log_grid = GridSearchCV(LogisticRegression(),
                                 param_grid=param_log, n_jobs=-1)
         log_grid.fit(X_train_under, y_train_under)
         prediction_log = log_grid.predict(X_test_under)

In [22]: conf_mat_log = confusion_matrix(y_true=y_test_under,
                                         y_pred=prediction_log)
         print('Confusion matrix:\n', conf_mat_log)
         print('--' * 25)
         print('Classification report:\n',
               classification_report(y_test_under, prediction_log))
Confusion matrix:
 [[1534  310]
 [ 486 1423]]
--------------------------------------------------
Classification report:
               precision    recall  f1-score   support

           0       0.76      0.83      0.79      1844
           1       0.82      0.75      0.78      1909

    accuracy                           0.79      3753
   macro avg       0.79      0.79      0.79      3753
weighted avg       0.79      0.79      0.79      3753
```

首先，讓我們看一下混淆矩陣（confusion matrix）。混淆矩陣指出，落在偽陽性（false positive）和偽陰性（false negative）的觀察值分別為 310 和 486。我們將會在基於成本的方法中使用混淆矩陣。

F1 分數（*F1 score*）是用於衡量這些模型效能的度量。它提供了召回率（recall）和精確度（precision）的加權平均值，使其成為此類案例的理想度量。

第二個模型是決策樹（decision tree），它在詐欺建模方面效果很好。調整超參數後，結果發現它的 F1 分數要高得多，說明決策樹做得比較好。正如我們所預期的那樣，與羅吉斯迴歸相比，偽陽性和偽陰性的觀察值的數量要少得多：

```
In [23]: from sklearn.tree import DecisionTreeClassifier

In [24]: param_dt = {'max_depth': [3, 5, 10],
                     'min_samples_split': [2, 4, 6],
                     'criterion': ['gini', 'entropy']}
         dt_grid = GridSearchCV(DecisionTreeClassifier(),
                                param_grid=param_dt, n_jobs=-1)
         dt_grid.fit(X_train_under, y_train_under)
         prediction_dt = dt_grid.predict(X_test_under)

In [25]: conf_mat_dt = confusion_matrix(y_true=y_test_under,
                                        y_pred=prediction_dt)
         print('Confusion matrix:\n', conf_mat_dt)
         print('--' * 25)
         print('Classification report:\n',
               classification_report(y_test_under, prediction_dt))
         Confusion matrix:
          [[1795   49]
          [  84 1825]]
         --------------------------------------------------

         Classification report:
                       precision    recall  f1-score   support

                    0       0.96      0.97      0.96      1844
                    1       0.97      0.96      0.96      1909

             accuracy                           0.96      3753
            macro avg       0.96      0.96      0.96      3753
         weighted avg       0.96      0.96      0.96      3753
```

根據普遍的看法,作為集成模型(ensemble model)的隨機森林(random forest)
模型表現優於決策樹。然而,只有當決策樹對不同樣本的預測差異很大而導致預測
不穩定時,這才是正確的,但在這裡的情況並非如此。從以下結果可以看出,隨機
森林的效能並不比決策樹好,即使它的 F1 得分為 0.87:

```
In [26]: from sklearn.ensemble import RandomForestClassifier

In [27]: param_rf = {'n_estimators':[20,50,100] ,
                     'max_depth':[3,5,10],
                     'min_samples_split':[2,4,6],
                     'max_features':['auto', 'sqrt', 'log2']}
         rf_grid = GridSearchCV(RandomForestClassifier(),
                                param_grid=param_rf, n_jobs=-1)
         rf_grid.fit(X_train_under, y_train_under)
         prediction_rf = rf_grid.predict(X_test_under)
```

```
In [28]: conf_mat_rf = confusion_matrix(y_true=y_test_under,
                                          y_pred=prediction_rf)
         print('Confusion matrix:\n', conf_mat_rf)
         print('--' * 25)
         print('Classification report:\n',
               classification_report(y_test_under, prediction_rf))
         Confusion matrix:
          [[1763   81]
          [ 416 1493]]
         -------------------------------------------------
         Classification report:
                       precision    recall  f1-score   support

                    0       0.81      0.96      0.88      1844
                    1       0.95      0.78      0.86      1909

             accuracy                           0.87      3753
            macro avg       0.88      0.87      0.87      3753
         weighted avg       0.88      0.87      0.87      3753
```

我們要看的最後一個模型是 XGBoost，它會產生與決策樹相似的結果，因為它輸出的 F1 分數為 0.97：

```
In [29]: from xgboost import XGBClassifier

In [30]: param_boost = {'learning_rate': [0.01, 0.1],
                         'max_depth': [3, 5, 7],
                         'subsample': [0.5, 0.7],
                         'colsample_bytree': [0.5, 0.7],
                         'n_estimators': [10, 20, 30]}
         boost_grid = RandomizedSearchCV(XGBClassifier(),
                                          param_boost, n_jobs=-1)
         boost_grid.fit(X_train_under, y_train_under)
         prediction_boost = boost_grid.predict(X_test_under)

In [31]: conf_mat_boost = confusion_matrix(y_true=y_test_under,
                                             y_pred=prediction_boost)
         print('Confusion matrix:\n', conf_mat_boost)
         print('--' * 25)
         print('Classification report:\n',
               classification_report(y_test_under, prediction_boost))
         Confusion matrix:
          [[1791   53]
          [  75 1834]]
         -------------------------------------------------
         Classification report:
```

```
              precision    recall  f1-score   support

           0       0.96      0.97      0.97      1844
           1       0.97      0.96      0.97      1909

    accuracy                           0.97      3753
   macro avg       0.97      0.97      0.97      3753
weighted avg       0.97      0.97      0.97      3753
```

給定以上所有應用程式，以下是匯總結果：

表 8-2　使用向下採樣進行詐欺建模的結果

模型	F1 分數
羅吉斯迴歸	0.79
決策樹	0.96
隨機森林	0.87
XGBoost	0.97

基於成本的詐欺檢查

向下採樣為我們提供了處理不平衡資料的便捷工具。然而，它伴隨著成本，最大的成本是它丟棄了重要的觀察結果。儘管可以將不同的採樣程序應用於敏感的分析上，例如醫療保健、詐欺等，但我們應該注意的是，效能度量並未能考慮不同的分類錯誤對經濟的不同影響的程度。因此，如果有一種方法提出不同的分類錯誤成本，則稱其為**對成本敏感的分類器**（*cost-sensitive classifier*）。讓我們考慮一下詐欺案例，這是對成本敏感的分析的經典範例。在這種類型的分析中，很明顯的，偽陽性比偽陰性成本更低。更準確的說，偽陽性意味著阻止已經合法的交易。這種分類的成本往往與管理成本和機會成本相關，例如花費在偵測上的時間和精力，以及金融機構可以從交易中獲得的潛在收益損失。

然而，未能偵測到詐欺行為（即存在偽陰性）對公司來說意義重大，因為這可能意味著各種內部缺陷以及設計不良的營運程序。由於未能發現真正的詐欺行為，公司可能會產生巨額財務成本 —— 包括交易金額 —— 更不用說因聲譽受損而產生的成本。前一種成本加重了公司的負擔，然而後一種成本既不能量化也不容忽視。

如您所見，我們需要為不同的分類錯誤指派不同的成本，這讓我們找到了一個更明顯、更現實的解決方案。為了簡單起見，我們假設偽陰性和真陽性（true positive）的成本分別為交易金額和 2。表 8-3 總結了結果。評估對成本敏感性的另一種方法是假設存在恆定的偽陰性，就像在其他情況下一樣。然而，這種方法被認為是不符現實的。

表8-3　對成本敏感的矩陣

真陽性 = 2	偽陰性 = 交易金額
偽陽性 = 2	真陰性 = 0

因此，機構可能會面臨的不同偽陰性成本的總成本計算如下：

$$\text{成本} = \sum_{i=1}^{N} y_i \left(c_i C_{TP_i} + (1 - c_i) C_{FN_i} \right) + (1 - y_i) c_i C_{FP_i}$$

其中 c_i 是預測標籤，y_i 是實際標籤，N 是觀察次數，C_{TP_i} 和 C_{FP_i} 則對應到管理成本，在我們的例子中為 2。C_{FN_i} 代表交易金額。

現在，有了這些資訊，讓我們重新審視考慮對成本敏感的方法的 ML 模型，並計算這些模型的成本變化。然而，在我們開始之前，值得注意的是對成本敏感的模型並不是能夠快速處理的模型，因此當我們有大量的觀察值時，明智的做法是從中採樣並快速的對資料進行建模。與類別相關的成本度量如下：

```
In [32]: fraud_df_sampled = fraud_df.sample(int(len(fraud_df) * 0.2)) ❶

In [33]: cost_fp = 2
         cost_fn = fraud_df_sampled['amt']
         cost_tp = 2
         cost_tn = 0
         cost_mat = np.array([cost_fp * np.ones(fraud_df_sampled.shape[0]),
                              cost_fn,
                              cost_tp * np.ones(fraud_df_sampled.shape[0]),
                              cost_tn * np.ones(fraud_df_sampled.shape[0])]).T ❷

In [34]: cost_log = conf_mat_log[0][1] * cost_fp + conf_mat_boost[1][0] * \
                    cost_fn.mean() + conf_mat_log[1][1] * cost_tp ❸
         cost_dt = conf_mat_dt[0][1] * cost_fp + conf_mat_boost[1][0] * \
                   cost_fn.mean() + conf_mat_dt[1][1] * cost_tp ❸
         cost_rf = conf_mat_rf[0][1] * cost_fp + conf_mat_boost[1][0] * \
                   cost_fn.mean() + conf_mat_rf[1][1] * cost_tp ❸
         cost_boost = conf_mat_boost[0][1] * cost_fp + conf_mat_boost[1][0] * \
                      cost_fn.mean() + conf_mat_boost[1][1] * cost_tp ❸
```

❶　從 fraud_df 資料中採樣

❷　計算成本矩陣

❸ 計算每個部署的模型的總成本

計算總成本使我們能夠採用不同的方法來評估模型效能。我們期望 F1 分數高的模型的總成本會比較低，這就是我們在表 8-4 中所看到的情況。羅吉斯迴歸的總成本最高，XGBoost 最低。

表 8-4　總成本

模型	總成本
羅吉斯迴歸	5995
決策樹	5351
隨機森林	5413
XGBoost	5371

節約分數

有不同的度量可以用來改善成本，節約分數（saving score）絕對是其中之一。為了能夠定義節約，讓我們先給出成本的公式。

Bahnsen、Aouada 和 Ottersten (2014) 以下列方式清楚的解釋了節約分數公式：

$$\text{Cost}(f(S)) = \sum_{i=1}^{N} \left(y_i \left(c_i C_{TP_i} + (1 - c_i) C_{FN_i} \right) + (1 - y_i) \left(c_i C_{FP_i} + (1 - c_i) C_{TN_i} \right) \right)$$

其中 TP、FN、FP 和 TN 分別為真陽性、偽陰性、偽陽性和真陰性。c_i 是訓練集 S 上每個觀察 i 的預測標籤。y_i 是類別標籤，其值為 1 或 0，也就是說 $y \in (0, 1)$。那麼我們的節約公式為：

$$\text{Saving}(f(S)) = \frac{\text{Cost}(f(S)) - \text{Cost}_l(S)}{\text{Cost}_l(S)}$$

其中 $Cost_l = min(Cost(f_0(S)), Cost(f_1(S)))$ 其中 f_0 會預測觀察值為類別 0，即 c_0，而 f_1 則預測觀察值為類別 1，即 c_1。

以程式碼表達如下：

```
In [35]: import joblib
         import sys
         sys.modules['sklearn.externals.joblib'] = joblib
         from costcla.metrics import cost_loss, savings_score
         from costcla.models import BayesMinimumRiskClassifier
```

```
In [36]: X_train, X_test, y_train, y_test, cost_mat_train, cost_mat_test = \
         train_test_split(fraud_df_sampled.drop('is_fraud', axis=1),
                                 fraud_df_sampled.is_fraud, cost_mat,
                                 test_size=0.2, random_state=0)

In [37]: saving_models = []
         saving_models.append(('Log. Reg.',
                               LogisticRegression()))
         saving_models.append(('Dec. Tree',
                               DecisionTreeClassifier()))
         saving_models.append(('Random Forest',
                               RandomForestClassifier()))

In [38]: saving_score_base_all = []

         for name, save_model in saving_models:
             sv_model = save_model
             sv_model.fit(X_train, y_train)
             y_pred = sv_model.predict(X_test)
             saving_score_base = savings_score(y_test, y_pred, cost_mat_test) ❶
             saving_score_base_all.append(saving_score_base)
             print('The saving score for {} is {:.4f}'.
                   format(name, saving_score_base))
             print('--' * 20)
         The saving score for Log. Reg. is -0.5602
         ----------------------------------------
         The saving score for Dec. Tree is 0.6557
         ----------------------------------------
         The saving score for Random Forest is 0.4789
         ----------------------------------------

In [39]: f1_score_base_all = []

         for name, save_model in saving_models:
             sv_model = save_model
             sv_model.fit(X_train, y_train)
             y_pred = sv_model.predict(X_test)
             f1_score_base = f1_score(y_test, y_pred, cost_mat_test) ❷
             f1_score_base_all.append(f1_score_base)
             print('The F1 score for {} is {:.4f}'.
                   format(name, f1_score_base))
             print('--' * 20)
         The F1 score for Log. Reg. is 0.0000
         ----------------------------------------
         The F1 score for Dec. Tree is 0.7383
         ----------------------------------------
         The F1 score for Random Forest is 0.7068
         ----------------------------------------
```

❶ 計算節約分數

❷ 計算 F1 分數

 請注意，如果您使用的是 sklearn 0.23 或更高版本，則需要將其降級到 0.22 才能使用 costcla 程式庫。這是因為 costcla 程式庫中的 sklearn.external.six 套件而需要進行此調整。

表 8-5 顯示了決策樹在三個模型中具有最高的節約分數，有趣的是，羅吉斯迴歸產生了負的節約分數，這意味著偽陰性和偽陽性預測的數量非常大，這膨脹了儲蓄分數公式的分母。

表 8-5　節約分數

模型	節約分數	F1 分數
羅吉斯迴歸	-0.5602	0.0000
決策樹	0.6557	0.7383
隨機森林	0.4789	0.7068

對成本敏感的建模

到目前為止，我們已經討論了節約分數和成本敏感性的概念，現在我們準備執行對成本敏感的羅吉斯迴歸、決策樹和隨機森林。我們在這裡試圖要解決的問題是，如果透過使用不同的分類錯誤成本來模擬詐欺會發生什麼呢？它又會如何影響節約分數呢？

為了進行這項調查，我們將使用 costcla 程式庫。該程式庫是專門為使用對成本敏感的分類器而建立的，其中考慮了不同的分類錯誤成本。如前所述，傳統的詐欺模型會假設所有分類正確和分類錯誤的範例都具有相同的成本，但由於詐欺中分類錯誤的成本不同，所以這是不正確的（Bahnsen 2021）。

應用對成本敏感的模型後，會用節約分數來比較以下程式碼中的模型：

```
In [40]: from costcla.models import CostSensitiveLogisticRegression
         from costcla.models import CostSensitiveDecisionTreeClassifier
         from costcla.models import CostSensitiveRandomForestClassifier

In [41]: cost_sen_models = []
         cost_sen_models.append(('Log. Reg. CS',
                                CostSensitiveLogisticRegression()))
```

```
cost_sen_models.append(('Dec. Tree CS',
                        CostSensitiveDecisionTreeClassifier()))
cost_sen_models.append(('Random Forest CS',
                        CostSensitiveRandomForestClassifier()))
```

In [42]: saving_cost_all = []

```
for name, cost_model in cost_sen_models:
    cs_model = cost_model
    cs_model.fit(np.array(X_train), np.array(y_train),
                 cost_mat_train) ❶
    y_pred = cs_model.predict(np.array(X_test))
    saving_score_cost = savings_score(np.array(y_test),
                                      np.array(y_pred), cost_mat_test)
    saving_cost_all.append(saving_score_cost)
    print('The saving score for {} is {:.4f}'.
          format(name, saving_score_cost))
    print('--'*20)
The saving score for Log. Reg. CS is -0.5906
----------------------------------------
The saving score for Dec. Tree CS is 0.8419
----------------------------------------
The saving score for Random Forest CS is 0.8903
----------------------------------------
```

In [43]: f1_score_cost_all = []

```
for name, cost_model in cost_sen_models:
    cs_model = cost_model
    cs_model.fit(np.array(X_train), np.array(y_train),
                 cost_mat_train)
    y_pred = cs_model.predict(np.array(X_test))
    f1_score_cost = f1_score(np.array(y_test),
                             np.array(y_pred), cost_mat_test)
    f1_score_cost_all.append(f1_score_cost)
    print('The F1 score for {} is {:.4f}'. format(name,
                                                  f1_score_cost))
    print('--'*20)
The F1 score for Log. Reg. CS is 0.0000
----------------------------------------
The F1 score for Dec. Tree CS is 0.3281
----------------------------------------
The F1 score for Random Forest CS is 0.4012
----------------------------------------
```

❶　透過迭代來訓練對成本敏感的模型

根據表 8-6，最好和最差的節約分數分別是在隨機森林和羅吉斯迴歸中得到。這證實了兩個重要事實：首先，它意味著隨機森林的不準確觀察值數量很少，其次，這些不準確觀察值的成本較低。更準確的說，使用隨機森林來對詐欺建模會產生非常少的偽陰性，而這就是節約分數公式的分母。

表 8-6　對成本敏感的模型的節約分數

模型	節約分數	F1 分數
羅吉斯迴歸	-0.5906	0.0000
決策樹	0.8414	0.3281
隨機森林	0.8913	0.4012

貝氏最小風險

將成本敏感性考慮進來，貝氏決策也可用於對詐欺進行建模。貝氏最小風險（Bayesian minimum risk）方法仰賴於使用不同成本（或損失）和機率的決策過程。數學上，如果交易被預測為詐欺的話，則總體風險定義如下：

$$R(c_f|S) = L(c_f|y_f)P(c_f|S) + L(c_f|y_l)P(c_l|S)$$

另一方面，如果交易被預測為合法的，那麼總體風險結果是：

$$R(c_l|S) = L(c_l|y_l)P(c_l|S) + L(c_l|y_f)P(c_f|S)$$

其中 y_f 和 y_l 分別是詐欺和合法案件的實際類別。$L(c_f|y_f)$ 表示偵測到詐欺並且真正的類別也是詐欺時的成本。同樣的，$L(c_l|y_l)$ 表示交易被預測為合法且真實類別也是合法時的成本。相反地，$L(c_f|y_l)$ 和 $L(c_l|y_f)$ 會計算表 8-3 中非對角線元素的成本。前者會計算交易被預測為詐欺但實際類別不是詐欺時的成本，後者顯示交易是合法但實際類別為詐欺時的成本。$P(c_l|S)$ 表示在給定 S 的情況下進行合法交易的預測機率，$P(c_f|S)$ 為在給定 S 的情況下進行詐欺交易的預測機率。

或者，貝氏最小風險公式可以解讀為：

$$R(c_f|S) = C_{admin}P(c_f|S) + C_{admin}P(c_l|S)$$

$$R(c_l|S) = 0 + C_{amt}P(c_l|S)$$

admin 是管理成本，*amt* 是交易金額。因此，在以下情況下，該交易會被標記為詐欺：

$$R\big(c_f\big|S\big) \ge R(c_l|S)$$

或者：

$$C_{admin}P\big(c_f\big|S\big) + C_{admin}P(c_l|S) \ge C_{amt}P(c_l|S)$$

好吧，是時候在 Python 中應用貝氏最小風險模型了。我們將再次使用三個模型並使用 F1 分數來進行比較：F1 分數的結果請參見表 8-7，這個結果指出決策樹的 F1 分數最高，羅吉斯迴歸最低。因此，節約分數的順序剛好相反，指出對成本敏感的方法的有效性：

```
In [44]: saving_score_bmr_all = []

         for name, bmr_model in saving_models:
             f = bmr_model.fit(X_train, y_train)
             y_prob_test = f.predict_proba(np.array(X_test))
             f_bmr = BayesMinimumRiskClassifier() ❶
             f_bmr.fit(np.array(y_test), y_prob_test)
             y_pred_test = f_bmr.predict(np.array(y_prob_test),
                                         cost_mat_test)
             saving_score_bmr = savings_score(y_test, y_pred_test,
                                              cost_mat_test)
             saving_score_bmr_all.append(saving_score_bmr)
             print('The saving score for {} is {:.4f}'.\
                   format(name, saving_score_bmr))
             print('--' * 20)
         The saving score for Log. Reg. is 0.8064
         ----------------------------------------
         The saving score for Dec. Tree is 0.7343
         ----------------------------------------
         The saving score for Random Forest is 0.9624
         ----------------------------------------

In [45]: f1_score_bmr_all = []
         for name, bmr_model in saving_models:
             f = bmr_model.fit(X_train, y_train)
             y_prob_test = f.predict_proba(np.array(X_test))
             f_bmr = BayesMinimumRiskClassifier()
             f_bmr.fit(np.array(y_test), y_prob_test)
             y_pred_test = f_bmr.predict(np.array(y_prob_test),
                                         cost_mat_test)
```

```
f1_score_bmr = f1_score(y_test, y_pred_test)
f1_score_bmr_all.append(f1_score_bmr)
print('The F1 score for {} is {:.4f}'.\
      format(name, f1_score_bmr))
print('--'*20)
The F1 score for Log. Reg. is 0.1709
----------------------------------------
The F1 score for Dec. Tree is 0.6381
----------------------------------------
The F1 score for Random Forest is 0.4367
----------------------------------------
```

❶ 呼叫貝氏最小風險分類器程式庫

表 8-7　基於 BMR 的 F1 分數

模型	節約分數	F1 分數
羅吉斯迴歸	0.8064	0.1709
決策樹	0.7343	0.6381
隨機森林	0.9624	0.4367

要建立此資料的繪圖，我們將執行以下操作（結果如圖 8-6 所示）：

```
In [46]: savings = [saving_score_base_all, saving_cost_all, saving_score_bmr_all]
         f1 = [f1_score_base_all, f1_score_cost_all, f1_score_bmr_all]
         saving_scores = pd.concat([pd.Series(x) for x in savings])
         f1_scores = pd.concat([pd.Series(x) for x in f1])
         scores = pd.concat([saving_scores, f1_scores], axis=1)
         scores.columns = ['saving_scores', 'F1_scores']

In [47]: model_names = ['Log. Reg_base', 'Dec. Tree_base', 'Random Forest_base',
                        'Log. Reg_cs', 'Dec. Tree_cs', 'Random Forest_cs',
                        'Log. Reg_bayes', 'Dec. Tree_bayes',
                        'Random Forest_bayes']

In [48]: plt.figure(figsize=(10, 6))
         plt.plot(range(scores.shape[0]), scores["F1_scores"],
                  "--", label='F1Score') ❶
         plt.bar(np.arange(scores.shape[0]), scores['saving_scores'],
                 0.6, label='Savings') ❷
         _ = np.arange(len(model_names))
         plt.xticks(_, model_names)
         plt.legend(loc='best')
         plt.xticks(rotation='vertical')
         plt.show()
```

❶ 用折線圖來繪製 F1 分數

❷ 根據使用的模型來繪製長條圖

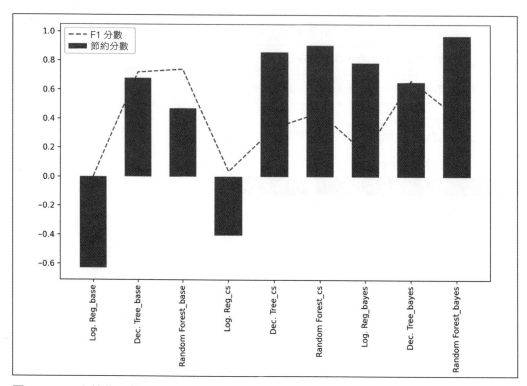

圖 8-6　F1 和節約分數

圖 8-6 顯示了我們迄今為止使用過的模型的 F1 和節約分數。當然，正如我們所預期的，對成本敏感的和貝氏最小風險模型都優於基本模型。

詐欺檢查的非監督式學習建模

非監督式學習模型還用來以萃取資料隱藏特性的方式來偵測詐欺活動。和監督式模型相比，這種方法最突出的優點是不需要應用採樣程序來解決不平衡資料的問題。就其本質而言，非監督式模型不需要任何有關資料的先驗知識。為了瞭解非監督式學習模型在此類資料上的表現，我們將探索自我組織圖（self-organizing map, SOM）和自編碼器（autoencoder）模型。

自我組織圖

SOM 是一種從高維空間中獲取低維空間的非監督式方法。這是芬蘭學者 Teuvo Kohonen 在 1980 年代介紹的一種方法，並廣為流傳。 SOM 是一種人工神經網路，因此它依賴於競爭學習（competitive learning），也就是輸出神經元會彼此競爭以被激發。激發的神經元被稱為**獲勝神經元**（*winning neuron*），每個神經元都有相鄰的權重，因此節點在輸出空間中的位置表明了它在輸入空間中的固有統計特徵（Haykin 1999）。

SOM 方法最顯著的特徵如下（Asan 和 Ercan 2012）：

- 沒有關於變數分佈的假設
- 變數之間具有依賴結構
- 可以處理非線性結構
- 可以處理雜訊和缺漏的資料

讓我們來看看 SOM 技術的重要步驟。正如您可能已經猜到的那樣，第一步是識別獲勝節點，也就是被激發的神經元。獲勝節點由距離度量來決定的，常用的距離函數包括曼哈頓距離、切比雪夫（Chebyshev）距離和歐基里德距離。在這些距離度量中，歐基里德距離是最常用的，因為它在梯度下降過程中效果很好。因此，給定以下歐基里德公式，我們可以找到樣本和權重之間的距離：

$$\| \left(x_t - w_i(t) \right) \| = \sqrt{\sum_i = 1^n \left(x_{tj} - w_{tji} \right)^2}, i = 1, 2, \ldots, n$$

其中 x 是樣本，w 是權重，獲勝節點 $k(t)$ 如公式 8-1 所示。

公式 8-1　識別獲勝節點

$$k(t) = \arg \min \| x(t) - w)_i(t)$$

另一個重要的步驟是更新權重。給定學習率和鄰域（neighborhood）大小，SOM 會應用以下更新方法：

$$w_i(t + 1) = w_i(t) + \lambda \left[x(t) - w_i(t) \right]$$

其中 $w_i(t)$ 是第 t 次迭代時獲勝神經元 i 的權重，λ 是學習率。

Richardson、Risien和 Shillington（2003）指出，權重的適應率（rate of adaptation）會隨著遠離獲勝節點而衰減。這是由鄰域函數 $h_{ki}(t)$ 定義的，其中 i 是鄰居的索引。在鄰域函數中，最著名的是具有以下形式的高斯函數：

$$h_{ki}(t) = exp\left(-\frac{d_{ki}^2}{2\sigma^2(t)}\right)$$

其中 d_{ki}^2 表示獲勝神經元與相關神經元之間的距離，$\sigma^2(t)$ 代表迭代 t 時的半徑。

根據以上這些，更新過程變成了公式 8-2 中所示的內容。

公式 8-2 更新權重

$$w_i(t+1) = w_i(t) + \lambda h_{ki}(t)\left[x(t) - w_i(t)\right]$$

這就是它的全部內容，但我知道這個過程有點乏味。所以讓我們總結一下步驟：

1. 初始化權重：將權重指派為隨機值是最常見的做法。

2. 使用公式 8-1 來找出獲勝神經元。

3. 使用公式 8-2 來更新權重。

4. 根據公式 8-2 的結果來調整參數，將 t 設為 $t+1$。

我們已經知道我們使用的詐欺資料中有兩個類別，因此我們的自我組織圖的維度應該具有二乘一的結構。以下程式碼為應用程式：

```
In [49]: from sklearn.preprocessing import StandardScaler
         standard = StandardScaler()
         scaled_fraud = standard.fit_transform(X_under)

In [50]: from sklearn_som.som import SOM
         som = SOM(m=2, n=1, dim=scaled_fraud.shape[1]) ❶
         som.fit(scaled_fraud)
         predictions_som = som.predict(np.array(scaled_fraud))

In [51]: predictions_som = np.where(predictions_som == 1, 0, 1)

In [52]: print('Classification report:\n',
               classification_report(y_under, predictions_som))
         Classification report:
                      precision    recall  f1-score   support
```

0	0.56	0.40	0.47	7506
1	0.53	0.68	0.60	7506
accuracy			0.54	15012
macro avg	0.54	0.54	0.53	15012
weighted avg	0.54	0.54	0.53	15012

❶ 配置 SOM

檢查分類報告後，F1 分數很明顯與我們使用其他方法所發現的分數有點類似。這證實了當我們沒有已標記資料時，SOM 將是偵測詐欺的有用模型。在下面的程式碼中，我們產生了圖 8-7，它會顯示實際和預測的類別：

```
In [53]: fig, ax = plt.subplots(nrows=1, ncols=2, figsize=(8, 6))
         x = X_under.iloc[:,0]
         y = X_under.iloc[:,1]

         ax[0].scatter(x, y, alpha=0.1, cmap='Greys', c=y_under)
         ax[0].title.set_text('Actual Classes')
         ax[1].scatter(x, y, alpha=0.1, cmap='Greys', c=predictions_som)
         ax[1].title.set_text('SOM Predictions')
```

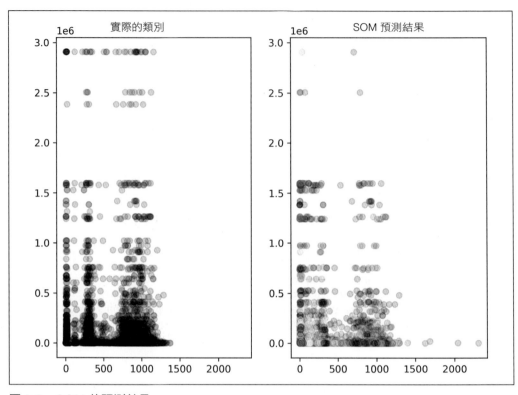

圖 8-7　SOM 的預測結果

自編碼器

自編碼器（*autoencoder*）是一種非監督式的深度學習模型，經過訓練後可透過隱藏層將輸入轉換為輸出。然而，自編碼器的網路結構與其他結構不同，自編碼器由兩部分組成：編碼器（*encoder*）和解碼器（*decoder*）。

編碼器是用來進行特徵萃取功能，而解碼器用來進行重建功能。為了說明，令 x 為輸入，h 為隱藏層。則編碼器函數為 $h = f(x)$，解碼器函數由 $r = g(h)$ 來重建。如果自編碼器只透過簡單的複製來學習，也就是 $g(f(x)) = x$，則對自編碼器尋求特徵萃取這件事來說並不是理想的情況。這相當於只複製輸入的相關面向（Goodfellow et al. 2016）。

因此，自編碼器具有網路結構，它會以用低維度表達法來表達原始輸入的方式來壓縮知識。給定編碼器和解碼器函數後，會有不同類型的自編碼器。其中，我們將討論三種最常用的自編碼器，以使自己不要迷失方向：

- 欠完備自編碼器（undercomplete autoencoder）
- 稀疏自編碼器（sparse autoencoder）
- 去雜訊自編碼器（denoising autoencoder）

欠完備自編碼器

這是最基本的自編碼器類型，因為隱藏層 h 的維度小於訓練資料 x 的維度。所以神經元的數量少於訓練資料的數量。這個自編碼器的目的是透過最小化損失函數（loss function）——也就是 $\mathbb{L}(x, g(f(x)))$，其中 $\mathbb{L}$ 是損失函數——來捕獲資料的潛在屬性。

眾所周知，自編碼器在 ML 中面臨一種稱為偏差－變異數取捨（bias-variance trade-off）的取捨，其中自編碼器的目標是要能好好的重構輸入，同時又能夠具有低維度表達法。為了解決這個問題，我們將導入稀疏和去雜訊自編碼器。

稀疏自編碼器

稀疏自編碼器透過對重構誤差（reconstruction error）施加稀疏性（sparsity）來解決這種取捨。有兩種方法可以在稀疏自編碼器中強制進行正則化（regularization）。第一種方法是應用 L_1 正則化。在這種情況下，自編碼器的優化變成（Banks、Koenigstein 和 Giryes 2020）：

$$\mathrm{argmin}_{g, f}\mathbb{L}(x, g(f(x))) + \lambda(h)$$

其中 $g(f(x))$ 是解碼器，h 是編碼器的輸出。圖 8-8 描繪了稀疏自編碼器。

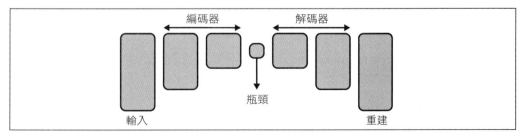

圖 8-8　稀疏自編碼器模型的結構

對稀疏自編碼器進行正則化的第二種方法是使用 Kullback-Leibler（KL）散度（divergence），它透過測量兩個機率分佈之間的距離來告訴我們它們的相似性。KL 散度在數學上可以表達為：

$$\mathbb{L}(x, \hat{x}) + \Sigma_j KL(\rho \| \hat{\rho} \|)$$

其中 ρ 和 $\hat{\rho}$ 分別是理想分佈和觀察所得分佈。

去雜訊自編碼器

去雜訊自編碼器背後的想法是，不是使用懲罰項 λ，而是向輸入資訊添加雜訊並從這種變化之後的構造來進行學習——也就是重建。因此，去雜訊自編碼器並不是要最小化 $\mathbb{L}(x, g(f(x)))$，而是要最小化以下的損失函數：

$$\mathbb{L}(x, g(f(\hat{x})))$$

其中 $\hat{x}$ 是透過添加雜訊（例如高斯雜訊）而獲得的損壞輸入。圖 8-9 描繪了這個過程。

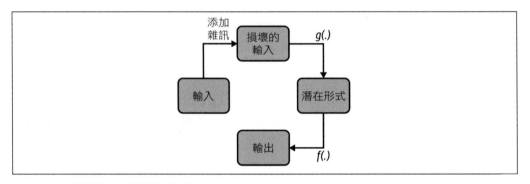

圖 8-9　去雜訊自編碼器模型結構

在下面的程式碼中，我們將透過 Keras 來使用自編碼器模型。在繼續往前進之前，我們先使用 Standard Scaler 對其進行縮放，然後在使用 200 的批次大小和 100 的週期數時，我們得到了令人滿意的預測結果。然後，我們將從自編碼器模型建立一個重建誤差表（reconstruction error table）以用來和真實類別進行比較，結果表明這些模型的平均值和標準差都差不多：

```
In [54]: from sklearn.preprocessing import StandardScaler
         from tensorflow import keras
```

```
        from tensorflow.keras.layers import Dense, Dropout
        from keras import regularizers

In [55]: fraud_df[['amt','city_pop','hour']] = StandardScaler().\
        fit_transform(fraud_df[['amt','city_pop','hour']])

In [56]: X_train, X_test = train_test_split(fraud_df,
                                    test_size=0.2, random_state=123)
        X_train[X_train['is_fraud'] == 0]
        X_train = X_train.drop(['is_fraud'], axis=1).values
        y_test = X_test['is_fraud']
        X_test = X_test.drop(['is_fraud'], axis=1).values

In [57]: autoencoder = keras.Sequential()
        autoencoder.add(Dense(X_train_under.shape[1], activation='tanh',
                          activity_regularizer=regularizers.l1(10e-5),
                          input_dim= X_train_under.shape[1]))
        #編碼器
        autoencoder.add(Dense(64, activation='tanh')) ❶
        autoencoder.add(Dense(32, activation='relu')) ❷
        #解碼器
        autoencoder.add(Dense(32, activation='elu')) ❶
        autoencoder.add(Dense(64,activation='tanh')) ❷
        autoencoder.add(Dense(X_train_under.shape[1], activation='elu'))
        autoencoder.compile(loss='mse',
                      optimizer='adam')
        autoencoder.summary();
        Model: "sequential"
```

Layer (type)	Output Shape	Param #
dense (Dense)	(None, 566)	320922
dense_1 (Dense)	(None, 64)	36288
dense_2 (Dense)	(None, 32)	2080
dense_3 (Dense)	(None, 32)	1056
dense_4 (Dense)	(None, 64)	2112
dense_5 (Dense)	(None, 566)	36790

```
Total params: 399,248
Trainable params: 399,248
Non-trainable params: 0
```

❶ 分別為編碼器和解碼器指明 64 和 32 個隱藏層

❷ 分別為編碼器和解碼器指明 32 和 64 個隱藏層

配置自編碼器模型之後，下一步是擬合和預測。在進行預測之後，我們使用匯總統計來檢查模型的品質，因為它們是查看重建是否有效的可靠方法：

```
In [58]: batch_size = 200
         epochs = 100

In [59]: history = autoencoder.fit(X_train, X_train,
                                    shuffle=True,
                                    epochs=epochs,
                                    batch_size=batch_size,
                                    validation_data=(X_test, X_test),
                                    verbose=0).history

In [60]: autoencoder_pred = autoencoder.predict(X_test)
         mse = np.mean(np.power(X_test - autoencoder_pred, 2), axis=1)
         error_df = pd.DataFrame({'reconstruction_error': mse,
                                  'true_class': y_test}) ❶
         error_df.describe()
Out[60]:        reconstruction_error    true_class
         count      259335.000000     259335.000000
         mean            0.002491          0.005668
         std             0.007758          0.075075
         min             0.000174          0.000000
         25%             0.001790          0.000000
         50%             0.001993          0.000000
         75%             0.003368          0.000000
         max             2.582811          1.000000
```

❶ 建立一個名為 **error_df** 的表，以將模型所得到的結果與真實資料進行比較

最後，我們建立我們的繪圖（圖 8-10）：

```
In [61]: plt.figure(figsize=(10, 6))
         plt.plot(history['loss'], linewidth=2, label='Train')
         plt.plot(history['val_loss'], linewidth=2, label='Test')
         plt.legend(loc='upper right')
         plt.title('Model loss')
         plt.ylabel('Loss')
         plt.xlabel('Epoch')
         plt.show()
```

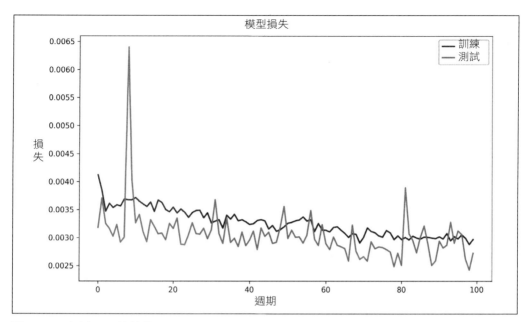

圖 8-10　自編碼器的效能

圖 8-10 顯示了我們使用折線圖進行自編碼器建模的結果，我們可以看到測試損失結果的波動率比訓練的損失的結果更大，但平均而言，平均損失是相似的。

結論

出於各種原因，詐欺成為金融界的熱門話題。嚴格的監管、聲譽損失和詐欺造成的成本是要打擊它的主要原因。直到最近為止，詐欺一直是金融機構面臨的一個大問題，因為詐欺建模並沒有產生令人滿意的結果，因此，金融機構不得不使用更多的資源來處理這種現象。由於機器學習的最新進展，我們現在可以使用各種工具來打擊詐欺，本章專門介紹這些模型並比較它們的結果。這些模型涵蓋範圍包括參數方法（例如羅吉斯迴歸）一直到深度學習模型（例如自編碼器）。

在下一章中，我們將研究一種完全不同的金融風險模型，稱為股價崩盤風險，這將讓我們能夠深入瞭解公司治理的福祉。這是金融風險管理的重要工具，因為風險管理最終植根於企業管理。在一家公司治理不善的公司中要期望低風險，將會是天真的想法。

參考文獻

本章引用的論文：

Asan, Umut, and Secil Ercan. 2012. "An Introduction to Self-Organizing Maps." In *Computational Intelligence Systems in Industrial Engineering*, edited by Cengiz Kahraman. 295-315. Paris: Atlantis Press

Bahnsen, Alejandro Correa, Djamia Aouada, and Björn Ottersten. 2014. "Example-Dependent Cost-Sensitive Logistic Regression for Credit Scoring." In *The 13th International Conference on Machine Learning and Applications*, pp. 263-269. IEEE.

Bank, Dor, Noam Koenigstein, and Raja Giryes. 2020. "Autoencoders." arXiv preprint arXiv:2003.05991.

Dunnett, Robert S., Cindy B. Levy, and Antonio P. Simoes. 2005. "The Hidden Costs of Operational Risk." McKinsey St Company.

Richardson, Anthony J., C. Risien, and Frank Alan Shillington. 2003. "Using Self-Organizing Maps to Identify Patterns in Satellite Imagery." *Progress in Oceanography* 59 (2-3): 223-239.

本章引用的書籍與線上資源：

Bahnsen, Alejandro Correa. 2021. "Introduction to Example-Dependent Cost-Sensitive Classification." *https://oreil.ly/5eCsJ*.

Goodfellow, Ian, Yoshua Bengio, and Aaron Courville. 2016. *Deep Learning*. Cambridge: MIT press.

Nilsen. 2020. "Card Fraud Losses Reach $28.65 Billion." Nilsen Report. *https://oreil.ly/kSls7*.

Office of the Comptroller of the Currency. 2019. "Operational Risk: Fraud Risk Management Principles." CC Bulletin. *https://oreil.ly/GaQez*.

Simon, Haykin. 1999. *Neural Networks: A Comprehensive Foundation*, second edition. Englewood Cliffs, New Jersey: Prentice-Hall.

第三部分

其他金融風險來源之建模

第九章

公司治理風險度量：
股價崩盤

瞭解公司治理不僅能啟發對於富裕經濟體進行可能的小幅改善討論，也可以在需要進行體制性變革的地方激發重大的變革。

— Shleifer 和 Vishny（1997）

您認為可以使用風險度量來評估公司治理的品質嗎？根據最近的研究，答案是肯定的。公司治理與風險度量之間的聯繫是透過股價崩盤風險（*stock price crash risk*）而建立起來的，這種風險是指個別股票得到大幅負報酬的風險。這種關聯性引發了該領域的大量研究。

發現股價崩盤決定因素的重要性，在於識別出低（或高）品質公司治理的根本原因。識別這些根本原因有助於公司專注於有問題的管理領域，進而提高公司的運作績效並提高其聲譽。這反過來又降低了股價崩盤的風險，並增加了公司的總收入。

股價崩盤為投資者和風險管理者提供了關於公司內部有關公司治理（*corporate governance*）方面的弱點和強項的信號。公司治理被定義為公司被指導和控制的方式，以及它們是否能做到「促進公司的公平性（fairness）、透明性（transparency）和課責性（accountability）」的方式（Wolfensohn 1999）。

按照這個定義，公司治理具有三個支柱：

公平性

這一原則是指能平等對待所有的股東。

透明性

能夠及時通知股東任何和公司有關的事件被稱為**透明性**。這意味著不透明性的反面，也就是公司不願意向股東披露資訊。

課責性

這與制定完善的行為準則有關，透過該準則，可以向股東提供對公司狀況的公平、平衡和可理解的評估。

課責性是一種控制代理成本（*agency cost*）的工具，代理成本是來自於股東和經理人之間利益競爭的成本。代理成本是資訊不對稱的另一個來源，因為經理人和股東沒有相同數量的資訊。當經理人和股東的利益發生分歧時，就會產生衝突。更準確的說，一方面經理人願意最大化自己的權力和財富。另一方面，股東正在尋找一種能最大化股東價值的方法。這兩個目標可能會發生衝突，並且由於經理人的資訊優勢，有些公司的政策可能會以犧牲股東利益為代價來增加經理人的權力和財富。

因此，股價崩盤可能是公司治理品質的警示信號。例如，在存在資訊不對稱的情況下，代理理論（agency theory）表明，外部的利益關係人會讓經理人去產生更不透明的財務報告以隱瞞壞消息（Hutton、Marcus 和 Tehranian 2009）。對這種現象的最新解釋被稱為揭露裁量（*discretionary-disclosure*）理論（Bae、Lim 和 Wei 2006）。根據這一理論，企業更願意立即宣布好消息，但他們會累積負面資訊。當累積的負面資訊達到一個臨界點時，就會導致大幅的衰退。由於隱瞞某家公司的壞消息，讓我們無法及時採取糾正措施，一旦累積的壞消息發佈到市場上，投資者就會修正他們對未來的預期，不可避免的就會出現價格突然下跌的情況，這就是所謂的崩盤風險（*crash risk*）（Hutton, Marcus, and Tehranian 2009 和 Kim 2011）。

此外，與課責性原則相關的不透明財務報告，創造了經理人不願意揭露壞消息的環境。這會導致公司財務狀況的不公平呈現，進而增加未來股價崩盤的可能性（Bleck and Liu（2007）、Myers（2006）以及 Kim and Zhang（2013））。

因此，公司治理與股價崩盤之間的關聯會以各種方式顯現出來。在本章中，我們首先觸及股票價格度量，然後看看我們如何應用這些度量來偵測崩盤。

我們將首先從證券價格研究中心（Center for Research in Security Prices, CRSP）和 Compustat 資料庫中獲取一些資料，然後再來識別股價崩盤的主要決定因素。

自 1960 年以來，CRSP 一直為學術研究和課堂教學提供資料上的支援。CRSP 在金融、經濟和相關領域擁有高品質的資料。有關更多資訊，請參閱 CRSP 網站（*https://oreil.ly/oO3X8*）。

同樣的，Compustat 資料庫自 1962 年以來一直提供有關全球公司的財務、經濟和市場資訊。它是 S&P Global Market Intelligence 的產品。有關詳細資訊，請參閱 Compustat 手冊（*https://oreil.ly/E4Hpj*）。

股價崩盤度量

關於股價崩盤的文獻越來越多，不同的研究人員採用了不同的度量。在介紹基於 ML 的崩盤度量之前，我們有必要比較一下這些不同方法的優缺點。

文獻中使用的主要崩盤度量是：

- 自下而上的波動率（down-to-up volatility, DUVOL）
- 負偏態係數（negative coefficient of skewness, NCSKEW）
- CRASH

DUVOL 是一種非常常見的崩盤量測方法，它是基於公司每週的「下跌」和「上漲」報酬的標準差。下跌週是指公司的每週股票報酬低於整個財政年度的平均每週報酬的那一週。相反地，上漲週是指公司的每週股票報酬高於整個財政年度的平均每週報酬的那一週。由數學來描述：

$$\text{DUVOL} = \log\left(\frac{(n_{u-1})\Sigma_{\text{down}}R_{it}^2}{(n_{d-1})\Sigma_{\text{up}}R_{it}^2}\right)$$

其中 n 是第 t 年股票 i 的交易週數，n_u 是上漲週數，n_d 是下跌週數。在一年中，特定於公司的報酬低於年平均值的那些週稱為下跌週，而特定於公司的報酬高於年平均值的那些週稱為上漲週。

NCSKEW 的計算方法是將每日報酬的三階矩（third moment）的負數除以（以樣本類比的）每日報酬的三次方的標準差（Chen、Hong 和 Stein 2001）：

$$
\text{NCSKEW} = -\frac{\left(n(n-1)^{3/2}\Sigma R_{it}^{3}\right)}{\left((n-1)(n-2)\left(\Sigma R_{it}^{2}\right)^{3/2}\right)}
$$

NCSKEW 和 DUVOL 度量的值越高，發生崩盤的風險就越高。

另一方面，CRASH 度量是根據與公司每週報酬的距離計算得出的。也就是說，如果報酬低於平均值 3.09（有時為 3.2）個標準差時，則 CRASH 的值為 1，否則為 0。

最小共變異數行列式

毫不奇怪，基於 ML 的演算法吸引了大量的關注，因為它們攻擊了基於規則的模型的弱點，並顯示出良好的預測效能。因此，我們將嘗試使用一種稱為*最小共變異數行列式*（*minimum covariance determinant, MCD*）的基於 ML 的方法來估計股價崩盤的風險。MCD 是一種用於偵測具有橢圓對稱分佈與單模態資料集裡的異常的方法。MCD 估計器被用來偵測股票報酬異常，而這將成為羅吉斯面板迴歸（logistic panel regression）中的因變數，我們將透過該變數來探索崩盤風險的根本原因。

MCD 估計器為偵測異常值提供了一種強固且一致的方法。這件事很重要，因為異常值可能對多變量分析產生巨大影響。正如 Finch（2012）總結的那樣，多變量分析中異常值的存在會扭曲相關係數，從而導致偏差估計。

MCD 的演算法如下：

1. 根據資料來偵測初始的強固分群。

2. 計算每個群集的平均向量 M^{a} 和正定（positive definite）[1] 共變異數矩陣 Σ^{a}。

3. 計算群集中每個觀察值的 MCD。

4. 將具有較小 MCD 的新觀察值指派給群集。

5. 根據最小的 MCD 來選擇半樣本（half sample）h，並從 h 中計算 M^{a} 和 Σ^{a}。

1　所有特徵值（eigenvalue）都為正的對稱矩陣稱為**正定矩陣**（*positive definite matrix*）。

6. 重複步驟 2 到 5，直到 h 沒有變化的空間。

7. 如果 $c_p = \sqrt{\chi^2_{p,0.95}}$ 小於 d^2，則偵測為異常值。

MCD 的優勢在於其可解釋性、可調整性、低計算時間要求和強固性：

可解釋性（explainability）

可解釋性是模型背後的演算法可以被解釋的程度。MCD 假設資料是橢圓分佈的，並且異常值是透過 Mahalanobis 距離度量來計算的。

Mahalanobis 距離是在多變量設定中使用的距離度量。在距離度量中，Mahalanobis 以其偵測異常值的能力脫穎而出，儘管它是一種計算量很大的方法，因為它考慮了變數的結構。

在數學上，Mahalanobis 距離公式如下：

$$d_m(x,\mu) = \sqrt{(x-\mu)^T \sum^{-1} (x-\mu)}$$

其中 $\mu = \mathbb{E}(X)$，$\sum$ 是共變異數矩陣，X 是一個向量。

可調整性（adjustability）

可調整性強調了擁有一個與資料相關的模型的重要性，該模型允許在一致的基礎上進行自我校準，以便捕捉結構的變化。

低計算時間

這是指能快速計算變異數矩陣，而避免使用到整個樣本。取而代之的是，MCD 只使用半樣本（half sample），在其中不包含異常值，因此異常觀測值不會扭曲 MCD 的位置或形狀。

強固性（robustness）

在 MCD 中使用半樣本也可以確保強固性，因為這意味著模型在污染的情況下還是一致的（Hubert 等人，2018 年）。

我們現在將會應用 MCD 方法來偵測股票報酬中的異常值，並將結果用作為因變數。因此，如果股票價格崩盤，則因變數的值為 1，否則為 0。

從實證的角度來看，有一個內建程式庫可以在 Python 中執行該演算法，也就是 *Elliptic Envelope*，我們將會使用它。

最小共變異數行列式的應用

目前為止，我們已經討論了股價崩盤偵測的理論背景。從現在開始，我們將專注於實證部分，看看我們如何將理論融入實務。在這樣做的同時，我們不會將注意力只放在股價崩盤偵測上。在介紹了基於 ML 的股價崩盤偵測後，我們將深入研究崩盤的根本原因。基於大量文獻資料的結果，我們將使用許多變數來觀察它們是如何以及在多大程度上影響股價崩盤的發生。因此本章的目的有兩個：偵測股價崩盤和確定崩盤的根本原因。請記住，關於偵測股價崩盤和影響此崩盤的變數是什麼有許多不同且相互競爭的想法。

在此分析中，我們將使用以下公司的股票和資產負債表（balance sheet）資訊：

Apple	AT&T	Banco Bradesco	Bank of America Corp.
CISCO	Coca-Cola	Comcast	DuPont de Nemours
Exxon Mobil Corp.	Facebook	Ford Motor	General Electric
Intel Corp.	Johnson & Johnson	J.P. Morgan	Merck & Co., Inc.
Microsoft	Motus GI Holdings Inc.	Oracle Corp.	Pfizer Inc.
Procter & Gamble Co.	Sherritt International Corp.	Sirius XM Holdings Inc.	Trisura Group Ltd.
UBS	Verizon	Walmart	Wells Fargo & Co.

為了繼續前進，我們需要計算特定公司每週的報酬，但我們的資料是每天的資料，所以讓我們先進行必要的編碼：

```
In [1]: import pandas as pd
        import matplotlib.pyplot as plt
        import numpy as np
        import seaborn as sns; sns.set()
        pd.set_option('use_inf_as_na', True)
        import warnings
        warnings.filterwarnings('ignore')

In [2]: crash_data = pd.read_csv('crash_data.csv')

In [3]: crash_data.head()
Out[3]: Unnamed: 0        RET       date TICKER    vwretx  BIDLO   ASKHI    PRC  \
        0   27882462  0.041833   20100104    BAC  0.017045  15.12  15.750  15.69

        1   27882463  0.032505   20100105    BAC  0.003362  15.70  16.210  16.20
```

2	27882464	0.011728	20100106	BAC	0.001769	16.03	16.540	16.39
3	27882465	0.032947	20100107	BAC	0.002821	16.51	17.185	16.93
4	27882466	-0.008860	20100108	BAC	0.004161	16.63	17.100	16.78

```
             VOL
0  180845100.0
1  209521200.0
2  205257900.0
3  320868400.0
4  220104600.0

In [4]: crash_data.date = pd.to_datetime(crash_data.date, format='%Y%m%d')  ❶
        crash_data = crash_data.set_index('date')  ❷
```

❶ 將日期行轉換為正確的日期格式

❷ 將日期設定為索引

提醒一下，我們使用的資料是從 CRSP 和 Compustat 收集來的。表 9-1 提供了資料的簡要說明。

表 9-1　屬性和解釋

屬性	解釋
RET	股票報酬
vwretx	成交量加權報酬
BIDLO	最低買入價
ASKHI	最高賣出價
PRC	交易價格
VOL	成交量

給定這些資料後，讓我們來計算每週的平均報酬，並用前四支股票來產生圖 9-1。要進行此計算，我們還會計算其他變數的每週平均值，因為我們接下來會一路使用它們：

```
In [5]: crash_dataw = crash_data.groupby('TICKER').resample('W').\
                  agg({'RET':'mean', 'vwretx':'mean', 'VOL':'mean',
```

```
                        'BIDLO':'mean', 'ASKHI':'mean', 'PRC':'mean'}) ❶

In [6]: crash_dataw = crash_dataw.reset_index()
        crash_dataw.dropna(inplace=True)
        stocks = crash_dataw.TICKER.unique()

In [7]: plt.figure(figsize=(12, 8))
        k = 1

        for i in stocks[: 4]: ❷
            plt.subplot(2, 2, k)
            plt.hist(crash_dataw[crash_dataw.TICKER == i]['RET'])
            plt.title('Histogram of '+i)
            k+=1
        plt.show()
```

❶　計算每支股票的每週報酬以及其他變數

❷　挑選前四支股票

圖 9-1 顯示了我們的四支股票──也就是 Apple、Bank of America、Banco Bradesco 和 Comcast──的直方圖。正如我們所預期的那樣，它們的分佈似乎是常態的，但我們看到報酬一般都顯示出尖峰分佈。

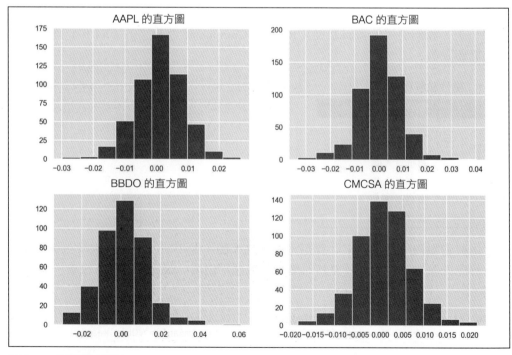

圖 9-1　報酬直方圖

在下文中，我們將以排除市場影響的方式來計算報酬，這種作法被稱為尋找**特定於公司的報酬**（*firm-specific return*）。為了計算特定於公司的每週報酬，我們將根據以下方程式來執行線性迴歸：

$$r_{j,t} = \alpha_0 + \beta_1 r_{m,t-2} + \beta_2 r_{m,t-1} + \beta_3 r_{m,t} + \beta_4 r_{m,t+1} + \beta_5 r_{m,t+2} + \epsilon_{j,t}$$

其中 $r_{j,t}$ 是公司 j 在第 t 週的報酬，$r_{m,t}$ 是第 t 週的 CRSP 價值加權市場報酬。用 1 + 對數來縮放這個迴歸的殘差，我們就可以得到特定於公司的報酬。

根據擴充市場模型，特定於公司的每週報酬可以計算為 $W_{i,t} = ln(1 + \epsilon_{i,t})$（Kim, Li, 和 Zhang 2011）：

```
In [8]: import statsmodels.api as sm
        residuals = []

        for i in stocks:
            Y = crash_dataw.loc[crash_dataw['TICKER'] == i]['RET'].values
            X = crash_dataw.loc[crash_dataw['TICKER'] == i]['vwretx'].values
            X = sm.add_constant(X)
            ols = sm.OLS(Y[2:-2], X[2:-2] + X[1:-3] + X[0:-4] + \
                        X[3:-1] + X[4:]).fit() ❶
            residuals.append(ols.resid)

In [9]: residuals = list(map(lambda x: np.log(1 + x), residuals)) ❷

In [10]: crash_data_sliced = pd.DataFrame([])
         for i in stocks:
             crash_data_sliced = crash_data_sliced.\
                               append(crash_dataw.loc[crash_dataw.TICKER == i]
                               [2:-2]) ❸
         crash_data_sliced.head()
Out[10]: TICKER     date        RET     vwretx         VOL        BIDLO
         ASKHI  \
         2   AAPL 2010-01-24 -0.009510 -0.009480  25930885.00   205.277505
         212.888450
         3   AAPL 2010-01-31 -0.005426 -0.003738  52020594.00   198.250202
         207.338002
         4   AAPL 2010-02-07  0.003722 -0.001463  26953208.40   192.304004
         197.378002
         5   AAPL 2010-02-14  0.005031  0.002970  19731018.60   194.513998
         198.674002
         6   AAPL 2010-02-21  0.001640  0.007700  16618997.25   201.102500
         203.772500

                  PRC
```

```
2   208.146752

3   201.650398

4   195.466002

5   196.895200

6   202.636995
```

❶ 透過預定義的方程式來執行線性迴歸

❷ 計算 1 + 殘差的對數

❸ 刪除最前面和最後面兩個觀察值以與先前的資料對齊

在做完這些準備工作之後，我們準備執行 Elliptic Envelope 來偵測崩盤。

這裡只指明了兩個參數：support_fraction 和 contamination。前一個參數用於控制要包含在原始 MCD 估計的支持（support）中的點的比例，後者用於識別資料集中異常值的比例：

```
In [11]: from sklearn.covariance import EllipticEnvelope
         envelope = EllipticEnvelope(contamination=0.02, support_fraction=1) ❶
         ee_predictions = {}

         for i, j in zip(range(len(stocks)), stocks):
             envelope.fit(np.array(residuals[i]).reshape(-1, 1))
             ee_predictions[j] = envelope.predict(np.array(residuals[i])
                                                    .reshape(-1, 1)) ❷

In [12]: transform = []

         for i in stocks:
             for j in range(len(ee_predictions[i])):
                 transform.append(np.where(ee_predictions[i][j] == 1, 0, -1)) ❸

In [13]: crash_data_sliced = crash_data_sliced.reset_index()
         crash_data_sliced['residuals'] = np.concatenate(residuals) ❹
         crash_data_sliced['neg_outliers'] = np.where((np.array(transform)) \
                                                        == -1, 1, 0) ❺
         crash_data_sliced.loc[(crash_data_sliced.neg_outliers == 1) &
                               (crash_data_sliced.residuals > 0),
                               'neg_outliers'] = 0 ❻
```

❶ 執行 Elliptic Envelope，其中的 contamination 和 support_fraction 分別為 2 和 1

❷ 預測崩盤

❸ 將崩盤轉換為所需的形式

❹ 獲取一維 numpy 陣列以在 dataframe 中建立新行

❺ 執行崩盤的最終轉換，將其命名為 neg_outliers

❻ 消除分佈的正值側（即右尾）的崩盤

我們提供了以下程式碼區塊以目視觀察該演算法是否正確捕獲了崩盤。在此分析中使用了 General Motors、Intel、Johnson & Johnson、和 J.P. Morgan 四家公司。正如結果圖 9-2 所示，該演算法運作良好並識別出在分佈負值側的崩盤（以黑色長條來顯示）：

```
In [14]: plt.figure(figsize=(12, 8))
         k = 1

         for i in stocks[8:12]:
             plt.subplot(2, 2, k)
             crash_data_sliced['residuals'][crash_data_sliced.TICKER == i]\
             .hist(label='normal', bins=30, color='gray')
             outliers = crash_data_sliced['residuals']
             [(crash_data_sliced.TICKER == i) &
              (crash_data_sliced.neg_outliers > 0)]
             outliers.hist(color='black', label='anomaly')
             plt.title(i)
             plt.legend()
             k += 1
         plt.show()
```

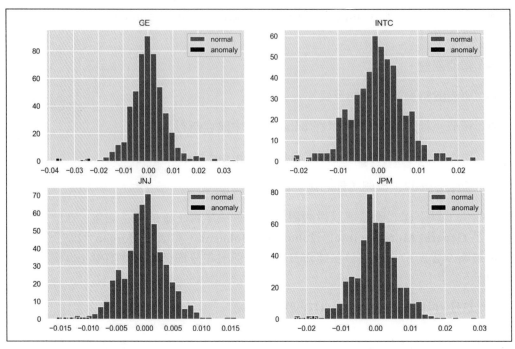

圖 9-2　異常值直方圖

從這裡開始，我們將使用兩個不同的資料集，因為此分析中需要資產負債表資訊。因此，我們會將每週資料轉換為年度資料，以便將這些資料與資產負債表資訊（其中包含了年度資訊）合併。此外，報酬的年平均值和標準差是計算崩盤風險的必要條件，這是另一種股價崩盤風險：

```
In [15]: crash_data_sliced = crash_data_sliced.set_index('date')
         crash_data_sliced.index = pd.to_datetime(crash_data_sliced.index)

In [16]: std = crash_data.groupby('TICKER')['RET'].resample('W').std()\
             .reset_index()
         crash_dataw['std'] = pd.DataFrame(std['RET'])  ❶

In [17]: yearly_data = crash_data_sliced.groupby('TICKER')['residuals']\
                 .resample('Y').agg({'residuals':{'mean', 'std'}})\
                 .reset_index()
         yearly_data.columns = ['TICKER', 'date', 'mean', 'std']
         yearly_data.head()
Out[17]:   TICKER       date      mean       std
         0   AAPL  2010-12-31  0.000686  0.008291
         1   AAPL  2011-12-31  0.000431  0.009088
```

```
2    AAPL 2012-12-31 -0.000079  0.008056
3    AAPL 2013-12-31 -0.001019  0.009096
4    AAPL 2014-12-31  0.000468  0.006174
```

```
In [18]: merge_crash = pd.merge(crash_data_sliced.reset_index(), yearly_data,
                                how='outer', on=['TICKER', 'date']) ❷
```

```
In [19]: merge_crash[['annual_mean', 'annual_std']] = merge_crash\
                                                    .sort_values(by=['TICKER',
                                                                     'date'])\
                                                    .iloc[:, -2:]\
                                                    .fillna(method='bfill') ❸
        merge_crash['residuals'] = merge_crash.sort_values(by=['TICKER',
                                                              'date'])\
                                                    ['residuals']\
                                                    .fillna(method='ffill') ❸
        merge_crash = merge_crash.drop(merge_crash.iloc[: ,-4:-2], axis=1) ❹
```

❶ 重新採樣資料以計算報酬的平均值和標準差

❷ 根據 Ticker 和 date 來合併 yearly_data 和 crash_data_sliced

❸ 回填年度資料

❹ 刪除行以防止混淆

在文獻中,最廣泛被使用的股票價格崩盤度量之一是崩盤風險(crash risk),因為它具有離散類型,使其成為進行比較時的方便工具。

所以現在讓我們在 Python 中產生崩盤風險。我們將使用我們在前面的程式碼片段中產生的 merge_crash 資料。給定崩盤風險公式,我們檢查每週報酬是否會低於平均值 3.09 個標準差。如果是的話就標記為 1,代表崩盤,否則就標記為 0。結果顯示,在 13,502 筆觀察值中,我們得到了 44 次崩盤。

在最後一個區塊(In [22]),崩盤風險度量被年化,以便我們能夠將其包含在我們的最終資料中:

```
In [20]: crash_risk_out = []

        for j in stocks:
            for k in range(len(merge_crash[merge_crash.TICKER == j])):
                if merge_crash[merge_crash.TICKER == j]['residuals'].iloc[k] < \
                merge_crash[merge_crash.TICKER == j]['annual_mean'].iloc[k] - \
                3.09 * \
```

```
                    merge_crash[merge_crash.TICKER == j]['annual_std'].iloc[k]:
                        crash_risk_out.append(1)
                    else:
                        crash_risk_out.append(0)

In [21]: merge_crash['crash_risk'] = crash_risk_out
         merge_crash['crash_risk'].value_counts()
Out[21]: 0    13476
         1       44
         Name: crash_risk, dtype: int64

In [22]: merge_crash = merge_crash.set_index('date')
         merge_crash_annual = merge_crash.groupby('TICKER')\
                             .resample('1Y')['crash_risk'].sum().reset_index()
```

如果您像我們一樣使用多個股票,那麼計算 DUVOL 和 NCSKEW 並不是一件容易的事。第一步是計算下跌和上漲週。提醒一下,下跌(或上漲)週是每週報酬小於(或大於)年報酬的那一週。在以下程式碼區塊的最後一部分中,我們計算了下跌週的必要成分,例如平方殘差,我們需要它來計算 DUVOL 和 NCSKEW 崩盤度量:

```
In [23]: down = []

         for j in range(len(merge_crash)):
             if merge_crash['residuals'].iloc[j] < \
                merge_crash['annual_mean'].iloc[j]:
                 down.append(1)  ❶
             else:
                 down.append(0)  ❷

In [24]: merge_crash = merge_crash.reset_index()
         merge_crash['down'] = pd.DataFrame(down)
         merge_crash['up'] = 1 - merge_crash['down']
         down_residuals = merge_crash[merge_crash.down == 1]\
                         [['residuals', 'TICKER', 'date']]  ❸
         up_residuals = merge_crash[merge_crash.up == 1]\
                         [['residuals', 'TICKER', 'date']]  ❹

In [25]: down_residuals['residuals_down_sq'] = down_residuals['residuals'] ** 2
         down_residuals['residuals_down_cubic'] = down_residuals['residuals'] **3
         up_residuals['residuals_up_sq'] = up_residuals['residuals'] ** 2
         up_residuals['residuals_up_cubic'] = up_residuals['residuals'] ** 3
         down_residuals['down_residuals'] = down_residuals['residuals']
         up_residuals['up_residuals'] = up_residuals['residuals']
         del down_residuals['residuals']
```

```
                del up_residuals['residuals']

    In [26]: merge_crash['residuals_sq'] = merge_crash['residuals'] ** 2
             merge_crash['residuals_cubic'] = merge_crash['residuals'] ** 3
```

❶ 如果條件式傳回 true，則把 1 加到 down 串列中

❷ 如果條件式傳回 true，則把 0 加到 down 串列中

❸ 建立一個名為 down_residuals 的新變數，用來包含下跌週

❹ 建立一個名為 up_residuals 的新變數，用來包含上漲週

下一步是將 down_residuals 和 up_residuals 與 merge_crash 合併。然後，我們指定並年化我們想要檢查的所有變數，以確定哪些變數在解釋股價崩盤時最重要：

```
    In [27]: merge_crash_all = merge_crash.merge(down_residuals,
                                                 on=['TICKER', 'date'],
                                                 how='outer')
             merge_crash_all = merge_crash_all.merge(up_residuals,
                                                     on=['TICKER', 'date'],
                                                     how='outer')

    In [28]: cols = ['BIDLO', 'ASKHI', 'residuals',
                     'annual_std', 'residuals_sq', 'residuals_cubic',
                     'down', 'up', 'residuals_up_sq', 'residuals_down_sq',
                     'neg_outliers']
             merge_crash_all = merge_crash_all.set_index('date')
             merge_grouped = merge_crash_all.groupby('TICKER')[cols]\
                             .resample('1Y').sum().reset_index() ❶
             merge_grouped['neg_outliers'] = np.where(merge_grouped.neg_outliers >=
                                                      1, 1, 0) ❷
```

❶ 指定和年化感興趣的變數

❷ 轉換大於 1 的 negative outliers 觀察值（如果有的話）

剩下兩個重要的問題：有多少下跌週和上漲週，它們的總和又是多少？這些問題很重要，因為上漲週和下跌週的數量分別指的是 DUVOL 公式中的 n_u 和 n_d。因此，讓我們來進行計算：

```
    In [29]: merge_grouped = merge_grouped.set_index('date')
             merge_all = merge_grouped.groupby('TICKER')\
                         .resample('1Y').agg({'down':['sum', 'count'],
```

```
                                     'up':['sum', 'count']})\
                    .reset_index() ❶
         merge_all.head()

Out[29]:   TICKER      date down        up
                           sum count sum count
          0   AAPL 2010-12-31   27    1  23    1
          1   AAPL 2011-12-31   26    1  27    1
          2   AAPL 2012-12-31   28    1  26    1
          3   AAPL 2013-12-31   24    1  29    1
          4   AAPL 2014-12-31   22    1  31    1

In [30]: merge_grouped['down'] = merge_all['down']['sum'].values
         merge_grouped['up'] = merge_all['up']['sum'].values
         merge_grouped['count'] = merge_grouped['down'] + merge_grouped['up']
```

❶ 計算年化總和並計算上漲週和下跌週數

最後，我們已經準備好用目前為止我們得到的所有輸入來計算 DUVOL 和 NCSKEW 了：

```
In [31]: merge_grouped = merge_grouped.reset_index()

In [32]: merge_grouped['duvol'] = np.log((((merge_grouped['up'] - 1) *
                                    merge_grouped['residuals_down_sq']) /
                                  ((merge_grouped['down'] - 1) *
                                    merge_grouped['residuals_up_sq']))) ❶

In [33]: merge_grouped['duvol'].mean()
Out[33]: -0.023371498758114867

In [34]: merge_grouped['ncskew'] = - (((merge_grouped['count'] *
                                      (merge_grouped['count'] - 1) **
                                      (3 / 2)) *
                                    merge_grouped['residuals_cubic']) /
                                   (((merge_grouped['count'] - 1) *
                                      (merge_grouped['count'] - 2)) *
                                    merge_grouped['residuals_sq'] **
                                    (3 / 2))) ❷

In [35]: merge_grouped['ncskew'].mean()
Out[35]: -0.031025284134663118
In [36]: merge_grouped['crash_risk'] = merge_crash_annual['crash_risk']
         merge_grouped['crash_risk'] = np.where(merge_grouped.crash_risk >=
                                         1, 1, 0)

In [37]: merge_crash_all_grouped2 = merge_crash_all.groupby('TICKER')\
```

```
                        [['VOL', 'PRC']]\
                        .resample('1Y').mean().reset_index()
merge_grouped[['VOL', 'PRC']] = merge_crash_all_grouped2[['VOL', 'PRC']]

merge_grouped[['ncskew','duvol']].corr()
```

❶ 計算 DUVOL

❷ 計算 NCSKEW

DUVOL 給出了低於年平均值的報酬幅度與高於年平均值的報酬幅度的比例。因此，更高的 DUVOL 意味著左偏分佈或更高的崩盤機率。由於 DUVOL 的平均值為 -0.0233，我們可以得出結論，股票價格在此特定時期內崩盤的可能性較小。

另一方面，NSCKEW 比較尾巴的形狀──也就是說，如果左尾比右尾長，股票價格往往會崩盤。正如我們所預期的那樣，NCSKEW 和 DUVOL 之間的相關性很高，證實了這兩種測量方法是透過不同的方式獲取了大致相同的資訊。

羅吉斯面板應用

由於我們正在尋找可以解釋股價崩盤風險的變數，因此本節提供了一個骨幹分析。因為我們的資料中同時包含了股票和時間序列，所以面板資料分析（panel data analysis）將是一種合適的技術。

至少有三個因素促成了面板資料研究的幾何式增長（Hsiao 2014）：

1. 資料可用性

2. 比單一橫截面（cross-section）或時間序列資料更能模擬人類行為的複雜性

3. 具有挑戰性的方法論

簡而言之，面板資料分析結合了時間序列和橫截面資料，因此比時間序列和橫截面分析具有許多優勢。Ullah（1998）以下面這段話總結了這些優勢：

> 與典型的橫截面或時間序列資料相比，明顯的好處是資料集更大，變數之間的可變性更大，共線性（collinearity）更少。借助額外的、資訊量更大的資料，人們可以用更少的限制性假設來獲得更可靠的估計，以及測試更複雜的行為模型。面板資料集的另一個優點是它們能夠控制個別的異質性……特別是，面板資料集更能夠研究動態行為這種複雜問題。

由於我們的資料是離散型的，羅吉斯面板應用程式滿足了這個需求。然而，我們缺乏面板資料分析的程式庫，而且在羅吉斯面板應用方面情況更糟。我們將使用的程式庫是 Python Econometrics Models 模組（`pyeconometrics`），它包含了一些進階模型，包括：

- 固定效應羅吉斯迴歸（Logit）
- 隨機效應羅吉斯迴歸（Logit 和 Probit）
- Tobit I（截斷資料的線性迴歸）

由時間不變的省略變數引起的潛在內生性（endogeneity）問題是需要考慮的問題之一。為了控制這一點，我們將使用固定效應羅吉斯面板模型。

為了執行羅吉斯面板應用程式，我們使用了 `pyeconometrics` 模組，但是這個程式庫的安裝有點不同。請訪問其 GitHub 儲存庫（*https://oreil.ly/cxATG*）以瞭解更多資訊。

安裝 `pyeconometrics` 和安裝我們所使用的一些程式庫和模組有點不同。為確保能夠正確安裝該程式庫，請訪問其 GitHub 儲存庫（*https://oreil.ly/Ap8NO*）。

現在讓我們來介紹我們將在此分析中使用的變數。獲得了股價崩盤的度量後，是時候討論哪些變數在估計股價崩盤風險時很重要。表 9-2 列出了自變數。

表 9-2　用於分析股價崩盤的自變數

變數	解釋
大小（`log_size`）	公司擁有的總資產的對數。
應收帳款（`rect`）	應收帳款 / 債務人。
不動產、廠房和設備（`ppegt`）	總財產、廠房和設備。
平均周轉率（`dturn`）	t 年的平均月周轉率減去 t - 1 年的平均月周轉率。平均周轉率是每月成交量除以流通股總數。
PRC	交易價格
VOL	成交量
NCSKEW（`ncskew`）	特定於公司的週報酬率的負偏度係數，也就是特定於公司的週報酬率的三階矩除以標準差的三次方的負數。

變數	解釋
企業特定回報（residuals）	一年中特定於公司的週報酬的平均值。
資產報酬率（RoA）	一年的資產報酬率，即淨收入與總資產的比率。
標準差（annual_std）	一年中特定於公司的週報酬的標準差。
企業特定情感（firm_sent）	PCA 所獲得的特定於公司的投資者的情感度量。

資產報酬率和槓桿變數使用資產負債表資訊來計算的：

```
In [38]: bs = pd.read_csv('bs_v.3.csv')
         bs['Date'] = pd.to_datetime(bs.datadate, format='%Y%m%d')
         bs['annual_date'] = bs['Date'].dt.year

In [39]: bs['RoA'] = bs['ni'] / bs['at']
         bs['leverage'] = bs['lt'] / bs['at']

In [40]: merge_grouped['annual_date'] = merge_grouped['date'].dt.year
         bs['TICKER'] = bs.tic
         del bs['tic']
```

下一步是獲取合併資產負債表資料（bs）和股票相關資料（merge_crash_all_
grouped）的其餘變數：

```
In [41]: merge_ret_bs = pd.merge(bs, merge_grouped,
                                 on=['TICKER', 'annual_date'])

In [42]: merge_ret_bs2 = merge_ret_bs.set_index('Date')
         merge_ret_bs2 = merge_ret_bs2.groupby('TICKER').resample('Y').mean()
         merge_ret_bs2.reset_index(inplace=True)

In [43]: merge_ret_bs2['vol_csho_diff'] = (merge_ret_bs2.groupby('TICKER')
                                           ['VOL'].shift(-1) /
                                           merge_ret_bs2.groupby('TICKER')
                                           ['csho'].shift(-1))
         merge_ret_bs2['dturn1'] = merge_ret_bs2['VOL'] / merge_ret_bs2['csho']
         merge_ret_bs2['dturn'] = merge_ret_bs2['vol_csho_diff'] - \
                                  merge_ret_bs2['dturn1']

In [44]: merge_ret_bs2['p/e'] = merge_ret_bs2['PRC'] / merge_ret_bs2['ni']
         merge_ret_bs2['turnover_rate'] = merge_ret_bs2['VOL'] / \
                                          merge_ret_bs2['csho']
         merge_ret_bs2['equity_share'] = merge_ret_bs2['ceq'] / \
                                         (merge_ret_bs2['ceq'] +
                                          merge_ret_bs2['dt'])
         merge_ret_bs2['firm_size'] = np.log(merge_ret_bs2['at'])
         merge_ret_bs2['cefd'] = (((merge_ret_bs2['at'] -
```

```
                              merge_ret_bs2['lt']) / merge_ret_bs2['csho']) -
                              merge_ret_bs2['PRC']) / (merge_ret_bs2['at'] -
                              merge_ret_bs2['lt']) / merge_ret_bs2['csho']

In [45]: merge_ret_bs2 = merge_ret_bs2.set_index('Date')
         merge_ret_bs2['buying_volume'] = merge_ret_bs2['VOL'] * \
                                          (merge_ret_bs2['PRC'] -
                                          merge_ret_bs2['BIDLO']) / \
                                          (merge_ret_bs2['ASKHI'] -
                                          merge_ret_bs2['BIDLO'])
         merge_ret_bs2['selling_volume'] = merge_ret_bs2['VOL'] * \
                                          (merge_ret_bs2['ASKHI'] -
                                           merge_ret_bs2['PRC']) / \
                                          (merge_ret_bs2['ASKHI'] -
                                          merge_ret_bs2['BIDLO'])
         buying_volume = merge_ret_bs2.groupby('TICKER')['buying_volume'] \
                         .resample('Y').sum().reset_index()
         selling_volume = merge_ret_bs2.groupby('TICKER')['selling_volume'] \
                         .resample('Y').sum().reset_index()
         del buying_volume['TICKER']
         del buying_volume['Date']

In [46]: buy_sel_vol = pd.concat([buying_volume,selling_volume], axis=1)
         buy_sel_vol['bsi'] = (buy_sel_vol.buying_volume -
                               buy_sel_vol.selling_volume) / \
                              (buy_sel_vol.buying_volume +
                               buy_sel_vol.selling_volume)

In [47]: merge_ret_bs2 = merge_ret_bs2.reset_index()
         merge_ret_bs2 = pd.merge(buy_sel_vol ,merge_ret_bs2,
                                  on=['TICKER', 'Date'])
```

除了特定於公司的情感外，其餘變數都被廣泛使用，並且在解釋股價崩盤風險方面
非常有用。

當很難找到合適的變數來表達某個現象時，推導出指數並將其用作代理這個作法在
研究人員中非常流行。例如，假設您認為特定於公司的情感是一個變數，其中包含
了對股價崩盤的非常強大的洞察力，但是您要如何想出一個足以代表特定於公司
的情感的變數呢？為了解決這個問題，我們可以考慮與特定於公司的情感有些相關
的所有變數，然後再識別關係以使用主成分分析來建立指數。這就是我們即將要做
的。

儘管有一些眾所周知的股價崩盤風險的決定因素，但崩盤風險被認為不重要的一個重要面向，是特定於公司的投資者情緒。我們可以很直覺的說，投資者對公司的看法可能會影響股價的上漲或下跌。也就是說，如果投資者傾向於對某一股票感到樂觀，他們很可能就會購買該資產，而後推動了價格的上漲或下跌（Yin 和 Tian 2017）。

根據這個想法，本益比（price-to-earnings ratio, P/E）、周轉率（turnover rate, TURN）、普通股（equity share, EQS）、封閉型基金折價（closed-end fund discount, CEFD）、槓桿（leverage, LEV）、買賣量（buying and selling volume, BSI）被用來識別特定於公司的情緒。表 9-3 提供了這些變數的解釋。

表 9-3　用在特定於公司的情緒的變數

變數	解釋
本益比（p/e）	每股市值 / 每股收益
周轉率（turnover_rate）	總交易股數 / 平均流通股數
普通股（equity_share）	普通股
封閉型基金折價（cefd）	透過首次公開發行（initial public offering) 來募集固定金額資本的資產
槓桿（leverage）	長期負債和在流動資產 / 總資產中負債的總和
買賣量（bsi）	買入（賣出）量是與買入（賣出）交易相關的股票量

為了正確捕捉特定於公司的情緒，我們需要盡量的萃取資訊，而 PCA 正是完成此任務的方便工具：

```
In [48]: from sklearn.preprocessing import StandardScaler
         from sklearn.decomposition import PCA

In [49]: firm_sentiment = merge_ret_bs2[['p/e', 'turnover_rate',
                                          'equity_share', 'cefd',
                                          'leverage', 'bsi']]
         firm_sentiment = firm_sentiment.apply(lambda x: x.fillna(x.mean()),
                                               axis=0) ❶

In [50]: firm_sentiment_std = StandardScaler().fit_transform(firm_sentiment)
         pca = PCA(n_components=6)
         pca_market_sentiment = pca.fit_transform(firm_sentiment_std)
         print('Explained Variance Ratios per Component are:\n {}'\
               .format(pca.explained_variance_ratio_))
         Explained Variance Ratios per Component are:
          [0.35828322 0.2752777  0.15343653 0.12206041 0.06681776 0.02412438]

In [51]: loadings_1 = pd.DataFrame(pca.components_.T *
```

```
                            np.sqrt(pca.explained_variance_),
                            columns=['PC1', 'PC2', 'PC3',
                                     'PC4', 'PC5', 'PC6'],
                            index=firm_sentiment.columns) ❷
         loadings_1
Out[51]: PC1           PC2           PC3        PC4        PC5        PC6
         p/e                -0.250786  0.326182   0.911665   0.056323   0.000583
           0.021730
         turnover_rate      -0.101554  0.854432  -0.197381   0.201749   0.428911
           -0.008421
         equity_share       -0.913620 -0.162406  -0.133783   0.224513  -0.031672
           0.271443
         cefd                0.639570 -0.118671   0.038422   0.754467  -0.100176
           0.014146
         leverage            0.917298  0.098311   0.068633  -0.264369   0.089224
           0.265335
         bsi                 0.006731  0.878526  -0.173740  -0.044127  -0.446735
           0.022520

In [52]: df_loading1 = pd.DataFrame(loadings_1.mean(axis=1)) ❸
         df_loading1
Out[52]:                      0
         p/e              0.177616
         turnover_rate    0.196289
         equity_share    -0.124254
         cefd             0.204626
         leverage         0.195739
         bsi              0.040529

In [53]: firm_sentiment = pd.DataFrame(np.dot(pca_market_sentiment,
                                       np.array(df_loading1)))
         merge_ret_bs2['firm_sent'] = firm_sentiment
```

❶ 用平均值來填充缺漏值

❷ 計算負荷量（loadings）

❸ 取負荷量的橫截面平均值

獲得特徵的負荷量後，組件的橫截面平均值的結果如下：

$$\text{SENT}i,t = 0.177\text{P/E}_{i,t} + 0.196\text{TURN}_{i,t} - 0.124\text{EQS}_{i,t} + 0.204\text{CEFD}_{i,t} + 0.195\text{LEV}_{i,t} + 0.040\text{BSI}_{i,t}$$

結果說明，特定於公司的情感會受到除了普通股之外的所有變數的正向影響；此外，槓桿和周轉率對特定於公司的情感影響最大。

我們還有一步要走：解讀羅吉斯面板資料分析。在此之前，我們應該要定義自變數和因變數，並使用必要的程式庫來進行此事：

```
In [54]: merge_ret_bs2['log_size'] = np.log(merge_ret_bs2['at'])

In [55]: merge_ret_bs2.set_index(['TICKER', 'Date'], inplace=True)

In [56]: X = (merge_ret_bs2[['log_size', 'rect', 'ppegt', 'dturn',
                             'ncskew', 'residuals', 'RoA', 'annual_std',
                             'firm_sent']]).shift(1)
         X['neg_outliers'] = merge_ret_bs2['neg_outliers']
```

羅吉斯面板資料分析向我們展示了哪些變數會與 neg_outliers（從 Elliptic Envelope 演算法獲得的股價崩盤度量）具有統計上顯著的關係。結果表明，除了 ppegt 和 residuals 之外，所有其他變數在傳統信賴區間內都具有統計上的顯著性。具體來說，log_size、dturn、firm_sent 和 Annual_std 確實會觸發崩盤。

從結果可以看出，特定於公司的投資者情感指數的係數是正的、具有財務重要性、並且在 1% 的水準上具有統計上的顯著性。文獻表明，在情感高亢時，在樂觀預期的壓力下，經理人傾向於加速發布好消息，但保留壞消息以維持積極的環境（Bergman 和 Roychowdhury 2008）。因此，結果表明情感與崩盤風險之間存在正相關關係。

由於這些變數都顯示出與 neg_outliers 具有很強的統計上的顯著性關係，因此我們能夠進行可靠的預測分析：

```
In [57]: from pyeconometrics.panel_discrete_models import FixedEffectPanelModel
         from sklearn.model_selection import train_test_split
         from sklearn.metrics import accuracy_score

In [58]: FE_ML = FixedEffectPanelModel()
         FE_ML.fit(X, 'neg_outliers')
         FE_ML.summary()
         ====================================================================
         ==========
         Dep. Variable:              neg_outliers   Pseudo R-squ.:      0.09611
         Model:         Panel Fixed Effects Logit   Log-Likelihood:     -83.035
         Method:                              MLE   LL-Null:            -91.864
         No. Observations:                    193   LLR p-value:          0.061
         Df Model:                              9

         Converged:                                    True
```

```
================================================================
                coef    std err      t     P>|t|  [95.0% Conf. Int.]
----------------------------------------------------------------
_cons         -2.5897    1.085    -2.387   0.008     -4.716
-0.464
log_size       0.1908    0.089     2.155   0.016      0.017
0.364
rect          -0.0000    0.000    -4.508   0.000     -0.000
-0.000
ppegt         -0.0000    0.000    -0.650   0.258     -0.000
0.000
dturn          0.0003    0.000     8.848   0.000      0.000
ncskew        -0.2156    0.089    -2.420   0.008     -0.390
-0.041
residuals     -0.3843    1.711    -0.225   0.411     -3.737
2.968
RoA            1.4897    1.061     1.404   0.080     -0.590
3.569
annual_std     1.9252    0.547     3.517   0.000      0.852
2.998
firm_sent      0.6847    0.151     4.541   0.000      0.389
0.980
----------------------------------------------------------------
```

為了進行比較，這次我們將因變數替換成 crash_risk，它也是離散類型。透過這種比較，我們才能夠比較模型的優劣以及可能的預測能力。根據我們模型的良好性度量 R2，具有 neg_outliers 因變數的模型具有較高的解釋力。但是，請注意，R2 並不是用於比較模型優劣的唯一量度。由於這方面的討論超出了本書的範圍，我不會詳細介紹。

除此之外，顯而易見的是，這兩個模型的某些估計係數的正負號不同。例如，根據文獻，公司情感（firm_sent）應該有一個正號，因為一旦投資者情感高亢，壞消息的囤積行為就會增加，從而導致股價崩盤風險上升。這些重要的觀察結果在之前的模型中有被抓出來，此模型中包含了我們新導入的因變數 neg_outliers。具有 neg_outliers 的模型可以產生更好、更可靠的預測：

```
In [59]: del X['neg_outliers']
         X['crash_risk'] = merge_ret_bs2['crash_risk']

In [60]: FE_crash = FixedEffectPanelModel()
         FE_crash.fit(X, 'crash_risk')
         FE_crash.summary()
================================================================
```

```
Dep. Variable:                     crash_risk   Pseudo R-squ.:      0.05324
Model:          Panel Fixed Effects Logit   Log-Likelihood:     -55.640
Method:                                MLE   LL-Null:            -58.769
No. Observations:                      193   LLR p-value:          0.793
Df Model:                                9

Converged:                                   True


============================================================
                  coef   std err        t   P>|t|  [95.0% Conf. Int.]

------------------------------------------------------------
_cons          -3.1859     1.154   -2.762   0.003   -5.447
-0.925
log_size        0.2012     0.094    2.134   0.016    0.016
0.386
rect           -0.0000     0.000   -1.861   0.031   -0.000
0.000
ppegt          -0.0000     0.000   -0.638   0.262   -0.000
0.000
dturn           0.0001     0.000    2.882   0.002    0.000
0.000
ncskew          0.3840     0.114    3.367   0.000    0.160
0.608
residuals       3.3976     2.062    1.648   0.050   -0.644
7.439
RoA             2.5096     1.258    1.994   0.023    0.043
4.976
annual_std      2.4094     0.657    3.668   0.000    1.122
3.697
firm_sent      -0.0041     0.164   -0.025   0.490   -0.326
0.318
------------------------------------------------------------
```

結論

在本章中，我們學習到如何使用 ML 來偵測股價崩盤。使用了 MCD 方法之後，可以偵測到根據市場調整後的特定於公司的股價報酬中的負異常值並將其定義為股價崩盤風險指標。結果表明，情感與崩盤風險之間存在正相關關係，表明在情感高亢時，在樂觀預期的壓力下，經理人會傾向於隱瞞壞消息，這種累積的壞消息會導致大幅下跌。

此外，我們還獲得了其他股價崩盤度量，也就是 NCSKEW、DUVOL 和崩盤風險。其中，我們在分析中分別使用了 NCSKEW 和崩盤風險來作為自變數和因變數。

羅吉斯面板分析顯示出，和具有 `crash_risk` 的模型相比，具有 `neg_outliers` 的模型所估計的係數的符號與文獻是一致的，這使得它更為有用，並且還提高了其預測分析的可靠性。

下一章將介紹金融界一個全新且非常熱門的話題：合成資料產生（*synthetic data generation*）以及它在風險管理中的應用。

參考文獻

本章引用的論文和書籍：

Bae, Kee Hong, Chanwoo Lim, and KC John Wei. 2006. "Corporate Governance and Conditional Skewness In The World's Stock Markets." *The Journal of Business* 79 (6): 2999-3028.

Bergman, Nittai K., and Sugata Roychowdhury. 2008. "Investor Sentiment and Corporate Disclosure." *Journal of Accounting Research* 46 (5): 1057-1083.

Bleck, Alexander, and Xuewen Liu. 2007. "Market Transparency and The Accounting Regime." *Journal of Accounting Research* 45 (2): 229-256.

Chen, Joseph, Harrison Hong, and Jeremy C. Stein. 2001. "Forecasting Crashes: Trading Volume, Past Returns, and Conditional Skewness In Stock Prices." *Journal of Financial Economics* 61 (3): 345-381.

Hubert, Mia, Michiel Debruyne, and Peter J. Rousseeuw. 2018. "Minimum Covariance Determinant and Extensions." 2018. *Wiley Interdisciplinary Reviews: Computational Statistics* 10 (3): e1421.

Hutton, Amy P., Alan J. Marcus, and Hassan Tehranian. 2009. "Opaque Financial Reports, R2, and Crash Risk." *Journal of Financial Economics* 94 (1): 67-86.

Hsiao, Cheng. 2014. *Analysis of Panel Data.* Cambridge University Press.

Kim J. B., Li Y., and Zhang L. 2011. "Corporate Tax Avoidance and Stock Price Crash Risk: Firm-Level Analysis." *Journal of Financial Economics* 100 (3): 639-662.

Kim, Jeong-Bon, and Liandong Zhang. 2014. "Financial Reporting Opacity and Expected Crash Risk: Evidence From Implied Volatility Smirks." *Contemporary Accounting Research* 31 (3): 851-875.

Jin, Li, and Stewart C. Myers. 2006. "R2 around The World: New Theory and New Tests." *Journal of Financial Economics* 79 (2): 257-292.

Finch, Holmes. 2012. "Distribution Of Variables By Method Of Outlier Detection." *Frontiers in Psychology* (3): 211.

Wolfensohn, James. 1999. "The Critical Study Of Corporate Governance Provisions In India." *Financial Times* 25 (4). Retrieved from https://oreil.ly/EnLaQ.

Shleifer, Andrei, and Robert W. Vishny. 1997. "A Survey Of Corporate Governance." *The Journal of Finance* 52 (2): 737-783.

Ullah, Aman, ed. 1998. *Handbook of Applied Economic Statistics*. Boca Raton: CRC Press.

Yin, Yugang, and Rongfu Tian. 2017. "Investor Sentiment, Financial Report Quality and Stock Price Crash Risk: Role of Short-Sales Constraints." *Emerging Markets Finance and Trade* 53 (3): 493-510.

第十章

合成資料產生與金融中的隱藏馬可夫模型

資料不一定要植根於現實世界才能具有價值：它可以被捏造並插入一些缺漏或難以掌握之處。

— Ahuja（2020）

由於對機密性的日益關注和不斷增加的資料要求，合成資料產生在金融領域日漸受到關注。因此，與其使用真實資料，不如為模型提供模擬了具有必要的統計屬性的合成資料？這聽起來很吸引人，不是嗎？合成資料產生只是本章的一部分；另一部分則會專注於另一個被低估但非常重要且有趣的話題：隱藏馬可夫模型（hidden Markov model, HMM）。您可能會想問：合成資料和 HMM 之間的共通點是什麼？好吧，我們可以從 HMM 來產生合成資料 ——這就是本章的目標之一。另一個目的是介紹這兩個重要的主題，因為它們經常被用在機器學習上。

合成資料產生

由於財務資料的機密性、敏感性和成本，它的使用受到了極大的限制。而這反過來又阻礙了金融領域中有用知識的進步和傳播。合成資料解決了這些缺點，並且幫助研究人員和從業者進行分析並傳播結果。

合成資料是從模擬了真實資料的統計特性的程序中所產生的資料。儘管人們認為資料必須以其原始形式來建模，但從真實資料來產生合成資料並不是我們建立它的唯一方法（Patki、Wedge 和 Veeramachaneni 2016）。相反地，我們可以透過三種方式來產生合成資料：

- 可以從**真實資料**（*real data*）中產生合成資料。這個程序的工作流程從獲取真實資料開始，然後繼續建模以揭示資料的分佈，最後一步則是從現有模型中採樣出合成資料。

- 合成資料可以從**模型或知識**中獲得。一般來說，這種類型的合成資料產生可以透過使用現有模型或研究人員的知識來應用。

- **混合**（*hybrid*）程序包括了前兩個步驟，因為有時只有一部分資料可用，而這部分的真實資料被用來產生合成資料，而另一部分的合成資料可以從模型中獲得。

我們很快就會看到如何應用這些技術來產生合成資料。就其本質而言，合成資料產生程序在隱私和效用（utility）之間進行了難以妥協的取捨。確切的說，從真實的未公開資料產生合成資料具有很高的效用。然而，合成資料產生的效用在很大程度上取決於真實公開資料的去識別化和聚合。合成資料所產生的效用取決於成功的建模或分析師的專業知識。

圖 10-1 說明了資料產生程序中的隱私和效用的取捨。

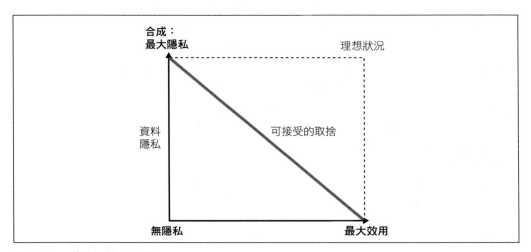

圖 10-1　隱私－效用取捨

合成資料評估

可以想像的到，我們可以應用各種工具來衡量合成資料的有效性；但是，我們將把注意力限制在四種常用的方法上：KL 散度（KL-divergence）、可區分、ROC 曲線，以及主要統計資料之比較，如平均值、中位數等。由於 KL 散度 和 ROC 分別在第 8 章和第 6 章中討論過，我們將跳過它們並從可區分方法開始。

可區分（*distinguishable*），顧名思義，會試圖使用能區分真實資料和合成資料的分類模型來區分真實和合成紀錄，如果它們是真實的，則指派為 1；如果不是的話，則指派為 0。如果輸出比較接近 1，它會預測此紀錄是真實的，否則它使用傾向分數（*propensity score*）來預測它是合成資料（El Emam 2020）。

另一種方法比較簡單但功能強大，它會比較真實資料和合成資料的主要統計資料。給定所採用的模型，可以比較真實資料和合成資料的平均值（或其他統計資料），以瞭解合成資料把真實資料模仿的有多好。

讓我們討論一下合成資料產生的優缺點：

優點

增加資料的可用性

合成資料產生提供了我們一個強大的工具，我們透過它可以克服存取真實資料的困難，因為資料可能是昂貴的和專有的。

提高分析技能

作為真實資料的良好代理的合成資料可用於各種分析程序，而這反過來又提高了我們對特定主題的理解。此外，合成資料可用在標記過程，為高準確度分析鋪好道路。

處理常見的統計問題

合成資料產生可以緩解真實資料帶來的問題。真實資料可能帶有會嚴重影響模型效能的問題，例如缺漏值、異常值等。合成資料提供了一種工具來處理這些統計問題，這樣最終我們可能可以提高建模的效能。

缺點

無法保密

由於網路攻擊盛行，合成資料可能會成為私人資訊洩露的來源。例如，客戶的憑證可以透過逆向工程來獲得。

品質問題

在合成資料產生過程中有兩件重要的事情需要考慮：研究人員的能力和資料的特性。這兩點決定了合成資料產生的品質程序。如果缺少這些重點，那麼很可能會出現低品質的合成資料。

產生合成資料

讓我們先從真實資料來產生合成資料，之後再使用模型來產生它。我們將使用來自 fetch_california_housing 的真實資料來產生合成資料，在此程序中我們還將使用 CTGAN 程式庫（CTGANSynthesizer）。CTGAN 程式庫讓我們能夠基於生成對抗網路（generative adversarial network, GAN）來產生對原始資料具有高保真度的合成資料。在產生合成資料時，訓練步驟的數量是由 epoch 參數控制的，這可以讓我們在很短的時間內獲得合成資料：

```
In [1]: from sklearn.datasets import fetch_california_housing ❶
        import pandas as pd
        import numpy as np
        import matplotlib. pyplot as plt
        import yfinance as yf
        import datetime
        import warnings
        warnings.filterwarnings('ignore')

In [2]: X, y = fetch_california_housing(return_X_y=True) ❷

In [3]: import numpy as np
        california_housing=np.column_stack([X, y]) ❸
        california_housing_df=pd.DataFrame(california_housing)

In [4]: from ctgan import CTGANSynthesizer ❹

        ctgan = CTGANSynthesizer(epochs=10) ❺
        ctgan.fit(california_housing_df)
        synt_sample = ctgan.sample(len(california_housing_df)) ❻
```

❶ 從 sklearn 匯入 fetch_california_housing 資料

❷ 從 fetch_california_housing 產生自變數和因變數

❸ 使用堆疊（stack）函數來堆疊兩個陣列

❹ 匯入 CTGANSynthesizer 以產生合成資料

❺ 從 CTGANSynthesizer 初始化合成資料產生程序，週期設為 10

❻ 產生樣本

產生合成資料後，可以透過描述性統計來檢查合成資料的相似性。與以往一樣，描述性統計很方便，但我們還有另一個工具，來自 Synthetic Data Vault（SDV）的 evaluate 套件。此函數的輸出將是一個介於 0 和 1 之間的數字，它將指出兩張表格的相似程度，其中 0 是最差的，1 是最佳分數。此外，我們可以視覺化產生程序的結果（顯示在生成的圖 10-2 和 10-3 中）並與真實資料進行比較，這樣我們就可以充分瞭解合成資料是否是真實資料的良好表達法：

```
In [5]: california_housing_df.describe()

Out[5]:              0             1             2             3             4 \
       count  20640.000000  20640.000000  20640.000000  20640.000000  20640.000000
       mean       3.870671     28.639486      5.429000      1.096675   1425.476744
       std        1.899822     12.585558      2.474173      0.473911   1132.462122
       min        0.499900      1.000000      0.846154      0.333333      3.000000
       25%        2.563400     18.000000      4.440716      1.006079    787.000000
       50%        3.534800     29.000000      5.229129      1.048780   1166.000000
       75%        4.743250     37.000000      6.052381      1.099526   1725.000000
       max       15.000100     52.000000    141.909091     34.066667  35682.000000

                     5             6             7             8
       count  20640.000000  20640.000000  20640.000000  20640.000000
       mean       3.070655     35.631861   -119.569704      2.068558
       std       10.386050      2.135952      2.003532      1.153956
       min        0.692308     32.540000   -124.350000      0.149990
       25%        2.429741     33.930000   -121.800000      1.196000
       50%        2.818116     34.260000   -118.490000      1.797000
       75%        3.282261     37.710000   -118.010000      2.647250
       max     1243.333333     41.950000   -114.310000      5.000010

In [6]: synt_sample.describe()

Out[6]:              0             1             2             3             4 \
       count  20640.000000  20640.000000  20640.000000  20640.000000  20640.000000
```

```
mean        4.819246      28.954316        6.191938       1.172562     2679.408170
std         3.023684      13.650675        2.237810       0.402990     2127.606868
min        -0.068225      -2.927976        0.877387      -0.144332     -468.985777
25%         2.627803      19.113346        4.779587       0.957408     1148.179104
50%         4.217247      29.798105        5.779768       1.062072     2021.181784
75%         6.254332      38.144114        7.058157       1.285233     3666.957652
max        19.815551      54.219486       15.639807       3.262196    12548.941245

                     5             6             7             8
count    20640.000000  20640.000000  20640.000000  20640.000000
mean         3.388233      36.371957   -119.957959      2.584699
std          1.035668       2.411460      2.306550      1.305122
min          0.650323      32.234033   -125.836387      0.212203
25%          2.651633      34.081107   -122.010873      1.579294
50%          3.280092      36.677974   -119.606385      2.334144
75%          3.994524      38.023437   -118.080271      3.456931
max          7.026720      43.131795   -113.530352      5.395162
```

```
In [7]: from sdv.evaluation import evaluate ❶

        evaluate(synt_sample, california_housing_df) ❷
Out[7]: 0.4773175572768998

In [8]: from table_evaluator import TableEvaluator ❸

        table_evaluator =  TableEvaluator(california_housing_df, synt_sample) ❹

        table_evaluator.visual_evaluation() ❺
```

❶　匯入 evaluate 套件以評估合成資料和真實資料的相似度

❷　在我們的真實和合成資料上執行 evaluate 套件

❸　匯入 TableEvaluator 以用肉眼檢查合成資料和真實資料之間的相似度

❹　使用真實和合成資料來執行 TableEvaluator

❺　使用 visual_evaluation 套件進行視覺化分析

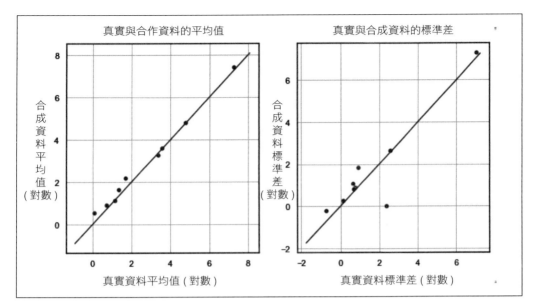

圖 10-2　合成資料產生評估 -1

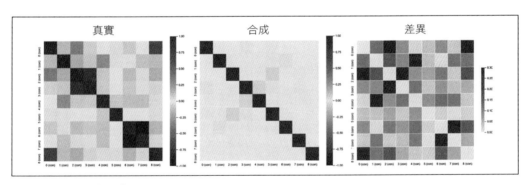

圖 10-3　合成資料產生評估 -2

圖 10-2 和 10-3 允許我們使用平均值、標準差和熱圖以肉眼來比較真實資料和合成資料的效能。儘管 evaluation 有許多不同的工具可以使用，但現在先將我們的注意力只限制在上面那些工具上比較好。

如您所見，由真實資料來產生合成資料並不難。現在讓我們來看看我們可以根據模型來產生合成資料的程序。我將使用 sklearn，這是用在 ML 應用程式的瑞士萬用刀程式庫，它提供了分類和迴歸模型。make_regression 有助於產生用來執行迴歸模型的合成資料。同樣的，`make_classification` 則會產生用來執行分類模型的合成資料。下面的程式碼同時會產生圖 10-4：

```
In [9]: from sklearn.datasets import make_regression ❶
        import matplotlib.pyplot as plt
        from matplotlib import cm

In [10]: X, y = make_regression(n_samples=1000, n_features=3, noise=0.2,
                                random_state=123) ❷

         plt.scatter(X[:, 0], X[:, 1], alpha= 0.3, cmap='Greys', c=y)

In [11]: plt.figure(figsize=(18, 18))
         k = 0

         for i in range(0, 10):
             X, y = make_regression(n_samples=100, n_features=3, noise=i,
                                    random_state=123)
             k+=1
             plt.subplot(5, 2, k)
             profit_margin_orange = np.asarray([20, 35, 40])
             plt.scatter(X[:, 0], X[:, 1], alpha=0.3, cmap=cm.Greys, c=y)
             plt.title('Synthetic Data with Different Noises: ' + str(i))
         plt.show()
```

❶ 匯入 make_regression 套件

❷ 產生用於迴歸且具有 1,000 個樣本、3 個特徵、以及雜訊標準差的合成資料

圖 10-4 顯示了不同雜訊對合成資料產生的影響。正如我們預期的那樣，隨著標準差的增加，noise 參數變得越來越大。

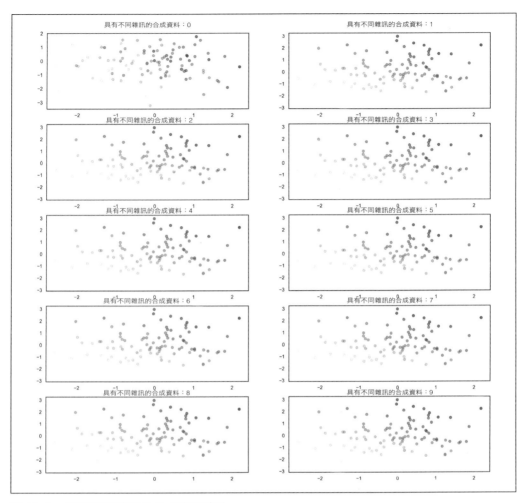

圖 10-4　具有不同雜訊的合成資料產生

要如何產生用於分類的合成資料呢？嗯，聽起來很容易。我們將遵循和迴歸非常類似的程序。這一次，我們將使用 make_classification 套件。產生合成資料後，我們將透過散佈圖來觀察不同類別數的影響（圖 10-5）：

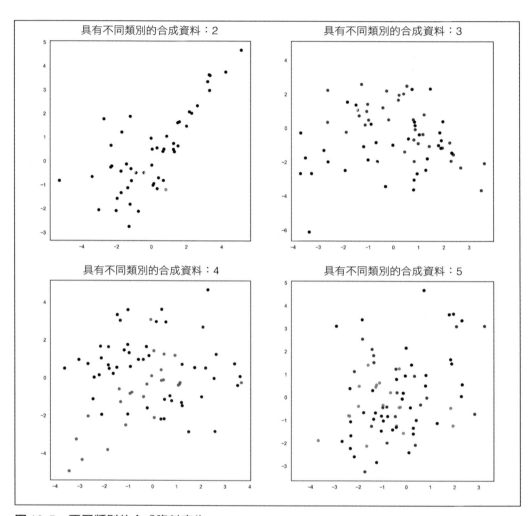

圖 10-5　不同類別的合成資料產生

```
In [12]: from sklearn.datasets import make_classification ❶

In [13]: plt.figure(figsize=(18, 18))
         k = 0

         for i in range(2, 6):
             X, y = make_classification(n_samples=100,
```

```
                                        n_features=4,
                                        n_classes=i,
                                        n_redundant=0,
                                        n_informative=4,
                                        random_state=123) ❷
            k+=1
            plt.subplot(2, 2, k)
            plt.scatter(X[: ,0], X[:, 1], alpha=0.8, cmap='gray', c=y)
            plt.title('Synthetic Data with Different Classes: ' + str(i))
        plt.show()
```

❶ 匯入 make_classification 套件

❷ 產生用於分類且具有 100 個樣本、4 個特徵、以及 4 個具有資訊性的特徵的
合成資料

圖 10-5 顯示了不同類別對合成資料產生的影響；在此案例中，我們產生了 2 個到
5 個類別的合成資料。

我們也可以從非監督式學習中產生合成資料。make_blobs 是一個可用來滿足此目
的的套件。因此，我們將產生合成資料並觀察不同數量的群集對合成資料的影響，
並產生圖 10-6：

```
In [14]: from sklearn.datasets import make_blobs ❶

In [15]: X, y = make_blobs(n_samples=100, centers=2,
                           n_features=2, random_state=0) ❷

In [16]: plt.figure(figsize=(18, 18))
         k = 0
         for i in range(2, 6):
             X, y = make_blobs(n_samples=100, centers=i,
                               n_features=2, random_state=0)
             k += 1
             plt.subplot(2, 2, k)
             my_scatter_plot = plt.scatter(X[:, 0], X[:, 1],
                                           alpha=0.3, cmap='gray', c=y)
             plt.title('Synthetic Data with Different Clusters: ' + str(i))
         plt.show()
```

❶ 從 sklearn 匯入 make_blob 套件

❷ 產生包含 100 個樣本、2 個中心和 2 個特徵的合成資料

圖 10-6 顯示了合成資料在不同群集下的樣子。

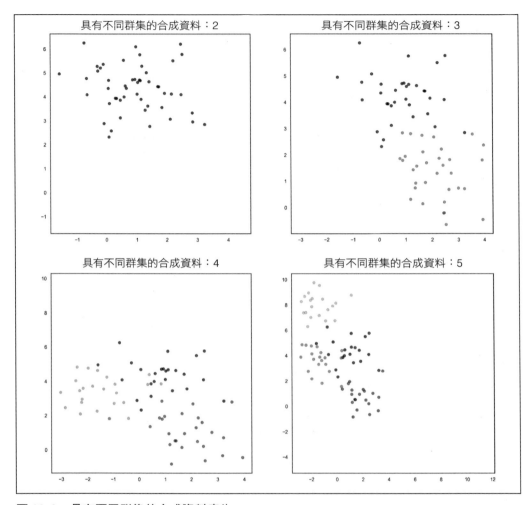

圖 10-6　具有不同群集的合成資料產生

到目前為止，我們已經學會了如何使用真實資料和模型來產生合成資料，且同時使用了監督式學習（迴歸和分類）和非監督式學習。從現在開始，我們將探索 HMM 以及如何使用它。從財務的角度來看，我們將透過因子投資（factor investing）來完成這項任務。因子投資並不是一個新話題，但在著名的 Fama-French 三因子模型（Fama 和 French 1993）之後，它變得越來越有吸引力。我們將看到 HMM 對識別經濟中不同狀態時的影響，並將其納入投資策略。最後，我們將能夠比較基於三因子 Fama-French 模型的因子投資與使用夏普比率（Sharpe ratio）的 HMM 的有效性。

隱藏馬可夫模型簡介

HMM 為我們提供了序列資料的機率分佈，該機率分佈由具有隱藏狀態的馬可夫程序來建模。HMM 讓我們能夠估計從一種狀態到另一種狀態的轉移機率。

為了說明這一點，讓我們考慮股票市場，在其中股票會上漲、下跌或維持平盤。先選擇一個隨機狀態——例如上漲。它的下一個狀態將會是上漲、下跌或維持平盤。在這種情況下，該狀態被認為是一個隱藏（ _hidden_ ）狀態，因為我們不確定哪個狀態將在市場上佔上風。

一般來說，HMM 有兩個基本假設：首先，所有觀察值都完全依賴於目前狀態，並且有條件的獨立於其他變數；其次，轉移機率是均勻的（homogeneous），並且僅取決於目前的隱藏狀態（Wang、Lin 和 Mikhelson 2020）。

Fama-French 三因子模型與 HMM

Fama 和 French（1993）提出的模型為擴展 CAPM 的進一步研究鋪平了道路。該模型建議使用全新的解釋變數來解釋股票報酬的變化。該模型中的三個因子是市場風險（ _Rm - Rf_ ）、小減大（small minus big, SMB）和高減低（high minus low, HML）。讓我們在此簡要的討論一下這些因子，因為我們將在下面的模型中使用它們。

（ _Rm - Rf_ ）基本上就是市場投資組合的報酬減去無風險利率（risk-free rate），無風險利率是由政府發行的國庫券或類似資產所代表的假設利率。

SMB 是規模效應（size effect）的代表。規模效應是用來解釋公司金融中若干現象的重要變數。它由不同的變數來表示，例如總資產的對數。Fama-French 透過計算小型股公司和大型股公司的報酬率來考慮規模效應。

第三個因子是 HML，它代表高淨值市價比（book-to-market）的公司和低淨值市價比的公司之間的報酬差，淨值市價比是將公司的淨值與其市場價值進行比較。

實證研究表明，較小的 SMB、較高的 HML 和較小的（ _Rm - Rf_ ）會提高股票報酬。理論上，在執行 Fama-French 三因子模型之前先識別狀態將會提高模型的效能。要看看真實資料是否真是如此，讓我們在有或沒有 HMM 的情況下執行因子投資模型。

我們所用的資料來自 Kenneth R. French 資料庫（*https://oreil.ly/m5ShJ*）。如下圖所示，資料中包含的變數有：Date、Mkt-RF、SMB、HML、RF。事實證明，除了日期之外，所有變數都如預期是數值型的。為了節省處理模型的時間，資料已被修剪為從 2000-01-03 開始：

```
In [17]: ff = pd.read_csv('FF3.csv', skiprows=4)
         ff = ff.rename(columns={'Unnamed: 0': 'Date'})
         ff = ff.iloc[:-1]
         ff.head()
Out[17]:       Date  Mkt-RF   SMB   HML     RF
         0  19260701    0.10 -0.24 -0.28  0.009
         1  19260702    0.45 -0.32 -0.08  0.009
         2  19260706    0.17  0.27 -0.35  0.009
         3  19260707    0.09 -0.59  0.03  0.009
         4  19260708    0.21 -0.36  0.15  0.009

In [18]: ff.info()
         <class 'pandas.core.frame.DataFrame'>
         RangeIndex: 24978 entries, 0 to 24977
         Data columns (total 5 columns):
          #   Column  Non-Null Count  Dtype
         ---  ------  --------------  -----
          0   Date    24978 non-null  object
          1   Mkt-RF  24978 non-null  float64
          2   SMB     24978 non-null  float64
          3   HML     24978 non-null  float64
          4   RF      24978 non-null  float64
         dtypes: float64(4), object(1)
         memory usage: 975.8+ KB

In [19]: ff['Date'] = pd.to_datetime(ff['Date'])
         ff.set_index('Date', inplace=True)
         ff_trim = ff.loc['2000-01-01':]

In [20]: ff_trim.head()
Out[20]:             Mkt-RF   SMB   HML     RF
         Date
         2000-01-03   -0.71  0.61 -1.40  0.021
         2000-01-04   -4.06  0.01  2.06  0.021
         2000-01-05   -0.09  0.18  0.19  0.021
         2000-01-06   -0.73 -0.42  1.27  0.021
         2000-01-07    3.21 -0.49 -1.42  0.021
```

好吧，我們已經獲得了解釋股票報酬背後的動態的變數，不過是哪種股票報酬呢？它應該是能夠代表經濟總體福祉的報酬。此類變數的潛在候選者是 S&P 500 指數股票型基金（exchange-traded fund, ETF）。

ETF 是一種特殊類型的投資基金和交易所交易產品，會追蹤行業、商品等指數。SPDR S&P 500 ETF (SPY) 是一個非常著名的追蹤 S&P 500 指數的例子。其他一些ETF是：

- Vanguard Total International Stock ETF (VXUS)
- Energy Select Sector SPDR Fund (XLE)
- iShares Edge MSCI Min Vol USA ETF (USMV)
- iShares Morningstar Large-Cap ETF (JKD)

我們將收集從 2000 年 1 月 3 日到 2021 年 4 月 30 日的每日 SPY 收盤價，以匹配我們正在檢視的時期。存取資料之後，`ff_trim` 和 `SP_ETF` 會被合併，這樣我們就得到了包括報酬和波動率在內的資料，而隱藏狀態是根據這些資料來決定的：

```
In [21]: ticker = 'SPY'
         start = datetime.datetime(2000, 1, 3)
         end = datetime.datetime(2021, 4, 30)
         SP_ETF = yf.download(ticker, start, end, interval='1d').Close
[*********************100%**********************]  1 of 1 completed

In [22]: ff_merge = pd.merge(ff_trim, SP_ETF, how='inner', on='Date')

In [23]: SP = pd.DataFrame()
         SP['Close']= ff_merge['Close']

In [24]: SP['return'] = (SP['Close'] / SP['Close'].shift(1))-1 ❶
```

❶ 計算 SPY 的報酬

假設經濟中存在著三種狀態：上漲、下跌和平盤。考慮到這一點，我們將以完全共變異數、指出獨立組件、以及使用 100 次迭代（`n_iter`）來執行 HMM。以下程式碼區塊顯示了我們是如何應用高斯（Gaussian）HMM 來預測隱藏狀態：

```
In [25]: from hmmlearn import hmm

In [26]: hmm_model = hmm.GaussianHMM(n_components=3,
                                     covariance_type="full",
```

```
                                        n_iter=100)

In [27]: hmm_model.fit(np.array(SP['return'].dropna()).reshape(-1, 1)) ❶
         hmm_predict = hmm_model.predict(np.array(SP['return'].dropna())
                                         .reshape(-1, 1)) ❷
         df_hmm = pd.DataFrame(hmm_predict)

In [28]: ret_merged = pd.concat([df_hmm,SP['return'].dropna().reset_index()],
                                axis=1)
         ret_merged.drop('Date',axis=1, inplace=True)
         ret_merged.rename(columns={0:'states'}, inplace=True)
         ret_merged.dropna().head()
Out[28]:    states    return
         0      1 -0.039106
         1      1  0.001789
         2      1 -0.016071
         3      1  0.058076
         4      2  0.003431
```

❶ 用報酬資料來擬合高斯 HMM

❷ 根據所給定之報酬資料來預測隱藏狀態

在預測隱藏狀態之後，報酬資料將和隱藏狀態串接，以便我們能夠看到哪個報酬是屬於哪個狀態的。

現在讓我們檢視一下執行了高斯 HMM 分析後所獲得的結果。在下面的程式碼區塊中，我們計算了不同狀態下的平均值和標準差。此外，也估計了共變異數、初始機率和轉移矩陣（transition matrix）：

```
In [29]: ret_merged['states'].value_counts()
Out[29]: 0    3014
         2    2092
         1     258
         Name: states, dtype: int64

In [30]: state_means = []
         state_std = []

         for i in range(3):
             state_means.append(ret_merged[ret_merged.states == i]['return']
                                 .mean())
             state_std.append(ret_merged[ret_merged.states == i]['return']
                              .std())
         print('State Means are: {:.4f}'.format(state_means))
```

```
print('State Standard Deviations are: {:.4f}'.format(state_std))
State Means are: [0.0009956956923795376, -0.0018371952883552139, -0.
0005000714110860054]
State Standard Deviations are: [0.006006540155737148, 0.
03598912028897813, 0.01372712345328388]
```

In [31]: print(f'HMM means\n {hmm_model.means_}')
         print(f'HMM covariances\n {hmm_model.covars_}')
         print(f'HMM transition matrix\n {hmm_model.transmat_}')
         print(f'HMM initial probability\n {hmm_model.startprob_}')
         HMM means
          [[0.00100365]
          [-0.002317]
          [-0.00036613]]
         HMM covariances
          [[[3.85162047e-05]]

          [[1.26647594e-03]]

          [[1.82565269e-04]]]
         HMM transition matrix
          [[9.80443302e-01 1.20922866e-06 1.95554886e-02]
          [1.73050704e-08 9.51104459e-01 4.88955238e-02]
          [2.67975578e-02 5.91734590e-03 9.67285096e-01]]
         HMM initial probability
          [0.00000000e+000 1.00000000e+000 2.98271922e-120]

表 10-1 中顯示了每個狀態的觀察次數。

表 10-1 每個狀態的觀察值

狀態	觀察次數	報酬平均值	共變異數
0	3014	0.0010	3.8482e-05
1	2092	-0.0023	1.2643e-05
2	258	-0.0003	1.8256e-05

我們假設經濟有三個狀態，但這個假設只存在於理論。但是如果我們想確定這件事的話，可以應用一個強大而方便的工具：**手肘分析**（*Elbow Analysis*）。執行高斯HMM 後，我們得到似然結果，如果沒有改進的餘地時 —— 也就是似然值變得相對停滯 —— 那就是我們可以停止分析的點。根據以下的結果（以及由此產生的圖 10-7），事實證明三個組件會是一個不錯的選擇：

In [32]: sp_ret = SP['return'].dropna().values.reshape(-1,1)
         n_components = np.arange(1, 10)

```
        clusters = [hmm.GaussianHMM(n_components=n,
                                    covariance_type="full").fit(sp_ret)
                    for n in n_components] ❶
        plt.plot(n_components, [m.score(np.array(SP['return'].dropna())\
                                .reshape(-1,1)) for m in clusters]) ❷
        plt.title('Optimum Number of States')
        plt.xlabel('n_components')
        plt.ylabel('Log Likelihood')
In [33]: hmm_model = hmm.GaussianHMM(n_components=3,
                                     covariance_type="full",
                                     random_state=123).fit(sp_ret)
        hidden_states = hmm_model.predict(sp_ret)
```

❶　透過串列理（list comprehension）來根據高斯 HMM 建立十個群集

❷　在給定組件數量的情況下計算對數似然（log-likelihood）

圖 10-7 顯示了每個狀態的似然值。我們很容易就可以觀察到，在第三個組件之後，曲線變得更平坦了。

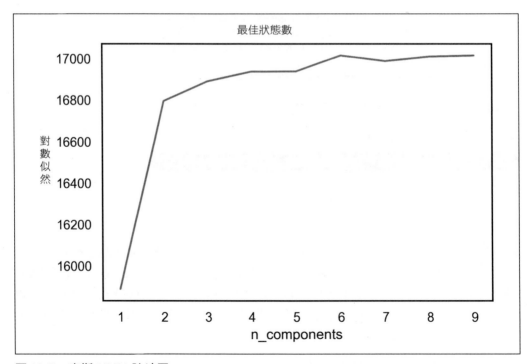

圖 10-7　高斯 HMM 陡坡圖

現在讓我們視覺化透過高斯 HMM 而獲得的狀態並產生圖 10-8：

```
In [34]: from matplotlib.dates import YearLocator, MonthLocator
         from matplotlib import cm

In [35]: df_sp_ret = SP['return'].dropna()

         hmm_model = hmm.GaussianHMM(n_components=3,
                                     covariance_type="full",
                                     random_state=123).fit(sp_ret)

         hidden_states = hmm_model.predict(sp_ret)

         fig, axs = plt.subplots(hmm_model.n_components, sharex=True,
                                 sharey=True, figsize=(12, 9))
         colors = cm.gray(np.linspace(0, 0.7, hmm_model.n_components))

         for i, (ax, color) in enumerate(zip(axs, colors)):
             mask = hidden_states == i
             ax.plot_date(df_sp_ret.index.values[mask],
                          df_sp_ret.values[mask],
                          ".-", c=color)
             ax.set_title("Hidden state {}".format(i + 1), fontsize=16)
             ax.xaxis.set_minor_locator(MonthLocator())

         plt.tight_layout()
```

圖 10-8 顯示了隱藏狀態的行為，正如我們所預期的那樣，這些狀態的分佈完全不同，突顯出識別狀態的重要性。

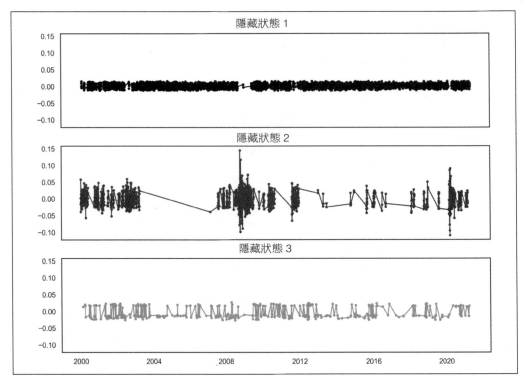

圖 10-8　高斯 HMM 的狀態

給定這些狀態時，SPY 的報酬會有所不同，這是我們可以預期的到的。在所有這些準備工作之後，我們可以繼續執行具有和不具有高斯 HMM 的 Fama-Frech 三因子模型。在建模後我們會計算的夏普比率將告訴我們哪種會是較好的風險調整後報酬。高斯 HMM 分析顯示的夏普比率接近 0.0981：

```
In [36]: ret_merged.groupby('states')['return'].mean()
Out[36]: states
         0    0.000996
         1   -0.001837
         2   -0.000500
         Name: return, dtype: float64

In [37]: ff_merge['return'] = ff_merge['Close'].pct_change()
         ff_merge.dropna(inplace=True)

In [38]: split = int(len(ff_merge) * 0.9)
         train_ff= ff_merge.iloc[:split].dropna()
         test_ff = ff_merge.iloc[split:].dropna()
```

```
In [39]: hmm_model = hmm.GaussianHMM(n_components=3,
                                     covariance_type="full",
                                     n_iter=100, init_params="")

In [40]: predictions = []

         for i in range(len(test_ff)):
             hmm_model.fit(train_ff)
             adjustment = np.dot(hmm_model.transmat_, hmm_model.means_) ❶
             predictions.append(test_ff.iloc[i] + adjustment[0])
         predictions = pd.DataFrame(predictions)

In [41]: std_dev = predictions['return'].std()
         sharpe = predictions['return'].mean() / std_dev
         print('Sharpe ratio with HMM is {:.4f}'.format(sharpe))
Out[41]: Sharpe ratio with HMM is 0.0981
```

❶ 根據轉移矩陣進行調整

傳統上用來執行 Fama-Frech 三因子模型的方法是採用線性迴歸，下面的程式碼區塊就是這麼做的。執行線性迴歸之後，我們就可以進行預測，然後計算夏普比率。正如我們看到的，與高斯 HMM 相比，線性迴歸所產生的夏普比率較低（0.0589）：

```
In [42]: import statsmodels.api as sm

In [43]: Y = train_ff['return']
         X = train_ff[['Mkt-RF', 'SMB', 'HML']]

In [44]: model = sm.OLS(Y, X)
         ff_ols = model.fit()
         print(ff_ols.summary())

                            OLS Regression Results
==============================================================================
Dep. Variable:                 return   R-squared (uncentered):          0.962
Model:                            OLS   Adj. R-squared (uncentered):     0.962
Method:                 Least Squares   F-statistic:                 4.072e+04
Date:                Tue, 30 Nov 2021   Prob (F-statistic):               0.00
Time:                        00:05:02   Log-Likelihood:                 22347.
No. Observations:                4827   AIC:                         -4.469e+04
Df Residuals:                    4824   BIC:                         -4.467e+04
Df Model:                           3
Covariance Type:            nonrobust
==============================================================================
                 coef    std err          t      P>|t|      [0.025      0.975]
------------------------------------------------------------------------------
```

```
Mkt-RF      0.0098     2.82e-05    348.173     0.000      0.010      0.010
SMB        -0.0017     5.71e-05    -29.005     0.000     -0.002     -0.002
HML       -6.584e-05   5.21e-05     -1.264     0.206     -0.000    3.63e-05
==============================================================================
Omnibus:                1326.960   Durbin-Watson:                 2.717
Prob(Omnibus):             0.000   Jarque-Bera (JB):          80241.345
Skew:                      0.433   Prob(JB):                       0.00
Kurtosis:                 22.955   Cond. No.                       2.16
==============================================================================

Notes:
[1] R² is computed without centering (uncentered) since the model does not
contain a constant.
[2] Standard Errors assume that the covariance matrix of the errors is
correctly specified.

In [45]: ff_pred = ff_ols.predict(test_ff[["Mkt-RF", "SMB", "HML"]])
         ff_pred.head()
Out[45]: Date
         2019-03-14    -0.000340
         2019-03-15     0.005178
         2019-03-18     0.004273
         2019-03-19    -0.000194
         2019-03-20    -0.003795
         dtype: float64

In [46]: std_dev = ff_pred.std()
         sharpe = ff_pred.mean() / std_dev
         print('Sharpe ratio with FF 3 factor model is {:.4f}'.format(sharpe))
Out[46]: Sharpe ratio with FF 3 factor model is 0.0589
```

這個結果顯示,高斯 HMM 提供了更好的風險調整後報酬,使其在投資組合配置等分析中非常有用。

以下的分析試圖說明如果需要根據未見過的資料(可用於回測以供將來分析)來預測指數報酬的狀態時會發生什麼:

```
In [47]: split = int(len(SP['return']) * 0.9)
         train_ret_SP = SP['return'].iloc[split:].dropna()
         test_ret_SP = SP['return'].iloc[:split].dropna()

In [48]: hmm_model = hmm.GaussianHMM(n_components=3,
                                     covariance_type="full",
                                     n_iter=100)
         hmm_model.fit(np.array(train_ret_SP).reshape(-1, 1))
         hmm_predict_vol = hmm_model.predict(np.array(test_ret_SP)
```

```
                                        .reshape(-1, 1))
            pd.DataFrame(hmm_predict_vol).value_counts()
Out[48]: 0     4447
         1      282
         2       98
         dtype: int64
```

正如我們之前所討論的，HMM 提供了一種有用且強大的方法來進一步擴展我們的
分析以獲得更可靠和準確的結果。在結束本章之前，我們有必要展示一下使用高斯
HMM 的合成資料產生程序。為此，我們應該首先定義我們的初始參數。這些參數
是：初始機率（startprob）、轉移矩陣（transmat）、平均值（means）和共變異
數（covars）。定義好參數後，我們可以執行高斯 HMM 並應用隨機採樣程序以得
到所需數量的觀察結果，在我們的例子中為 1,000。以下程式碼生成了圖 10-9 和
10-10：

```
In [49]: startprob = hmm_model.startprob_
         transmat = hmm_model.transmat_
         means = hmm_model.means_
         covars = hmm_model.covars_

In [50]: syn_hmm = hmm.GaussianHMM(n_components=3, covariance_type="full")

In [51]: syn_hmm.startprob_ = startprob
         syn_hmm.transmat_ = transmat
         syn_hmm.means_ = means
         syn_hmm.covars_ = covars

In [52]: syn_data, _ = syn_hmm.sample(n_samples=1000)

In [53]: plt.hist(syn_data)
         plt.show()
In [54]: plt.plot(syn_data, "--")
         plt.show()
```

基於合成資料的分佈和折線圖如圖 10-9 和 10-10 所示。由於我們的高斯 HMM 有
足夠多的樣本量，我們觀察到資料呈現出常態分佈。

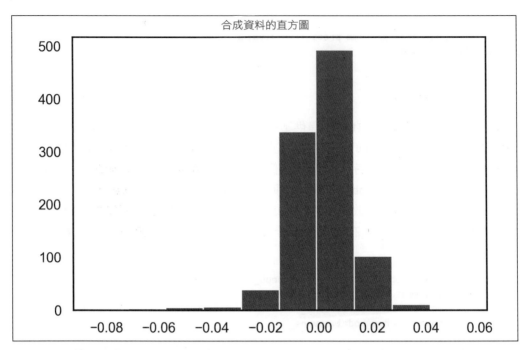

圖 10-9　高斯 HMM 合成資料直方圖

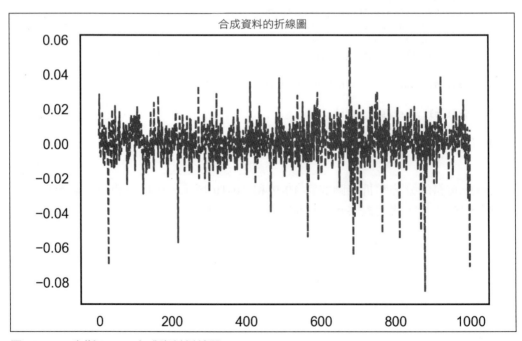

圖 10-10　高斯 HMM 合成資料折線圖

結論

在最後一章中，我們討論了兩個相對較新但很有前景的主題。合成資料產生使我們能夠在沒有真實資料或違反機密性的情況下進行分析，因此在這些情況下它可以成為從業者的救世主。在本章的第二部分，我們研究了高斯 HMM 以及它在金融分析中的用途，然後再使用高斯 HMM 來產生合成資料。

我們看到了高斯 HMM 是怎麼來幫助我們獲得更好的投資組合配置，但值得注意的是，這並不是我們可以採用 HMM 的唯一領域。相反地，研究人員在許多不同的領域都可以利用這種方法，而且我們可以肯定的說，未來還會有更多的。

參考文獻

本章引用的論文與書籍：

Ahuja, Ankana. 2020. "The promise of synthetic data". *Financial Times*. *https://oreil.ly/ qphEN*.

El Emam, Khaled, Lucy Mosquera, and Richard Hoptroff. 2020. *Practical Synthetic Data Generation: Balancing Privacy and the Broad Availability of Data*. Sebastopol: O'Reilly.

Fama, Eugene F., and Kenneth R. French. 1993. "Common Risk Factors in the Returns on Stocks and Bonds." *Journal of Financial Economics* 33 (3): 56.

Patki, Neha, Roy Wedge, and Kalyan Veeramachaneni. 2016. "The Synthetic Data Vault." In the 2016 IEEE International Conference on Data Science and Advanced Analytics (DSAA), 399-410.

Wang, Matthew, Yi-Hong Lin, and Ilya Mikhelson. 2020. "Regime-Switching Factor Investing with Hidden Markov Models." *Journal of Risk and Financial Management* 13 (12): 311.

後記

本書試圖要展示如何結合機器學習和深度學習模型來解決財務問題。當然,這並不意味著本書包含了所有的模型以及在產業中部署模型所需的所有必要步驟,但我試圖專注於我認為讀者會最感興趣的主題。

人工智慧的最新發展指出,人工智慧模型在預測效能方面的表現已幾乎優於所有的傳統金融模型,我相信採用這些模型在產業中提高預測效能,將有助於金融業者做出更好的決策。

然而,即使有了這些發展和最近圍繞著人工智慧的炒作,人工智慧模型的部署等級仍未達到應有的水準。這些模型的不透明性正是首要原因。然而,在獲得更多可解釋的 AI 模型這方面不斷有了巨大的進步,而且這些精心策劃的努力已經開始得到了回報。正如 Prado 所說,ML 是否不透明取決於使用它的人,而不是 ML 演算法本身。

因此,在我看來,使用參數模型的悠久傳統以及對範式轉變的抵制,是為何人工智慧模型的採用會如此緩慢和不情願的主要原因。

希望這本書為擁抱 AI 模型鋪平了道路,並為能夠使用它們的讀者們提供了順利、方便的使用轉換。

索引

※ 提醒您：由於翻譯書排版的關係，部分索引名詞的對應頁碼會和實際頁碼有一頁之差。

關於作者

Abdullah Karasan 出生於德國柏林。在學習經濟學和工商管理後,他在密西根大學安娜堡分校獲得應用經濟學碩士學位,在安卡拉中東技術大學獲得金融數學博士學位。他是土耳其前財政部僱員,目前在 Magnimind 擔任首席資料科學家,並在巴爾的摩的馬里蘭大學擔任講師。他還在金融資料科學領域發表了多篇論文。

出版記事

本書封面上的動物是塞內加爾鴉鵑(Senegal coucal,學名 *Centropus senegalensis*)。這種分佈區域廣泛的鳥類有時被稱為埃及鴉鵑,分佈在撒哈拉沙漠以南的非洲中南部的大部分地區,以及埃及的一些地區。

塞內加爾鴉鵑的冠、背、喙、腿和長尾是黑色的,而翅膀則是栗色的,下半身是奶油色,兩側有深色條紋。這種鳥可以長到 15 英寸(39 公分),並且相對單調。牠們更喜歡草叢棲地,例如灌木叢和熱帶草原。牠們捕食種類繁多的昆蟲、毛蟲和小型脊椎動物。

塞內加爾鴉鵑沒有面臨特別的威脅,而且相當普遍。牠通常是透過其獨特的「ook-ook-ook」叫聲來識別。塞內加爾鴉鵑目前的保護狀況是「最不關心」。O'Reilly 封面上的許多動物都瀕臨滅絕,牠們對世界都很重要。

封面插圖由凱倫‧蒙哥馬利(Karen Montgomery)創作,基於萊德克皇家自然歷史中的黑白版畫。

金融風險管理的機器學習應用｜使用 Python

作　　者：Abdullah Karasan
譯　　者：楊新章
企劃編輯：蔡彤孟
文字編輯：江雅鈴
設計裝幀：陶相騰
發 行 人：廖文良

發 行 所：碁峰資訊股份有限公司
地　　址：台北市南港區三重路 66 號 7 樓之 6
電　　話：(02)2788-2408
傳　　真：(02)8192-4433
網　　站：www.gotop.com.tw
書　　號：A698
版　　次：2023 年 06 月初版
建議售價：NT$680

國家圖書館出版品預行編目資料

金融風險管理的機器學習應用：使用 Python / Abdullah Karasan 原
　著；楊新章譯. -- 初版. -- 臺北市：碁峰資訊, 2023.06
　　面；　公分
　譯自：Machine Learning for Financial Risk Management with Python
　ISBN 978-626-324-291-3(平裝)

　1.CST：金融管理　2.CST：風險評估　3.CST：機器學習
4.CST：Python(電腦程式語言)
561.029　　　　　　　　　　　　　　　　　　　　　111013343

讀者服務

- 感謝您購買碁峰圖書，如果您對本書的內容或表達上有不清楚的地方或其他建議，請至碁峰網站：「聯絡我們」\「圖書問題」留下您所購買之書籍及問題。(請註明購買書籍之書號及書名，以及問題頁數，以便能儘快為您處理)

  http://www.gotop.com.tw

- 售後服務僅限書籍本身內容，若是軟、硬體問題，請您直接與軟體廠商聯絡。

- 若於購買書籍後發現有破損、缺頁、裝訂錯誤之問題，請直接將書寄回更換，並註明您的姓名、連絡電話及地址，將有專人與您連絡補寄商品。